Itinéraire d'enfance

Duong Thu Huong

Itinéraire d'enfance

Roman traduit du vietnamien
par Phuong Dang Tran

ÉDITIONS FRANCE LOISIRS

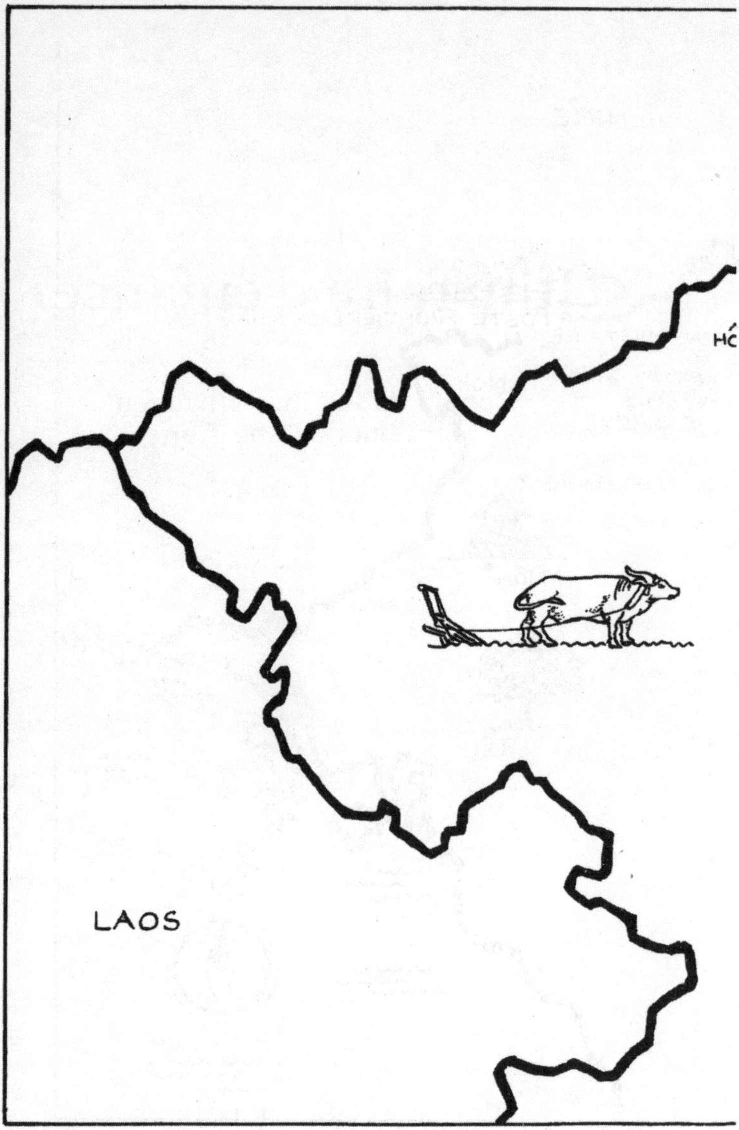
HÓ
LAOS

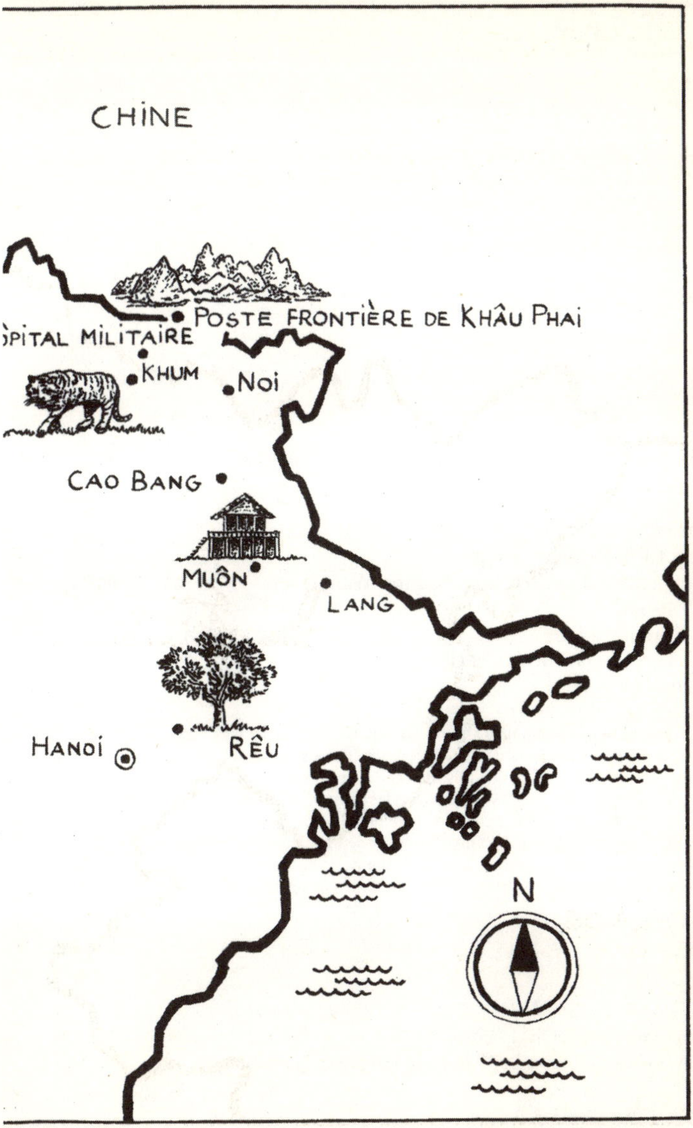

Gianni Burattoni

Titre original : HÀNH THINH NGÀY THO˙ ẤU

Édition du Club France Loisirs,
avec l'autorisation des Éditions Sabine Wespieser.

Éditions France Loisirs,
123, boulevard de Grenelle, Paris
www.franceloisirs.com

Éditeur original : KIM DÔNG Hanoi, 1985

ISBN : 978-2-298-00850-0

PREMIÈRE PARTIE

UN ENFANT DISPARAÎT

J'ai douze ans. Nous habitons le petit bourg de Rêu, ma mère et moi. On y trouve encore un quartier de maisons anciennes, toutes construites sur le même modèle : un bâtiment central soutenu par des colonnes de bois noir poli, quelques arbres fruitiers dans la cour et un grand jardin entouré d'un muret souvent envahi d'une mousse verte. De l'autre côté du chemin de fer s'étend le nouveau quartier composé de maisons récentes, construites sur un terrain vague qui servait, à l'époque de la résistance anticoloniale, de dépôt de briques cassées. Ces bâtisses de hauteur inégale, généralement sur deux étages, arborent des balcons faits d'entrelacs de fleurs en fer forgé. Dans ce quartier, on trouve des magasins vendant de tout : vêtements, tissus, conserves, épices...

Le long du chemin de fer, entre les deux quartiers, s'étale un vaste espace réservé au marché. Un poteau en bois, déployant le sempiternel drapeau rouge, en surplombe l'entrée. Chaque année, avant la fête des génies Tao*, le gardien municipal remplace le tissu complètement passé par un neuf, d'un rouge pimpant. Dès lors, les villageois redeviennent tout guillerets à la vue de ce symbole annonçant la prospérité d'une nouvelle année.

La gare jouxte la place du marché. Chaque jour, les trains circulent au milieu d'une foule animée. Dans les trains, les gens sortent la tête par la fenêtre pour regarder en bas, et sur le marché les gens lèvent les yeux vers ce drôle de serpent d'acier haletant, traînant derrière lui une longue fumée cotonneuse.

À environ un kilomètre en amont du bourg coule une petite rivière. Nous l'appelons la Verte car son eau est d'un vert tendre. Les voiles des embarcations, gonflées par la brise, y glissent dans les deux sens, telles des ailes de papillons. Les jours sans vent, les bateliers descendent à terre pour haler leur barque avec des cordes. Des gamins, debout dans les bateaux, regardent la rive de leurs yeux ronds. De temps à autre, un batelier vocalise un refrain, impromptu, d'une voix grave.

Au milieu de la Verte émergent deux monticules de terre. Nous les surnommons les îles aux fleurs jaunes car il y pousse une quantité de streblus**. Les fruits mûrs jaunissent, enva-

* Génies Tao : dans la croyance populaire, les génies Tao sont les protecteurs de la maison. (*Toutes les notes sont du traducteur*).

** Streblus : arbre de la famille des *Moraceae* du Nord-Viêtnam.

hissent le feuillage des arbres, et c'est comme si on les avait recouverts d'or. Là se trouve la cachette de notre trésor secret. Il y a aussi quelques vieux temples dédiés aux génies. Malgré leur état délabré, ils peuvent encore à l'occasion abriter un voyageur pour une nuit. Les villageois viennent parfois y déposer leurs offrandes. Une senteur d'encens plane alors sur toute la Verte, qui semble provenir des fleurs.

Nous sommes au début du printemps. Finis les gâteaux du Têt, mais dans chaque cuisine, des petites tourtes de la mi-lune* attendent, sagement rangées dans des paniers. La place du marché est alors particulièrement animée. À cette période, des vendeurs de friandises itinérants arrivent sur la place pour essayer de voler quelques portefeuilles aux badauds et aux pèlerins de passage.

La troupe du cirque, bien connue des gamins, a installé ses quartiers à l'entrée du marché. Une roulotte siège au milieu du terre-plein. Le vieux cheval roux, les pattes blanchies par la poussière, mâchouille tranquillement son herbe, la tête enfouie dans son panier, la queue fouettant l'air pour chasser les mouches. Pas très loin, la piste, recouverte de sable, est déjà délimitée par quatre piquets que relie une cordelette. Le patron du cirque, un petit homme avec une grosse tête enflée, la peau sombre, les yeux brillants, fait des numéros de

* Mi-lune : marque le milieu des fêtes du Têt, qui se déroulent un mois lunaire.

cracheur de feu, d'avaleur de sabres et de funambule. Ensuite, les yeux bandés, il lance des couteaux vers son épouse adossée à une planche de bois. Cette dernière, peau noire, tête haute, l'air farouche et courageux, suscite l'admiration de tous les spectateurs. D'un calme olympien, elle fixe les lames étincelantes qui volent vers elle, pendant que le public hurle de frayeur. Après ce numéro, l'homme enlève son bandeau pour saluer l'assemblée, puis fait un signe de la main. Deux singes juchés sur un vélo entrent en scène, habillés de shorts rouges, tee-shirts jaunes, et casquettes noires. L'un pédale, l'autre se tient aux épaules de son camarade. Après quelques tours de piste, l'un d'eux saute à terre, enlève sa casquette pour quémander de l'argent, tandis que son compagnon attend, les pattes posées crânement sur le guidon. La casquette remplie de monnaie, le singe court vers son maître qui le récompense d'une poignée de cacahuètes et salue le public. Ensuite le maître se retire pour préparer la séance suivante.

Depuis l'avant-veille, bien qu'il y ait cinq représentations par jour, les spectateurs sont toujours aussi nombreux. Dans le public, un homme étrange apparaît. Il ne ressemble à personne d'ici ni des villages environnants, ni même aux pèlerins qui vont à la pagode. Tout de noir vêtu, comme les Nung*, chemise à longs pans avec boutons tressés, pantalon

* Nung : tribu de montagnards du Nord-Viêtnam.

large, il porte en bandoulière un sac de toile, comme les vieux apothicaires chinois qu'on voit les jours de marché. Un chapeau en cuir, sale, le visage long et grêlé, des grandes mains puissantes, des yeux perçants sous des sourcils sombres. Il se tient à la périphérie, derrière tous les badauds si absorbés par les drôleries des singes qu'aucun ne le remarque. Son cou découvert, rouge, laisse apercevoir une pomme d'Adam nerveuse. Ses yeux brillent, semblant fouiller la troupe de gamins agglutinés autour de la scène. Soudain, il a disparu.

À la nuit tombée, la troupe du cirque range le matériel dans la charrette. Les singes rentrent dans leur cage. Le cheval harnaché, l'attelage reprend la route. Je cours avec mes amis derrière la roulotte, nous nous enfonçons dans la poussière chargée de l'odeur du cheval. Quand l'équipage disparaît derrière le virage, je rentre chez moi.

Les lampadaires du bourg s'allument. Devant le commissariat de police, un attroupement s'est formé.

— Le gamin a disparu !... Quel malheur... !

— Quoi ? Qui a disparu ?

— Le fils du chef Cân.

— Lequel ?

— Le dernier, je ne connais pas son nom.

— Ah ! Le petit Dung, le maigrichon, le tout noir, non ?

— Oui, peut-être.

— C'est le plus sage de la famille. Son père doit être fou.

— Ouais... C'est pas sûr. Il n'y a que l'argent qui puisse rendre le chef Cân fou.

— Vous êtes médisante !

— Attendez, vous verrez bien...

Un officier de police sort sur le parvis :

— Rentrez chez vous ! Nous vous informerons de la suite des événements en temps utile.

Personne ne bouge pourtant, on continue de bavarder. On veut voir le chef Cân. Personne ne l'apprécie vraiment, mais on veut connaître sa réaction face à ce malheur. Chacun est prêt à dire un mot de réconfort. Le voilà qui sort du commissariat. Glabre, le visage lisse, les yeux impassibles, le père de l'enfant disparu descend les marches, lève une main :

— Vous avez bien de la chance d'avoir des enfants sages. J'ai le malheur d'avoir un mauvais fils. Il a fugué. Je ne pensais pas qu'il fût si mal élevé...

En un clin d'œil, il s'en va. Son ombre disparaît derrière la rangée de banians. Personne n'a remarqué l'ébauche d'un sourire. Un sourire énigmatique, méprisant, cruel.

FUGUE NOCTURNE

DUNG LE MAIGRICHON A DISPARU, on ne sait pas pourquoi. On devine que, las de vivre avec un père méchant et radin, il a fugué avec la troupe du cirque. La preuve, il a disparu le jour du départ de la vieille roulotte au toit bombé. Certains pensent que le patron du cirque l'a caché dans la caisse en bois recouverte d'une toile bariolée. D'autres que c'est sa grosse femme, qui peut abriter jusqu'à deux gamins derrière son dos... D'autres encore disent que c'est une sorcière qui l'a enlevé pour le vendre. C'est la thèse des mères. Dès lors, elles ne cessent de nous menacer : « Les sorcières ne kidnappent pas que les petits, elles prennent même des grands comme vous. Elles vous hypnotisent puis vous emmènent dans la montagne. Les filles de treize ans sont destinées à être vendues aux Mèo* pour devenir leurs femmes. Les garçons de treize ans servent de passeurs pour convoyer l'opium en Chine... » En même temps

* Mèo : tribu de montagnards du Nord-Viêtnam.

que les menaces sont proférées, un régime de contrôle drastique est instauré. Certaines mères achètent même des laisses de chien pour attacher leurs enfants dans la maison. Pendant trois semaines, si ce n'est pour aller à l'école, je ne peux pas sortir de la maison... En vérité, ce serait supportable s'il n'y avait pas ces pluies de printemps. Vous souvenez-vous de ces pluies ? Elles sont belles car elles ne ressemblent pas à de la pluie mais plutôt à des cascades argentées. La ville étincelle de fils de soie ondoyant sous les rayons du soleil.

La pluie est belle, mais nous sommes rongées d'inquiétude. Vous savez pourquoi ? Toute notre fortune, à moi et à Loan Graine-de-jacquier, se trouve dans l'île aux fleurs jaunes, au milieu de la Verte. En dessous d'une petite dune, au centre de l'île, environ un mètre après un streblus incliné, il y a une caisse en aluminium. Nous y avons placé une boîte à biscuits contenant nos cadeaux d'anniversaire : que des billets neufs, craquants, frais au toucher et sentant bon. Il y a aussi des pièces de dix centimes, un dông au total. Chaque pièce est brillante comme de l'argent, comme si elle n'avait jamais été utilisée. Cette boîte à biscuits est la moitié de notre trésor. Il y a aussi une statuette de danseuse en argent offerte par la grand-mère de Loan Graine-de-jacquier, des tissus de toutes les couleurs pouvant servir à la confection de dizaines de robes pour nos poupées, ainsi qu'une grande pochette de graines de pastèque séchées. Nous pensions les envelopper d'une toile imperméable afin de les préserver de l'humidité de la terre. La disparition soudaine de Dung le Maigrichon nous a immobilisées comme des souris blanches dans leur cage. S'il continue de pleuvoir ainsi, le tissu risque de prendre l'eau et les graines de pourrir. Sans compter que les centaines de patates safranées plantées alentour peuvent germer, la catastrophe...

En fin d'après-midi, j'ai terminé mes leçons de la semaine, fini mes exercices de maths et de physique. Je reste là, à fixer la porte d'entrée hermétiquement fermée. À l'extérieur, ma mère a fait poser un gros cadenas en bronze. À travers la fenêtre, le ciel enfin bleu est baigné de soleil. Le goyavier se dandine dans le vent avec ses fruits blanchâtres, mûris trop tôt cette année. Des moineaux sautillent, chantent, se moquent de la fille enfermée. J'ai failli leur lancer un caillou, mais me suis retenue par pitié. À cet instant, la tête de Loan apparaît à la fenêtre. Elle m'appelle, tout sourire :

— Bê !

— Loan ! Comment tu as fait pour sortir ?

Je fonce vers la fenêtre. Nos visages se touchent.

— Je me suis proposée pour aller faire la queue pour les rations de viande, j'ai eu tout de suite la permission !

Elle me montre son panier rempli d'emplettes : viande, noix de coco, légumes.

Je soupire.

— Il pleut beaucoup, notre trésor est en danger.

— Ça m'inquiète aussi... On avait enfin trouvé le sac imperméable pour le recouvrir mais on est coincées ici... Mais... dis, si on y allait ce soir ?

— Quoi ?

Elle chuchote :

— Ce soir, il y a une soirée artistique à la Maison de la Jeunesse. On n'a qu'à demander l'autorisation d'y aller. Et puis on file à la rivière prendre la barque de la mère An Lac pour nous rendre sur l'île. C'est une bonne idée, non ?

— On ne va pas mentir quand même ?

J'hésite. Jamais encore je n'ai menti à ma mère. Mon père, officier dans l'armée, est cantonné dans une garnison frontalière, loin au nord. Il ne revient en permission qu'une fois tous les trois ans. Nous ne sommes que deux à la maison. Ma mère représente à la fois l'autorité et l'amour, le réconfort et l'espoir. Elle m'a toujours appris que mentir est le plus odieux des vices... Mais... Lui dire la vérité ? Si je lui dis, jamais elle ne me donnera l'autorisation et notre trésor sera fichu... Mon Dieu, une seule fois, juste une fois...

Je dis enfin :

— Bon d'accord ! On fait ça.

Soulagée, Loan ajoute prestement :

— Six heures et demie, d'accord ?

— Six heures. Partons tôt !
— D'accord. Sois à l'heure, je file.
La Graine-de-jacquier disparaît.

Le soir, après dîner, je demande à ma mère la permission d'aller à la Maison de la Jeunesse pour la soirée artistique. Ne se doutant de rien, elle accepte. Une bouffée de chaleur envahit mon visage, alors qu'elle se penche sur les copies de ses élèves, trempant sa plume dans l'encre rouge pour entamer ses corrections.
Je te demande pardon, maman. Juste pour cette fois-ci, me dis-je en fonçant dans la rue.
Au milieu de la foule animée, je me sens plus légère. Loan Graine-de-jacquier m'attend déjà à l'entrée du bourg, sous le flamboyant du carrefour :
— Vite ! La lune va se coucher.
La lune est pleine, suspendue telle une galette d'argent dans le ciel. Nous nous hâtons. Après les derniers lampadaires, seule la lune éclaire d'une lumière blafarde le sentier gris, les rizières, les espaces alentour. Nous sommes trempées de sueur quand nous arrivons au bord de l'eau. Loan me susurre dans l'oreille :
— Mon cœur s'emballe ! Le tien aussi ?
— Non, répliqué-je d'une voix ferme.
En vérité, mon cœur bat aussi la chamade. Jamais encore de notre vie, nous ne nous étions rendues dans l'île la nuit. Avant la disparition de Dung le Maigrichon, libres comme l'air,

nous allions sur l'île tous les deux ou trois jours. C'était agréable, tout en ramant, nous pouvions contempler les reflets du soleil dans l'eau verte et les voiles dans le lointain.

La lune dessine quelques reflets incertains sur les flots argentés, on dirait un drôle de serpent. Les buissons au bord de la rivière, si verts, si beaux pendant la journée, paraissent des fauves tapis dans l'ombre, prêts à sauter sur une proie. De temps à autre, un oiseau de nuit passe dans l'air :

— Keeeee keeee !

Loan m'agrippe le bras :

— Bê !

— Quoi ?

— On continue ?

— On ne va pas s'arrêter là !

Je lui réponds d'une voix assurée, me dégage de son bras. Elle n'ose plus rien dire. Nous arrivons au bord de l'eau. Je tâtonne un instant pour trouver le piquet d'amarrage de la barque. C'est là. La barque de madame An Lac est attachée par une chaîne qui tinte au vent. Quelqu'un siffle sur l'autre rive. J'ai la chair de poule. Un frisson descend dans ma nuque. En partant, je n'avais en tête que le bonheur de contempler nos beaux billets, sans imaginer un seul instant que la rivière la nuit pouvait être si terrifiante. Mais on ne va pas rebrousser chemin quand même ?... Sinon, premièrement, on perd une soirée entière. Et, deuxièmement, Loan Graine-de-jacquier me considérera comme une trouillarde. Je saute dans la barque. Mon pied heurte quelque chose, j'ai mal. J'attrape la rame. Elle tape contre ma cuisse, j'ai encore plus mal. Loan me suit dans l'embarcation tout en gémissant :

— Dis, si on rentrait ? J'ai peur.

Irritée par la douleur, je peste :

— Pourquoi es-tu si peureuse ? C'est à cause de toi que j'ai menti à ma mère... Maintenant tu veux rentrer... Tu n'as pas honte ?

La Graine-de-jacquier se tait. Peut-être que ses petites lèvres forment une grimace pleureuse dans la nuit. J'ai pitié d'elle, mais, toujours en colère, je donne de grands coups de rame rageurs dans l'eau. Ramer me calme peu à peu. L'embarcation s'éloigne de la rive. Arrivées au milieu de la rivière, les vaguelettes miroitantes autour de la barque me font subitement penser : et si Loan tombait à l'eau ? Tout d'un coup, l'inquiétude m'oppresse le cœur. Cette portion du cours d'eau est profonde, on dit que des fantômes y rôdent. Au mois de juin dernier, deux filles se sont noyées ici même. L'année dernière, un vieux bossu s'est baigné en plein midi. On a entendu quelques cris, puis on ne l'a plus retrouvé. Plus loin encore, quand ma mère était petite, une belle jeune fille s'est suicidée en se jetant dans l'eau, car on l'avait obligée à se marier contre son gré. J'ai la chair de poule rien qu'en pensant à ces histoires, mais je ne peux pas en parler à Loan. Je m'applique à ramer. Loan Graine-de-jacquier s'enfonce dans la barque, une main agrippant un bord, l'autre ma jambe.

La barque glisse. Bientôt, nous apercevons l'île.

— Kiii... iiit, kiii... iiit...

Brutalement, un grand cri strident nous perce les tympans. Un courant d'air froid chargé d'une odeur nauséabonde gifle notre visage. Une ombre noire passe. Loan hurle, tire sur mon pantalon. Je titube, manque de renverser la barque. De toute mon adresse, j'essaie de rétablir l'équilibre de l'esquif. Reprenant mes esprits, je me rends compte que l'ombre est celle d'un gros oiseau. C'est lui qui a crié, nous soufflant un air fétide au passage. Ce doit être une oie sauvage. J'ai déjà entendu les chasseurs parler de cette bête. C'est le plus grand volatile des plaines, il peut peser jusqu'à une dizaine de kilos. Sa chair est dure mais abondante. On le voit souvent flotter sur l'eau comme un bateau sans gouvernail. Ceux qui le chassent plongent sous l'eau avec, sur leur tête, un nénuphar ou une feuille de taro pour pouvoir l'approcher et attraper ses pattes. En tout cas, il nous a fichu une sacrée peur, j'en ai encore le souffle coupé. L'oiseau continue à battre ses lourdes ailes, à crier de sa voix rauque et affolée. Son cri résonne sur l'eau, remuant toute la nuit. Je dis à Loan :

— C'est une oie, n'aie pas peur...

Elle ne me répond pas, se contentant de respirer à grands coups. L'oie s'est éloignée. J'enfonce ma rame dans l'eau pour chasser la frayeur...

Après une vingtaine de coups de rame nous arrivons à l'île aux fleurs jaunes. J'amarre la barque, nous nous rendons immédiatement auprès de notre cachette. La peur a disparu, nous nous sentons heureuses. Loan chantonne tout en marchant.

— Dommage que ce soit la nuit, on aurait pu remplir un sac entier de fruits de streblus mûrs, lui dis-je.

Notre cachette s'est en partie effondrée sous les vagues de pluie. La pierre servant de repère est tombée en bas de la dune. Autour de nous, la nuit est calme, personne dans les environs. La pleine lune, d'un bleu tendre, est juste au-dessus des sombres buissons de bambous du village d'à côté.

— Fais le guet !

Je m'agenouille, trouve la petite bêche cachée dans le bosquet de streblus, et je creuse. J'arrive rapidement à la caisse. Elle est difficile à ouvrir à cause de la rouille qui a soudé les bords. Par chance, la boîte contenant notre fortune est intacte. Nous contemplons les pièces étincelantes, respirons avec délice la bonne odeur des billets neufs. Je referme la boîte et l'enveloppe dans la toile imperméable, puis déballe le paquet renfermant les tissus et la statuette d'argent.

Soudain, Loan s'exclame :

— Attention ! Quelqu'un !

Je me retourne. En effet, une ombre se faufile derrière nous. Elle n'est pas grande, longe les berges. Elle a entendu le cri de Loan, s'est immobilisée comme un piquet. Loan tremble de tous ses membres. Je sens sur mon épaule le souffle chaud de son halètement. Je la calme :

— Ce n'est pas un voleur. Si c'en était un, il aurait détalé à ton cri.

— Un fantôme ? chuchote-t-elle.

— Pas de panique. Je vais aller voir. Toi, tu ranges tout dans la caisse et tu la refermes.

Je marche vers l'ombre immobile. En chemin, j'arrache une branche de streblus. Ma grand-mère m'a toujours dit : les démons ont très peur de l'urine et des coups de branche de mûrier. Pas de mûrier, j'utiliserai donc du streblus. Je fais des moulinets, fouettant l'air avec mon arme improvisée. Quand j'aperçois nettement l'ombre, je m'arrête :

— Qui est là ? Homme ou fantôme ?

Une voix craintive me répond :

— C'est... moi...

Je hurle. Ma main tremble comme une feuille :

— Moi, c'est qui ?

— C'est moi...

La voix de l'ombre semble presque éteinte.

Je presse l'inconnu de questions, d'une part pour tenter de l'intimider, d'autre part pour me rassurer :

— Parle vite ! Qui es-tu ? Que fais-tu ici ?

— Je suis... Je vais pêcher... J'essaie d'attraper les poissons...

Un petit garçon, noir comme le charbon, apparaît. Ses dents brillent dans la nuit. Il a un panier en bandoulière, une nasse à la main. Je suis touchée : pourquoi un petit garçon maigrichon comme lui doit-il aller pêcher en pleine nuit ? Pour se nourrir ? Il doit avoir trois ans de moins que moi...

Je veux avancer, mais une ancienne histoire me revient à l'esprit à l'instant même, stoppant mon élan.

En 1954, à la libération de la capitale, notre armée avait pris ses quartiers dans la ville. Nos bô-dôi faisaient des rondes nocturnes. Une nuit, deux soldats rencontrèrent un petit garçon d'environ cinq ans à un carrefour. Le petit pleurait, leur racontait qu'il avait perdu sa mère depuis la tombée du jour. Les deux bô-dôi s'émurent, le portèrent sur leur dos vers le poste de police. Durant le trajet qui devait faire un demi-kilomètre, le poids du gamin changeait sans cesse, par moments léger comme une plume, à d'autres, lourd comme du plomb. Le soldat s'étonna :*

— Tu es vraiment bizarre, fiston ! Léger, puis lourd, puis léger, on dirait un fantôme...

Le gamin éclata de rire :

* Bô-dôi : soldat de l'armée populaire.

— Et si c'était vrai ?

Et il déroula une langue longue comme un serpent pour lécher le visage du bô-dôi.

Cette histoire m'a été racontée par la grosse Tô, vendeuse de soupe de crabe au marché. Je pense à ce que m'a dit ma grand-mère et m'accroupis pour faire pipi. Si c'est un fantôme, il doit disparaître. Non, il se détourne, mais reste là. C'est donc un gamin en chair et en os. Je m'approche :

— Excuse-moi ! Je devais le faire car j'avais peur que tu sois un fantôme.

— C'est quoi un fantôme ? demande-t-il, étonné.

— Un fantôme est l'esprit d'un mort qui revient hanter la nuit.

Il me dit :

— Toutes les nuits, je vais pêcher. Le long de ces berges, puis dans la mare à côté. Dans l'étang aux nénuphars aussi. Je n'ai jamais vu de fantôme.

Confuse, je reste silencieuse. Il a une tête de moins que moi. Ses membres sont si maigres, on dirait des baguettes. Dans son panier d'osier, je remarque quelques reflets ondulants.

— As-tu fait une bonne pêche ?

— Juste assez pour la petite marmite de la maison. Mais pas assez pour en vendre. Je n'ai pas de chance ce soir, que des petits.

Sa voix est douce, celle d'un enfant sage. J'ai une envie soudaine d'être proche, amicale :

— Où habites-tu ?

— Dans le village, au bord de l'étang.

Je regarde dans la direction de son bras. Une pièce d'eau située sur l'autre rive miroite dans la nuit, entourée d'arbres sombres. Les bruits venant du monticule se sont tus. Loan a dû finir d'enterrer la caisse.

— Loan ! Viens ici.

Quand elle arrive, je fais les présentations :

— Voilà Loan, mon amie. Et voici le petit pêcheur de nuit. Comment tu t'appelles ?

— Je suis Cot.

— Cot ? Quel prénom rigolo.

— Ma mère m'appelle Cau. Mais comme je suis tout petit, on m'appelle Cot, grandes sœurs. Voulez-vous passer à ma maison ?

Loan hésite. Comme les lumières du bourg sont encore allumées, je lui dis :

— Il est sept heures passées. On n'a qu'à y faire un tour avant de rentrer.

Le petit pêcheur rajoute aussitôt :

— Venez chez moi. Il n'y a que ma mère. Et elle aime beaucoup les visites... À cette heure, les patates douces doivent être cuites à point. Avant de partir pêcher, j'en ai enfoui sous les braises.

Par une nuit si fraîche, déguster des patates douces, cuites dans les braises, est un vrai régal.

— D'accord, allons-y.

Le petit Cot file devant nous. À cet instant

précis, la nuit et la rivière perdent intégralement leur aspect ténébreux et terrifiant. Nous discutons gaiement tout en marchant. Rien que des histoires sans importance qui nous font rire aux éclats.

Nous traversons à gué pour atteindre son village. La maison de Cau est minuscule, on dirait une petite cabane de potager. Deux branches de bambou font office de portail. Il lève les branches pour nous faire entrer. La cour est vide.

— Tu n'as pas de chien ?

— Nous ne possédons rien, à quoi pourrait bien servir un chien ?

Il glousse comme un vieillard. Il doit être très pauvre, il n'a rien à faire garder. Il s'avance vers la porte d'entrée en treillage de bambou. De l'intérieur, une voix claire comme de l'eau de pluie :

— C'est toi, Cau ?

— Oui, c'est moi, mère. Allume la lampe, nous avons des invitées.

Sa mère répond, sa voix ressemble à celles des enfants des chorales d'autrefois.

— Juste un instant. J'allume tout de suite.

On entend quelques cliquetis. Une lampe à pétrole éclaire l'intérieur, puis une main légère soulève le treillis.

— Bonsoir ! Entrez, je vous en prie.

Une petite femme, identique à Cau, apparaît. Elle s'éclipse immédiatement, nous n'avons même pas le temps de la saluer.

— Entrez, entrez !

Le petit Cau nous pousse à l'intérieur. Après s'être essuyé les mains sur sa chemise, il nous sert à boire dans des tasses d'une propreté impeccable. Même la lampe est bien nettoyée, on peut discerner les bulles dans le globe en verre. Sa maison est pauvre, mais très propre et ordonnée.

— C'est de l'infusion de jambosier. Ma mère y a ajouté du gingembre. C'est parfumé.

Il parle, nous buvons. Non seulement c'est délicieux, mais en plus, un peu de douceur perdure sur le bout de la langue.

— Mon Cau adore l'infusion de jambosier avec un peu de gingembre. Après une sortie de pêche, une seule tasse réchauffe tout le corps.

La mère de Cau rit. Elle a de grands yeux bleus. Des cils longs, courbés. Un nez haut et droit, le visage grêlé par la variole. Elle ne ressemble pas aux paysannes que j'ai l'habitude de rencontrer. Le petit Cau apporte la marmite de patates.

— Mère ! Donne-moi un coup de main, c'est chaud !

Elle se lève prestement, aide son fils à poser la marmite. À ce moment, je remarque que son dos est difforme. Une grande bosse en dessous de l'omoplate gauche. Son corps est tordu, chétif, on dirait un crabe qui a perdu une pince.

— Mangez ! Mangez !

Des reflets roux apparaissent dans les cheveux qui encadrent son visage, des cheveux beaux comme ceux d'une actrice occidentale. Sa peau est d'une blancheur éclatante. Elle est métisse. Une métisse infirme.

Je n'ose la fixer davantage, me penche sur la patate toute chaude dans mon assiette. Assise sur un divan, derrière une tenture brune, elle entame la conversation :

— Le vrai chef de cette famille est mon petit Cau. Il va à l'école dans la journée, à la pêche le soir. Avec la vente des poissons, il achète l'huile, le sel, les fruits pour les fêtes, les vêtements, les couvertures pour l'hiver. Nous achetons le paddy à la coopérative qui nous le vend à bas prix. En période de moisson, il va ramasser les graines et les patates abandonnées. Moi, je ne suis d'aucune utilité...

Cau fait la grimace :

— Arrête de parler comme ça, mère !

Il se détourne. Il ne veut pas dévoiler son émotion. La mère soupire doucement, pose sur son fils des yeux humides, parle d'une voix tendre :

— Et alors, je parle à nos invitées, il n'y a rien de mal !

Cau se tait. Sa mère le caresse d'un regard plein d'amour et de fierté.

Il nous presse :

— Partez maintenant ! Sinon vous risquez de vous faire voler vos lignes.

Je suis surprise :

— Quelles lignes ?

C'est à son tour de l'être :

— Mais... vos lignes de pêche... Vous n'êtes pas venues surveiller les lignes de vos parents ?

Ainsi, pour lui, c'est ce que nous étions venues faire. Dans le bourg, quelques familles pratiquent la pêche de cette manière. Les pêcheurs posent des lignes amorcées et les surveillent. Ils passent de temps en temps retirer le poisson qui y a mordu, changer les esches si elles sont en mauvais état. Des métiers de pêche, la pêche à la ligne est le plus tranquille. Mais l'investissement de départ est plus lourd.

Cau nous regarde toujours avec inquiétude :

— Je croyais...

— Oui, oui... tu as raison. Je pince Loan.

Nous saluons la propriétaire. Je me rappelle le chemin, reconnais le buisson de bambous, le tas de bouses de buffle en bordure de la route. À la croisée, nous nous séparons, Cau part vers l'étang, nous vers les berges. Grâce à notre bonne mémoire, nous retrouvons le raccourci que nous avions emprunté avec Cau à travers les dunes. Tout à coup, un coq se met à chanter dans le village. Brutalement, notre excitation pour l'aventure se volatilise, nous avons soudain froid dans le dos. Loan me souffle dans l'oreille :

— Bê ! C'est pas à minuit qu'il chante comme ça, le coq ?

De l'autre côté de la rivière, les lumières se sont éteintes. Je m'affole aussi.

— Ma mère va me donner une raclée ! Loan gémit.

Je m'emporte :

— Et alors ? Si on a le courage de s'amuser, il faut aussi savoir recevoir une raclée ! Et puis, arrête de parler, tu vas glisser dans l'eau...

Je n'ai pas fini ma phrase qu'elle étouffe un cri. Elle glisse, m'entraînant avec elle. Par chance, je parviens à garder mon sang-froid et la tire hors de l'eau, mais nous sommes entièrement trempées. Je n'ose m'emporter, la réconforte d'une voix douce :

— Calme-toi ! On arrive.

Loan cesse de geindre, agrippe ma chemise et marche en silence. Quelques instants plus tard, nous arrivons sur l'îlot. Au même moment, nous apercevons des dizaines de petites lueurs de l'autre côté de la Verte. D'abord indistinctes dans la brume nocturne, elles deviennent progressivement aussi nettes que des reflets d'étoiles dans l'eau. Je cligne des yeux, me rends compte que ce sont des lampes-tempêtes se dandinant sur l'autre berge. Les ombres des porteurs de lampes s'allongent, on dirait des lampadaires ambulants. Il y en a plus d'une vingtaine. Ils sont donc plus de vingt à nous chercher. J'imagine que ma mère et la mère de Loan Graine-de-jacquier ont dû explorer tout le bourg, complètement éplorées. Elles ont averti la police, rameuté tout le monde pour partir à notre recherche. Un lourd remords reflue dans mon ventre. Tout à l'heure, si excitée par l'aventure, je n'ai pas pensé un seul instant à ça.

Loan me pince le bras :

— Qu'est-ce qu'on fait ?

— Surtout rien ! Prends l'air hébété, comme si tu avais rencontré un fantôme. Sinon, c'est la méchante raclée garantie.

Je ne trouve alors rien d'autre à inventer. Plus tard, ce mensonge se révélera la meilleure excuse. Les gens arrivent vers la rivière, nous appellent à tue-tête. Dans ces cris, je discerne ceux de ma mère et de tante Luu. Affaiblis par l'angoisse, ils sont intermittents, entrecoupés de sanglots. Les larmes me montent aux yeux. Loan renifle en gémissant, s'essuyant à sa manche. Je saisis son bras.

— Chut ! Silence.

Les appels sur l'autre rive finissent par s'arrêter. Puis nous entendons discuter :

— Elles ne sont pas là. Rentrons !

— On a cherché partout ! Une sorcière ne peut pas entraîner deux grandes filles comme ça quand même ?

— De nos jours, elles utilisent des philtres. Même des adultes comme nous...

— Quelle fichue année on vit !

— Je te l'avais bien dit. C'est à cause du passage de la comète. Nos ancêtres l'ont bien prédit : quand la comète passe, il faut supporter trente-six catastrophes avant d'avoir la paix. Allons, rentrons...

Les lampes recommencent à se dandiner. Soudain, un cri strident. Madame An Lac.

— Grands dieux ! Ma barque ? Elle a disparu. Elle est pourtant toujours ici, attachée à ce piquet... avec une grosse chaîne...

— Ben... ce sont les filles ! Elles ont pris ta barque.

La voix de la mère An Lac se fait grinçante :

— Ça, c'est sûr ! Une barque qui me sert tous les jours à ramasser les lentilles d'eau pour mes cochons. Qui d'autre que ces deux pestes ? Un fantôme peut-être ?

— Elles sont devenues folles ? Une balade en barque en pleine nuit ?

— Folles ? Tiens donc, si tu es envoûté par un fantôme, tu n'y peux rien ! Tu grimperais même sur le toit de ta maison s'il te l'ordonnait... Regarde-moi. Fort comme un buffle. Pourtant l'année de mes vingt ans, des fantômes m'ont fait faire le tour de l'étang pendant toute une nuit. Ce n'est qu'au petit matin que des paysans partant aux champs m'ont découvert et m'ont ramené.

Une voix d'homme, autoritaire, s'impose :

— Arrêtez ! Calmez-vous ! Peut-être qu'elles sont parties cueillir des fruits sur l'autre rive. Deux volontaires pour aller les chercher !

On entend deux plongeons dans l'eau. Ils nagent très vite, arrivent vers nous en quelques instants.

— Ah ! Voici la barque de madame An Lac !

Je reconnais la voix, mais ne me rappelle plus qui c'est. Une question retentit de la rive :

— Les filles ? Avez-vous trouvé les filles ?

— On cherche !

L'un des deux hommes saute dans l'embarcation et rame dans notre direction. Il a reconnu nos deux silhouettes tapies dans l'ombre d'un arbre :

— C'est vous, les filles ?

Il appelle joyeusement, debout dans la barque qui glisse lentement sur l'eau.

Je pince la main de Loan, lui intimant l'ordre de se taire. N'entendant rien, le jeune homme saute, marche à grands pas dans l'eau jusqu'à nous.

— Pourquoi ne dites-vous rien ? Oh ! Ciel, vous êtes toutes trempées...

Nous prenant l'une après l'autre dans ses bras, il nous dépose délicatement dans la barque. À ce moment précis, je le reconnais. C'est Chiên, le champion de ping-pong du bourg. Je fais partie de ses fidèles supporters lors des matches amicaux qu'il dispute à la maison communale, un grand bâtiment toujours décoré de drapeaux multicolores. Après nous avoir bien installées, il commence à ramer. Le deuxième nageur arrive à son tour et nous suit, accroché au flanc de l'embarcation.

Parvenus sur la rive, il nous dépose avec douceur à terre. Ma mère fonce vers moi, me serre dans ses bras. Tante Luu saute également sur Loan, riant, pleurant comme une folle :

— Ma fille ! Ma fille ! Quel fantôme a pu te capturer et te faire nager dans cette rivière en pleine nuit... Merci saint Tran, merci sainte Côi... Je vous promets de vous vénérer deux fois par mois. Sans faute, je le jure...

L'homme qui a parlé tout à l'heure du fantôme qui lui a fait faire le tour de l'étang s'exclame, tonitruant :

— Qu'est-ce que je vous disais ? Vous me croyez maintenant ?

Personne ne répond. Peut-être qu'effectivement, tous croient que nous avons bel et bien été entraînées par des fantômes. Sinon, je n'ose imaginer les injures et les réprimandes. Et c'est sûr, nous aurions reçu, chacune, une dizaine de coups de martinet sur les fesses.

MAÎTRES ET PROFESSEURS

Deux semaines après cette aventure rocambolesque, un événement vient bouleverser nos belles et tranquilles existences d'écolières.

Je ne vous l'ai pas dit, mais j'ai deux formidables professeurs. Le premier est le professeur principal. Personne ne l'appelle maître. Tout le monde l'appelle père Thê. Il est vraiment le père de notre classe. Âgé d'une quarantaine d'années, il n'a pas d'enfant. Lui et son épouse ont le même âge. Pendant la guerre, ils ont été résistants dans la zone contrôlée par l'ennemi. Ils ont été capturés, emprisonnés, torturés atrocement jusqu'à perdre la capacité de faire des enfants. Dans ces circonstances, beaucoup seraient devenus aigris et méchants. Lui, non. Il est d'une gentillesse, d'une douceur exemplaires, comme si un père et une mère coexistaient en lui. Aucun élève, qu'il soit premier ou dernier de la classe, n'a eu à se plaindre de la moindre intention de préjugé ou d'injustice de sa part. Équitable, généreux, toujours prêt à aider, à guider, entier et simple. Voilà ses qualités. Il m'a beaucoup apporté. Avec lui, j'ai appris à être persévérante dans la vie, à savoir surmonter avec calme les difficultés, à être indulgente envers les autres et à me contrôler quand des sentiments de vengeance s'éveillent en moi.

Sur l'échelle de l'affection, notre professeur de gymnastique vient tout juste après père Thê. La gymnastique n'est pourtant pas une matière scolaire très importante, mais grâce à la gentillesse, au caractère enjoué de notre professeur, c'est devenu une séance très attendue chaque semaine. Plus jeune que père Thê, de carrure solide, toujours bronzé, il a une tignasse noire et fournie. Son regard peut paraître sévère, il est néanmoins très ouvert. Avec lui, le rire envahit le stade. Il ne fait jamais de grands discours, il parle très peu. Toutefois nous comprenons immédiatement ce qu'il veut. Sa joie, son affection dissipent nos craintes, nos fatigues.

La pelouse baigne dans le soleil. L'herbe est verte. Des libellules volettent ici et là. Le ciel bleu est parsemé de nuages blancs. Après la séance de gymnastique, des rires retentissent alors que les fronts sont encore mouillés de sueur... Ce sont là des moments de pur bonheur. Je me souviens très exactement de ces instants, pareils à ces fleurs de flamboyants dont nous nous amusons à cueillir les étamines en été.

Cependant il vient de nous quitter. Il habite à

la campagne avec sa femme et leurs trois enfants. Cette dernière, de santé fragile, est souvent malade et ne peut travailler dans les rizières. Ils sont pauvres. Il a dû demander sa mutation dans une école plus proche, plus pratique pour soigner son épouse et élever leurs enfants en bas âge. Son départ précipité nous a privés de l'occasion de lui offrir le traditionnel pot d'adieu. Il ne nous reste plus maintenant que le regret de n'avoir pas été plus proches d'un homme qui a tant souffert mais qui a toujours su garder son calme, un homme si dévoué dans son travail. Notre classe a fait une collecte pour lui acheter une chemise et une paire de chaussures pour l'hiver. Le cours de gymnastique, temporairement suspendu, a repris quand le nouveau professeur est arrivé.

Ce matin, nous sommes en rangs serrés pour l'attendre. Il surgit. Un homme grand, gros, les cheveux gonflés, tout de blanc vêtu. Nous sommes surpris d'apprendre par père Thê que le nouveau professeur de gymnastique, qui s'appelle Gia, a vingt-quatre ans. Nous lui en aurions bien donné trente-quatre ou trente-cinq. Pendant que père Thê fait son discours, le nouveau professeur regarde par-dessus nos têtes, au loin, l'air détaché. Père Thê parti, il baisse lentement les yeux vers ses élèves. Nous sommes attentifs aux paroles qu'il va prononcer. Soudain :

— Garde à vous, fixe !

Chacun sursaute, comme piqué par une abeille. Nous cambrons précipitamment le dos, tendons la tête vers l'avant. Satisfait, il nous fixe un long moment avant de commencer sa leçon.

— C'est aujourd'hui mon premier cours ici. Avant, j'ai été professeur assistant à l'université des sports et de la gymnastique. Mes élèves étaient des jeunes gens sains, forts, qui avaient tous obtenu leur bac et qui possédaient donc un bon niveau culturel. C'est pourquoi... mon affectation ici... est un peu particulière... Notez-le bien.

Silence. Nous restons muets. C'est alors qu'une grosse mouche à buffle arrive. Le zzzzz qu'elle émet se détache clairement. Énervé, le professeur Gia lève la main pour la frapper. La mouche bondit dans l'air mais ne s'enfuit pas. Restant prudemment hors de portée, au-dessus de lui, l'insecte continue à produire un bruit de bouilloire. Le professeur Gia lui jette un regard haineux.

— Nous allons commencer le cours. Pour nous, le temps c'est de l'argent, et la santé de l'or. Ne gaspillons pas une seule seconde. Tout d'abord, il faut chauffer les muscles par des mouvements. Car le mouvement est la base de toutes les séances d'entraînement. C'est ainsi que l'estomac sécrète le suc gastrique avant le repas... En avant, derrière moi... Une, deux... Tout le monde, en rond, au pas de course...

Nous nous regardons avec inquiétude, commençons à courir. Loan me dit dans l'oreille, entre deux inspirations :

— Il a l'air pervers, ce prof... Toute cette théorie pour nous faire courir. Je ne comprends rien à ce qu'il raconte.

— Tais-toi ! Attends la suite...

Notre ancien professeur de gymnastique n'avait qu'à lever les bras et dessiner un U avec ses mains pour que nous commencions à courir en rond bien sagement. Je me dis que c'est un vrai bonheur d'avoir affaire à des personnes gaies et simples.

— Attention !

Le professeur Gia hurle comme une sirène de bateau. Nos cœurs font des bonds. Nous nous observons du coin de l'œil.

— Gardez le même espacement entre vous. Chacun doit s'imaginer être un atome dans la molécule qui est le cercle. Je vous donne deux minutes pour vous contrôler et bien vous placer. Voilà l'esprit du nouveau sportif. Précis, appliqué, discipliné. Allez, on y va. Je chronomètre. Je vous donne deux minutes...

Nous nous regardons :

— Qu'est-ce que ça veut dire ? Qu'est-ce qu'il dit ?

— Sais pas ! Fais attention, tu me marches sur les pieds !

— Mais cours, bon sang ! Ne reste pas plantée là ! S'il se retourne, on est tous bons pour...

— Mais... Qu'est-ce qu'il faut faire ?

Le professeur Gia fixe solennellement la montre accrochée à son cou :

— Trente-cinq, trente-six... Quarante-deux secondes. Encore soixante secondes...

Tout le monde s'affole :

— Catastrophe... ! Eh ! Bê... Dis-nous, qu'est-ce qu'il veut ?

Je chuchote à l'oreille de Yên la Grue :

— Égale distance. Refaire le cercle. Que ça.

Yên la Grue exhale un gros soupir. L'ordre est aussitôt transmis et exécuté. Un coup de sifflet marque la fin de cet exercice. Nous nous immobilisons et nous tournons vers le professeur, comme des planètes vers leur soleil.

— Écoutez-moi attentivement... La leçon d'aujourd'hui...

Il s'arrête subitement, en plein discours. Sa tête se gonfle telle une baudruche. Les deux narines se veinent de rouge. Son regard tombe en avant, se rive au sol, comme s'il voulait enfoncer un piquet jusqu'au centre de la terre. Son visage prend d'un seul coup l'aspect d'une vieille voile tendue au maximum, sur le point de se déchirer au moindre surcroît de brise. Cet état périlleux dure ainsi cinq, six bonnes secondes. Puis brutalement :

— Attt... Attt... Attchouuummmm !!!!

L'éternuement s'est donc avéré plus fort que la volonté de paraître imposant et docte devant ses élèves. Le professeur Gia a levé les yeux vers le ciel, ouvert la bouche sans avoir eu le temps de mobiliser ses mains pour arrêter le flux de son expiration, ni de détourner le visage. Il a éternué comme la soupape d'une marmite qui claque. Et la tête de Yen la Grue a écopé des postillons.

Autant il était impressionnant de sérieux tout à l'heure, autant ses grimaces après l'éternuement nous semblent d'une drôlerie irrépressible. Personne ne peut se retenir. Le fou rire général explose. Du premier de la classe au dernier, de la secrétaire de la section de la jeunesse communiste à son plus jeune adhérent... personne ne peut arrêter la vague d'hilarité qui déferle, venant de l'intérieur de nos ventres bouillonnants. Les plus grands, pliés en deux, enfouissent leur tête dans les épaules de leurs voisins, pleurant de rire.

Reprenant son calme, le professeur Gia tape du pied, hurle, ses yeux roulent de fureur :

— Garde à vous !

Surpris, nous reprenons immédiatement la pose, mais le rire ne peut s'empêcher de fuser encore, par petits jets entre nos dents serrées. Il nous fixe avec colère :

— Qu'avez-vous à rire ? Qui vous a permis ? C'est un cours ou une récréation ? Où est la discipline, l'esprit d'organisation ? Vous osez prendre ma leçon à la légère ? Vous me prenez pour qui ?

Nous ne pouvons plus rire. Le silence est total, nos yeux sont rivés à nos orteils. L'atmosphère s'alourdit subitement à la vue de la mine violette, hargneuse et colérique du professeur. Son regard se vrille en nous. Puis, considérant que je suis la fille, au premier rang, qui s'est le plus esclaffée :

— Vous là-bas ! Votre nom ?

Une goutte de sueur froide coule dans mon dos :

— Je m'appelle Vu Thi Bê, monsieur.

— Pourquoi riez-vous ?

— ...

— Je vous pose une question : pourquoi riez-vous ?

— ...

— On est en cours ou en récréation ?

— On est en cours, monsieur.

— En cours, a-t-on le droit de rire ?

— ... Non, monsieur.

— Pourquoi alors riez-vous ?

— ...

— Vous êtes indisciplinée et inorganisée. Vous ne méritez pas d'être élève dans une école socialiste...

Mon gros orteil ne cesse de sauter en l'air. La sueur froide ruisselle entre mes omoplates. Mes muscles sont tétanisés. Je chavire comme une barque en pleine tempête... Une petite voix s'élève :

— Monsieur, j'ai une suggestion...

Ly a levé une main tremblante. C'est le plus rachitique de la classe. Sa mère est morte après avoir accouché. Il vit maintenant avec un père alcoolique, cocher de son état, et une belle-mère vendeuse de nuoc-mam au marché. Maltraité à longueur d'année par eux deux, le pauvre garçon doit travailler comme une bête. Il est le dernier de la classe, chétif comme un fruit d'aiélé* séché.

— Monsieur, grande sœur Bê n'oserait pas se moquer de vous, dit-il d'une voix tremblotante.

Le professeur lui jette un œil torve :

— Pourquoi rit-elle alors ?

Ly halète, réussit à parler :

— Monsieur, c'est parce qu'avant, on avait la permission et l'habitude de rire pendant les cours de gymnastique...

Le professeur ne dit rien. Après un moment, il se racle la gorge :

— Bon ! Va pour cette fois-ci. Mais il faut que vous sachiez tous que je suis extrêmement sévère. Surtout envers l'inorganisation et l'indiscipline. C'est intolérable ici, dans une école du nouveau socialisme.

La leçon de gymnastique se déroule dans une atmosphère tendue. À midi, je traverse la cour de l'école. En marchant sur la pelouse, je pense à notre ancien professeur. Pourquoi est-il parti ?

Je me remémore les rires éclatants des cours d'alors. Ils n'ont plus droit de cité. Je rentre dans l'école pour chercher père Thê, mais il a

* Aiélé : arbre de la famille des oléagineux. Le fruit ressemble à une olive.

dû partir au rectorat. Je rebrousse chemin, la mort dans l'âme. Je ne sais pas encore qu'un événement inattendu va survenir et être la source d'un grand malheur pour ma meilleure amie, Loan Graine-de-jacquier.

LES MALHEURS ARRIVENT

À MIDI, ma mère m'appelle :

— Il fait trop chaud ! Peux-tu aller acheter des glaçons ? On pourrait se faire des jus de citron.

Je prends le seau et file. Dans notre petit bourg, il n'y a que deux endroits où l'on vend des glaçons. L'un est une ancienne entreprise française s'appelant Hoa Lu. Depuis l'indépendance, c'est devenu une fabrique d'État de crème glacée, qui vend aussi des glaçons. Le deuxième endroit est la maison du chef Cân. Il a acheté une petite machine à fabriquer de la crème glacée puis obtenu la licence pour vendre des glaçons, qui sont médiocres et fondent plus vite que ceux de l'entreprise d'État. Mais comme il est à côté, c'est là que je vais. Devant l'entrée, quatre, cinq clients attendent. À mon arrivée, j'aperçois Ly.

— Tu viens acheter des glaçons ? Il y a une demi-heure d'attente. Je viens de contrôler la machine. Tu veux rester ?

Je regarde la rue. Trop chaud, un soleil de

plomb. Si je vais chez Hoa Lu, je meurs. Je lui dis :

— D'accord, j'attends ici !

— Alors, viens voir !

Il m'entraîne dans le patio. Grand ami du troisième fils du chef Cân, il va et vient comme un familier de la maison. Il m'amène derrière, sous la fenêtre où pousse un lierre. Une conversation filtre au-dehors. Je reconnais la voix de tante Luu, la mère de Loan Graine-de-jacquier.

— S'il vous plaît, laissez-moi le temps de réfléchir.

La voix de chef Cân est mielleuse :

— N'avez-vous pas confiance en moi ? Nous n'avons, ni vous ni moi, de problèmes d'argent. Ce qui nous manque à chacun, c'est l'affection. J'aimerais que vous veniez vivre ici. Nous serions une famille, nous connaîtrions le bonheur. Quand le temps changera, quand la tempête arrivera, nous serons ensemble. Si vous restez là-bas, dans votre maison, comment serions-nous proches l'un de l'autre ?... Bien sûr, ce n'est pas si loin, mais c'est quand même une séparation...

Tante Luu est silencieuse. Sûrement, elle doit enrouler une mèche avec son doigt, comme d'habitude.

— Mais, ma petite Loan... Je ne sais que penser...

— Je vous parle d'union pour la vie. Il faut, évidemment, tout prévoir. Tous les enfants sont nos enfants. Nous en supporterons ensemble la charge, les élèverons ensemble. Comment pourrais-je rendre la petite Loan malheureuse ? Si elle souffre, c'est vous qui souffrez. Et si vous souffrez, comment pourrais-je être heureux ?

Tante Luu lâche un autre soupir. Les deux restent silencieux.

Ly me fait la grimace :

— Il est en train de lui faire de sacrées avances !

Je lui donne une pichenette sur la tête.

— Tais-toi et écoute !

À ce moment, chef Cân se remet à parler :

— Vendons votre maison avant de célébrer notre mariage. On demande un acompte. Une fois l'acte de propriété rédigé, on ramasse le solde... Ces temps-ci, les prix de l'immobilier ont augmenté. Le vieux colonel retraité du nouveau quartier lorgne depuis un certain temps sur la maison. Laissez-moi faire...

Un des fils du chef Cân sort de la cuisine à cet instant, toussotant, crachant par terre. Ly et moi détalons prestement vers la cour. Je remplis le seau de glaçons, rentre chez moi. Je rapporte précipitamment à ma mère ce que j'ai entendu :

— Maman ! Tante Luu va se marier avec chef Cân. Je les ai entendus parler de vendre la maison de tante Luu pour vivre ensemble.

— Quoi ? Se marier ?... Vendre sa maison pour vivre ensemble ?

Ma mère est comme quelqu'un qui vient

d'apprendre qu'une éruption volcanique va recouvrir notre ville de cendres.

— Je l'ai entendu de mes propres oreilles !

Elle se tait, le regard tourné vers le ciel éclatant de lumière. Après déjeuner, je tombe de sommeil. Dans ma lourde sieste, je rêve de Dung le Maigrichon. Il est habillé exactement comme le singe du cirque ambulant. Coiffé d'une casquette, vêtu d'un débardeur rouge bordé de noir, il sautille comme un clown devant la foule, puis tend la main pour les sous. Quand tout le monde est parti, il se tourne vers moi, la mine triste :

— Bê ! Sais-tu pourquoi je suis un vagabond de cette espèce ?

— Non ! Personne ne sait.

— Hum... Peut-être, personne ne sait...

— Alors, parle ! Pourquoi ?

Il me regarde :

— Je n'ose pas en parler... Jamais, je n'oserais...

Les pièces tombent de sa poche, roulent sur le sol. Elles roulent jusqu'à ce que la poussière soulevée par la roulotte tirée par le vieux cheval envahisse tout l'espace. Dung le Maigrichon disparaît...

Ma mère me réveille pour les devoirs. Je suis encore toute troublée par ce rêve. Il est plus de trois heures.

Après dîner, nous nous rendons, ma mère et moi, chez tante Luu. Ma mère ne dit rien, mais je sais qu'elle a beaucoup réfléchi à ce que je lui ai raconté. Nos deux maisons sont distantes d'une rue, en un moment nous y sommes. Dans la cuisine, devant le foyer, tante Luu fait frire des beignets. La flamme éclaire ses pommettes rondes, rougies par la chaleur. Ces derniers temps, elle a pris un peu de rondeurs, est devenue plus gracieuse. Elle invite ma mère à s'asseoir puis lui apporte une assiette de beignets tout chauds.

— Grande sœur, sers-toi ! Ceux au sésame sont sucrés et fourrés à la pâte de haricots mungo et de coco. Les plus longs, sans sésame, sont salés, avec une farce de viande hachée, poivre, oignons...

— Je ne t'ai plus vue faire des beignets depuis longtemps...

— C'est vrai. Aujourd'hui, je ne vais pas au marché. J'en profite. Pour ma fille, pour offrir aussi...

Elle rougit. Nous avons compris que l'heureux destinataire du cadeau n'est autre que chef Cân, son futur mari. Ma mère, elle, n'est pas d'humeur à sourire. Depuis toujours, elle apprécie tante Luu. En dehors de l'amitié qui me lie à Loan, tante Luu est une des rares commerçantes à savoir rester simple, douce et généreuse. Avant, elle fabriquait des beignets. Croquants, la pâte fine, souple, parfumée, tout le monde les adorait. Ils étaient délicieux, et on avait droit en prime au beau sourire et à l'agréable conversation de la vendeuse. Son mari était mécanicien, un beau garçon, doux comme un agneau. Une nuit de juillet, en allant se laver au puits, il a pris froid et il est mort. Sa grande sœur est venue de Lao Cai pour organiser les obsèques et subvenir aux besoins immédiats de la famille. Par la suite, tante Luu s'est bien débrouillée dans le commerce, elle s'est retrouvée à l'aise. Elle a élevé sa fille toute seule et fait construire une belle maison de cinq pièces : vaste plancher surélevé, plafond lisse comme du papier, terrasse cimentée, grande cuisine, salle d'eau, poulailler, pigeonnier... Tout le monde l'admire. Elle est devenue un bon parti pour tous les hommes célibataires des deux quartiers, nouveau et ancien... Et subitement, elle accepte de se marier avec chef Cân, un homme réputé pour son avarice, sa bassesse. Sa tête est comme une pastèque, oblongue, chauve. Ses yeux sont ceux d'un rapace, derrière ses lunettes. Où qu'il passe, il ramasse tout, de l'écrou rouillé jusqu'à la sonnette de vélo. Quoi qu'on lui donne ou qu'il trouve, il le fourre dans sa poche. Les gosses le voient comme un croque-mitaine, un vrai danger pour les petits.

Ma mère s'assombrit. Sachant ce que ça signifie, j'entraîne Loan en ville. Quand nous arrivons à la route goudronnée, j'imagine le début de la conversation entre nos mères...

Loan aussi doit sentir quelque chose. Elle me suit en silence, contrairement à l'habitude.

Je trébuche sur une racine, manque de tomber. Dans l'ombre du feuillage, il me semble apercevoir une chemise à fleurs que je connais. Grande sœur Bôi !

Elle est debout au pied du badamier, tête penchée. À côté d'elle, un homme très grand, les cheveux gonflés, habillé tout en blanc, de loin on dirait un énorme bâton de farine. Loan me tire derrière le panneau d'affichage du service d'information du bourg. Dieu merci, deux pas de plus et nous tombions nez à nez avec eux. La voix de Bôi tremble :

— Au revoir, monsieur...

Pas de réponse. Puis une voix d'homme :

— Le ciel est plein d'étoiles, ce soir, n'est-ce pas ?

Je reconnais la voix du nouveau professeur de gymnastique : Gia. Eh bien ! Il n'a pas tardé à trouver qui baratiner. Bôi est notre grande sœur, c'est la plus grande fille de la classe. Jolie, douce, elle fait tourner la tête à pratiquement tous les grands garçons de l'école. Nous interceptons les lettres d'amour qu'ils lui adressent pour nous amuser à les lire avant elle. Chaque fois, elle rougit comme une tomate :

— Vous êtes de vrais démons !

En classe, elle a des résultats médiocres. Les pires sont ceux de gymnastique. Et notamment en athlétisme, où elle est toujours bonne dernière. C'est sans doute pourquoi en ce moment, devant le professeur de gymnastique, elle tremble comme une cigogne dans la tempête.

— Monsieur...

— Qu'est-ce qu'ils vont voir si nombreux ? C'est quel film ?

— C'est *Fatima,* monsieur.

— Euh... ce film, *Fatima,* tu l'as vu ?

— Oui, monsieur, je l'ai vu la semaine dernière.

Le professeur Gia ricane, baisse la voix :

— Tu ressembles beaucoup à Fatima ! Surtout tes longs cheveux, tes beaux yeux à damner un saint...

— Rentrez chez vous, monsieur, vous avez beaucoup de route...

— Oh, Bôi ! Tu me chasses ? Bon, d'accord, je m'en vais.

— Merci, monsieur. Au revoir, monsieur.

Le professeur Gia récupère son vélo posé contre le mur, l'amène sur la chaussée. Il bondit sur son destrier d'acier, vigoureux comme un ours, le pied sur la pédale, les mains empoignant fermement le guidon. Je crois un instant qu'il va partir. Mais non :

— Bôi ! Il faut que tu t'entraînes en athlétisme. Mais aussi à la poutre et au cheval d'arçons. Attention, une note en dessous de deux et tu redoubles...

— Oui, monsieur.

Le professeur Gia parti, la jeune fille s'en va précipitamment. Nous nous promenons encore un moment en ville avant de rentrer. La conversation des adultes est terminée. Tante Luu fixe pensivement le carrelage sous ses pieds. Quand elle réfléchit, des rides apparaissent au coin de ses yeux. Loan m'a dit que sa mère avait trente-huit ans. Ma grand-mère disait que quarante ans est un âge très dangereux pour une veuve...

Le surlendemain, durant la soirée, pendant que ma mère range la maison, chef Cân arrive comme un fou. Sans y être invité, il se laisse tomber sur une chaise.

— Bonsoir, vous venez pour quelque chose ? demande ma mère.

— Vous ne savez pas ? Pourtant, vous êtes professeur...

— C'est vrai. Je suis enseignante. Mais l'État m'a chargée d'enseigner seulement aux enfants. Pas aux adultes. Surtout pas à ceux qui ont mangé chez les Français, habité chez les Français...

Ma mère répond avec assurance. Chef Cân se rembrunit. Il enrage. Il est vrai qu'avant la libération, il s'était vanté d'avoir assimilé les coutumes de l'État colonial. La preuve, il savait se servir d'une cuillère, d'une fourchette pour manger, il dansait même mieux que les ressortissants de la patrie gauloise... Tous les soirs après dîner, dans le temps, il avait l'habitude de revêtir son uniforme de soldat kaki pour faire une balade. La paix rétablie, cet uniforme a disparu, remplacé par une tenue noire et une paire de sandales en caoutchouc.

Il se tait en écoutant ma mère. Il se sert un peu de thé, boit en faisant beaucoup de bruit avec sa bouche.

— Je vous ai toujours respectée. Vous êtes un jeune professeur, mais vous savez vous tenir. Pourquoi brusquement vous mêlez-vous d'affaires qui ne vous concernent pas ? Vous savez... moi, je suis gentil. Un autre pourrait être plus méchant, et alors...

— Personne ne doit être indifférent quand la maison du voisin brûle, réplique ma mère.

Chef Cân esquisse une grimace.

— Vous vous trompez ! Notre maison ne brûle pas !

— N'en rajoutez pas ! Constatez par vous-même la situation. Quand je vois quelqu'un s'apprêter à s'immoler, j'interviens. C'est le comportement normal de tout être humain.

Chef Cân a un rire arrogant. Ses canines brillent dans la pénombre :

— Les veuves ont besoin d'un mari et non de conseils. Ne vous fatiguez pas !

Sitôt dit cela, il s'en va.

Ma mère pousse un grand soupir. Lorsque je me prépare à aller dormir, elle est encore assise devant sa tasse froide.

UN MOIS D'AVRIL MOUVEMENTÉ

Avril. Les œillets d'Espagne dans la cour de récréation commencent à s'épanouir. Au début de la semaine, sur le chemin de l'école, je fais une méchante glissade. Résultat : une bosse sur le front, aussi grosse qu'une goyave, et des éraflures aux genoux. Tout ça n'est pas grave, sauf que le pantalon vert kaki tout neuf que ma mère m'a confectionné est déchiré au genou. Le trou a la taille d'une pièce de monnaie, laissant voir la blessure. Je ne peux ni aller en classe dans cet état ni rentrer à la maison, car je suis déjà en retard. Après quelques secondes de réflexion, je cherche une feuille de papier dans mon cartable, la colorie en vert foncé et demande à madame Tô, la vendeuse ambulante, une nouille pour la coller sur le trou.

— Eh toi, la petite ! Tu vas encore aller t'amuser au bord du fleuve ? se moque-t-elle, tout en me mettant dans la main quelques brins de nouille.

— Je n'ose plus y aller, madame !

— Fais attention ! Si le monstre te noie, personne ne pourra te sauver. Ton père est si loin et ta mère n'a qu'une fille... Arrête d'être aussi turbulente...

Elle parle fort. Je la remercie et file dans un coin pour coller le papier sur le pantalon. Puis je reprends le chemin de l'école.

La journée commence par un cours de chimie. Je m'applique à lire la leçon, vais au tableau faire la démonstration. Père Thê me donne un cinq. En retournant à ma place, le petit bout de papier se détache, tombe par terre. Sur le carrelage, il m'a l'air vraiment ridicule. Je me penche, me contorsionne, essaie de cacher le trou de mon pantalon. Mon manège déclenche l'hilarité générale. Au début, père Thê ne comprend pas pourquoi, puis quand il en saisit la raison, il éclate de rire. Un rire franc, gentil, un rire de paysan qui va vendre ses balais et ses paniers d'osier au marché. À la fin de la classe, il m'appelle :

— Bê !

— Oui, monsieur ?

— Où vas-tu ?

— Je vais jouer dans la cour...

— Humm... Tu vas jouer habillée ainsi ? Voyons... À quoi servent toutes les heures de couture que tu as suivies ? À ce que tu colles un bout de papier sur ton pantalon quand tu le déchires ?

Avec nous, père Thê se donne presque toujours le nom de papa. Quand il ne le fait pas, c'est qu'il est très en colère. Me voyant toute penaude, il me fait signe de la main :

— Viens avec papa !

Nous allons dans la salle des professeurs. Père Thê trouve un bout de tissu vert, une aiguille et du fil. Ensuite il m'amène dans une petite chambre attenante au laboratoire. C'est là qu'il loge avec maître Bach, le professeur de mathématiques.

— Ferme la porte. Raccommode ton pantalon.

Je gémis :

— Mais... Le cours de sciences naturelles va commencer !

— Quelle que soit la matière, tu recopieras la leçon et travailleras chez toi. Tu es grande. Tu ne dois plus être négligée. C'est la dernière fois ! Tu as compris ?

Il attrape le sachet de tabac sur la table et sort. Je ferme la porte à clé, enlève mon pantalon, me mets sous la couverture pour raccommoder. C'est la première fois que père Thê me gronde.

Ce jour-là, plusieurs classes, dont la nôtre, creusent des canaux d'irrigation dans les rizières d'une coopérative jumelée avec notre école. Il fait une chaleur torride. En plein milieu de l'après-midi, la pluie s'abat soudain à verse, nous douchant de la tête aux pieds. Les garçons crient, sautent dans le ruisseau. Les petits, dont moi, ouvrons grand la bouche pour goûter la pluie, courons partout, nous éclaboussons, hurlons. Les grandes sont en revanche très gênées. Elles s'agglutinent et essayent de cacher avec leur chapeau conique leurs vêtements ruisselants qui moulent leurs corps. Bôi est la plus grande. Elle a un beau corps de femme. Son corsage mouillé la fait ressembler à un nu d'un des tableaux de la Renaissance que nous a montrés notre professeur de dessin. Elle se tortille de honte, car les élèves des autres classes sont là tout autour. Parmi eux, il y a nombre de garçons qui la poursuivent de leurs assiduités. Et puis, le professeur de gymnastique est présent dans le groupe des enseignants. Il a les yeux rivés sur le corps mouillé et ondoyant de la jeune fille. Les garçons ont repéré le regard concupiscent du professeur.

— Regarde ! Regarde comme il la fixe. Quelle intensité. Ses cils vont tomber...

— Tu vois bien ! Elle lui plaît... Je ne me suis pas trompé. Il fait semblant de discuter avec père Thê, mais regarde ses yeux... Ils sont quasiment vissés sur la Bôi.

Je regarde vers père Thê. Il parle effectivement avec le professeur Gia, mais il est ailleurs. Il sait tout... Le vieux père sait tout...

La pluie s'arrête, le soleil est là de nouveau. Nous reprenons nos travaux de terrassement. Soudain, Ly titube, tombe inanimé. Nous accourons pour le soutenir, maladroitement. Père Thê arrive, applique sa joue sur son front :

— Il a une grosse fièvre ! Peut-être déjà avant le chantier !

Il nous demande :

— Personne ne savait qu'il était malade ?

— Non, monsieur, répondons-nous en chœur.

— Appelez l'infirmière de chantier !

L'ordre donné, le responsable de la classe, la secrétaire de section de la jeunesse communiste, les chefs d'équipe, tous courent. Mais nulle infirmière de chantier... Elle est partie au bureau du district à deux heures. Tout le monde revient transpirant et bredouille. Pendant ce temps, père Thê a déjà massé les tempes, le nez, la poitrine, le cou du malade avec un baume. Ly a les yeux fermés. Il est tout rouge, comme une tomate mûre. Père Thê observe les paupières violettes, tremblantes du garçon. Apprenant que l'infirmière est partie, il prend Ly dans ses bras, part vers la route goudronnée, traversant des champs de terre labourés. Il s'enfonce, chancelle par moments. Il n'est plus tout jeune... Nous courons derrière lui, le suppliant.

— Laissez-le-nous, monsieur... On va le porter. Vous ne pourrez pas le porter longtemps.

Il se tourne vers nous :

— Il n'y a pas de brancard !... Retournez au chantier, sinon les travaux vont manquer de bras. Que seuls deux d'entre vous me suivent.

Personne ne dit mot, mais chacun retourne au chantier, sauf le responsable de la classe et moi... Ce dernier est un grand garçon, sûr, capable de grandes choses. Moi, je suis petite mais rapide, maligne. Je peux le seconder. En outre, père Thê a toujours eu un petit faible pour moi. Aussi, le suivre m'est-il tout naturel.

Nous avons de la chance. Arrivés à la route, nous croisons un command car de l'armée. Nous voyant avec un enfant inanimé, les soldats s'arrêtent spontanément et nous déposent à l'hôpital.

Aux urgences, Ly reçoit trois injections. On lui colle sur le visage un masque relié par un tuyau en caoutchouc à une grosse bonbonne d'oxygène. Il est transféré quelque temps après dans une salle où se trouvent six petits lits en fer, peints en blanc. Ly est toujours aussi chaud qu'un pain dans un four, ses yeux sont fermés et on voit palpiter des veines bleues sur son cou. Père Thê nous dit :

— C'est la fièvre typhoïde. Il faut que l'un de vous deux reste ici avec lui cette nuit.

Le responsable de la classe se propose immédiatement :

— Moi, monsieur.

Mais tout de suite après son visage devient embarrassé. Sa famille est pauvre. Je sais que, chaque nuit, il confectionne des briques pour les vendre et gagner un peu d'argent afin d'aider sa mère. Je lui dis :

— Rentre chez toi, grand frère, je dormirai ici. En rentrant, peux-tu avertir ma mère, s'il te plaît ?

Il ne sait pas quoi dire, hésite. Père Thê me caresse les cheveux.

— C'est bien, Bê...

Il sort de sa poche un portefeuille bourré de papiers divers, fouille dedans un moment avant d'en sortir quatre dôngs.

— Tiens ! Pour ce soir, achète-toi un gâteau de riz et un pho. Demain, je verrai...

Ils s'en vont. Debout au milieu de la cour de l'hôpital, je regarde s'éloigner la silhouette familière de mon professeur, un peu voûté, habillé d'une chemise aux couleurs passées. Je retourne auprès de Ly. Il dort. Les cinq autres lits sont occupés. Les malades sont tous dans le coma, inanimés. Je frissonne. Leurs visages sont cireux. Leurs yeux, qu'ils soient fermés ou ouverts, sont vides, des yeux de poissons morts. J'ai l'impression que leurs regards opaques, sans âme, s'accrochent à mon visage. Ils me ligotent à la peur. Dehors, il y a des arbres aux feuillages sombres. Un peu plus loin se trouve une colline de terre rouge. Au sommet, on devine quelques tombeaux, il y a des bâtons d'encens plantés sur des tumulus et des couronnes de fleurs flétries. En bas de la colline se dresse une petite maison peinte en blanc. C'est la morgue de l'hôpital. Dans la lumière du soir, j'aperçois deux hommes en blouse blanche y pénétrer avec un brancard recouvert d'un drap blanc d'où sortent deux pieds tout jaunes.

Plus je reste assise, plus je contemple les alentours, plus j'ai peur. Mon cœur bat à tout rompre. Mes yeux se plissent. Je m'attends à tout instant à ce qu'un cadavre se lève brusquement pour me saisir. Si Ly n'était pas dans ce lit, si je n'avais pas promis à père Thê sur mon honneur de veiller sur lui, je crois que je prendrais mes jambes à mon cou. Heureusement, au bout de vingt minutes, l'infirmière de garde entre. Son teint rose, son corps potelé me réchauffent le cœur, chassant le froid et la peur. Elle me regarde :

— Tu es si pâle ! Tu as faim ?

J'acquiesce doucement. Elle me dit :

— Va donc manger ! Je suis là, ne t'inquiète pas !

Je la remercie, file immédiatement. Le ciel et l'atmosphère au-dehors sont divins après cette demi-heure passée dans une pièce qui empeste les produits antiseptiques et l'odeur de malade. Je sors de l'hôpital. Juste devant, il y a une rangée de petits restaurants populaires servant des nouilles, du pho, des raviolis de riz, des petits gâteaux enrobés de feuilles de bananier, des fruits. Les plats servis ici sont connus pour leur saleté et leur prix exorbitant. Je mange deux gâteaux de riz. (À cette époque, avec cinq centimes, on avait un gâteau aussi gros qu'un bol, avec une vraie farce bien garnie de lard, de pâte de haricots). Après les deux gâteaux qui m'ont rassasiée, j'achète deux gros bonbons. Ils me coûtent un dông. Il me reste deux dôngs quatre-vingt-dix que je mets de côté, pour mes économies. Rien que de penser que je vais devoir rentrer à l'hôpital, j'ai la chair de poule... De toute façon, je ne peux laisser Ly seul. Rassemblant tout mon courage, essayant de ne plus penser à ces yeux glauques qui me fixent, j'entre dans la salle. L'infirmière rose et potelée tricote. La voir me rend plus heureuse que d'accueillir ma mère rentrant du marché. Je me faufile sous la moustiquaire, m'endors auprès de Ly.

Le lendemain, on me réveille tôt. Ce n'est pas l'infirmière de la veille, mais un homme portant des lunettes à la monture d'écaille.

— À qui est cette poupée égarée dans l'hôpital ?

Une main blanche comme celle d'une femme me caresse les joues. Je me lève, désorientée devant ce visage doux et sévère à la fois.

— De quelle vitrine viens-tu, ma poupée ?

Je me frotte les yeux, lui réponds que je suis une amie du garçon malade. Mon professeur principal m'a demandé de rester ici pour le veiller.

— Oh, oh !

C'est probablement un médecin. L'homme semble surpris. Il me tapote l'épaule.

— Quelle fille merveilleuse... Très bien ! À ton âge, jamais je n'aurais pu rester une nuit à l'hôpital comme tu as fait ! Très, très bien !

Je rougis. Je n'aime pas recevoir de tels compliments, surtout en public. Les malades de la salle me regardent tous fixement. Les deux infirmières qui accompagnent le médecin n'arrêtent pas de sourire. Le visage de celui-ci reflète la bonté, je n'y discerne aucun mauvais sentiment. J'aime beaucoup ses yeux brillants derrière ses lunettes épaisses, ses doigts roses et propres, le col de la chemise à petits carreaux qu'on aperçoit sous sa blouse. Après sa visite, quand il me dit de l'accompagner à la salle de garde, j'obtempère immédiatement.

La salle de garde est aussi propre que lui. Les murs sont comme du marbre. On y voit des tableaux représentant des paysages.

— Veux-tu des bonbons ? Chaque fois que je suis de garde, j'ai une boîte de bonbons sur le bureau. Tiens prends-en, ne fais pas de politesses comme les adultes...

Il dispose les bonbons multicolores sur une assiette blanche. Ils sont bons. À l'intérieur d'une couche de caramel, le cœur est transparent, souple, parfumé au kumquat. Le docteur est assis devant moi, déguste ses bonbons tout en sirotant un thé. Son regard est vif, chargé d'affection. Nous bavardons agréablement.

Tout d'un coup, je pense à Ly, regrette de l'avoir laissé tout seul. Peut-être qu'il est réveillé maintenant ? Je repose un bonbon dans l'assiette.

— S'il vous plaît, je dois m'en aller.

— Pourquoi donc ? demande le docteur, surpris.

— Peut-être que mon ami est réveillé...

Et, sans lui laisser le temps de répondre, je file. Le docteur se lève, me suit. Je vois encore sa main toute blanche me faire un signe avant que je tourne au coin du couloir.

— Au revoir, petite fille !

Sa voix chaude, douce, résonne. Je ne le reverrai jamais. Mais je me souviendrai toujours de lui avec plaisir. Je crois que tous les docteurs du monde ont ce beau visage, cet esprit plein de douceur, ces yeux brillants derrière des lunettes, et ces mains de femme...

Ly, réveillé, est assis sur son lit. Un homme, chauve, gros et ventru comme une femme enceinte, entre dans la pièce. D'une main il tient un cahier, de l'autre un crayon qu'il tapote sur la pancarte au pied du lit de mon ami.

— Numéro 6, vous êtes nouveau ! Que voulez-vous manger ?

Il a l'air mécontent. Nous nous regardons, Ly et moi :

— Manger ?

Il répète sa question, un cran plus haut dans l'irritation. Ly me souffle :

— De la soupe. Oui, un bouillon de riz.
— Combien de jours ?
— Euh...
En fait, nous ne savons même pas combien de temps Ly doit rester ici. Le gros fait la grimace en tapotant de plus en plus nerveusement sur la pancarte :
— Combien de jours ? Il faut que je sache pour commander.
Je me lance :
— Trois jours, s'il vous plaît.
— Trois fois huit, vingt-quatre. Un jour, quatre-vingts centimes, trois jours deux dôngs quarante. J'encaisse tout de suite.
Il gribouille dans son cahier tout en parlant. Ly devient violet : le pauvre n'a pas un centime en poche. J'ouvre ma pochette, remets l'argent à l'intendant. Il s'en va. Je suis inquiète : il ne me reste plus que cinquante centimes. On a faim tous les deux. Ly n'a pas mangé depuis hier et la soupe de l'hôpital ne sera servie qu'à onze heures. Après maintes réflexions, je sors de l'hôpital pour lui acheter trente centimes de bananes et pour moi dix centimes de manioc cuit à l'eau. Il reste dix centimes que je donne à Ly.
— Mange ces bananes et dors. J'ai à faire, je reviens. Si tu as envie de faire pipi, le pot est en bas. Ne sors surtout pas, tu risques de prendre froid...
Il m'obéit sagement. Après avoir mangé le manioc, je sors, tout excitée. J'ai une idée en

tête. Cet hôpital est situé sur une colline entourée de champs de blé. D'ici au bourg, il y a dix-sept kilomètres, jusqu'à l'école, quinze. En revanche, la pagode de Dông Na n'est qu'à trois kilomètres. Cette pagode, nous y allons souvent le dimanche. Là-bas, il y a un verger luxuriant, des goyaviers en veux-tu, en voilà. On y trouve aussi des caramboles, des pommes-cannelles, des papayes à foison. La bonzesse, une femme d'une quarantaine d'années, est très gentille. Chaque fois qu'on vient, elle nous fait du riz, nous donne des fruits mûrs pour les rapporter à la maison. Son riz est parfumé, délicieux. On le mange avec de la sauce de soja, des concombres salés et fermentés. C'est très bon. Et puis, elle est gaie, toujours souriante :

— J'aime bien quand vous êtes là. Je suis si seule toute la journée. Balayer la cour de la pagode, ramasser les orchidées fanées, quel perpétuel ennui...

Elle nous parle ainsi, ajoutant :

— Dans deux semaines, revenez me voir, d'accord ? N'oubliez pas !

De notre côté, nous avons l'habitude de lui offrir quelques menus cadeaux : des bougies, des bâtons d'encens, une bobine de fil, des aiguilles à coudre, des boutons de robe, des boutons-pression, un litre de pétrole, un gâteau... En les acceptant à chaque fois avec un sourire sincère, elle nous installe sur un nuage de bonheur. Nous nous pressons autour d'elle, nous sentant proches de tout ce qui existe sur cette colline : la vieille pagode, les murs délabrés envahis de mousse, le portail en bois qui grince, le verger feuillu éclairé par le soleil, les oiseaux sautillants qui, de temps à autre, lâchent une fiente en plein sur nos têtes...

Je marche joyeusement, m'imaginant déjà arrivée à ma chère pagode. Je mangerai végétarien avec la bonzesse, puis je cueillerai quelques papayes pour Ly. Et si jamais dans la jarre de riz, il y avait quelques pommes-cannelles mûres, ce serait magnifique...

Je parviens à la pagode quand le soleil est au zénith, transpirant à grosses gouttes. Le portail est grand ouvert, mais il n'y pas l'ombre d'un chat. J'entre.

— Madame, madame la bonzesse, êtes-vous là ?

Mon appel résonne dans le vide. Personne. Seuls les oiseaux gazouillent dans les arbres. Je cherche la bonzesse partout. Devant le pavillon de l'annexe, je vois deux grands paniers plats contenant de la farine blanche en train de sécher au soleil, une jarre de sauce de soja recouverte d'un tissu, et une tresse d'ail accrochée par un fil sur le portique. Depuis que Dung le Maigrichon a disparu et depuis le fameux épisode de l'île aux fleurs jaunes, cela fait trois mois que nous n'avons pas mis les pieds ici. Je l'appelle encore deux, trois fois, puis me résous à lui écrire un mot sur la terrasse avec un morceau de brique rouge.

Je suis passée, mais vous n'étiez pas là. J'en profite pour cueillir quelques papayes mûres pour mon ami malade. Je reviendrai vous rendre visite dès que j'aurai un peu de temps. Bê

Elle sait lire. Elle saura donc que ce ne sont pas les petits gardiens de buffles qui sont venus voler les papayes de la pagode. Je repère deux papayes bien mûres. Les papayers sont assez vieux, leur tronc est mince mais très grand. Il faut être vraiment téméraire pour y grimper. Si on ne fait pas attention et qu'on tombe, on peut se fracasser le crâne, sinon se briser une jambe. Je n'ai pas grimpé aux arbres depuis longtemps. Je tremble un peu, mais arrivée à mi-hauteur, me sentant plus sûre de moi, je cueille les fruits avec aisance.

À peine descendue à terre, j'entends crier :

— Ah ! Voleuse ! Je t'y prends ! Tu vas voir, ça va être ta fête !

Mes poignets immédiatement enserrés dans des pinces, je vois devant moi un vieillard aux yeux glauques, entièrement chauve, front bas, les mâchoires ouvertes comme pour me dévorer. Paniquée, je hurle :

— Monsieur, j'ai... je suis...

— Tu es fichue. Je t'ai prise en flagrant délit... Viens ici...

Sans attendre mes explications, il me tire vers une pièce au bout de l'annexe, me pousse brutalement dedans. Je tombe cul par-dessus tête. La porte claque, le loquet en bois d'ébène est poussé.

— Monsieur, laissez-moi vous expliquer. Je connais bien la bonzesse, je viens souvent ici. Elle me donne la permission de cueillir des fruits. Si vous ne me croyez pas, lisez mon message sur la terrasse... Oh, monsieur...

Je pleure à chaudes larmes. Je les sens couler alors que je le supplie toujours. Mais le vieillard diabolique, comme s'il était sourd-muet, se met à remuer la farine. Mes sanglots retentissent entre les quatre murs, puis se calment dans un silence total. À cette heure, ma mère doit être en classe, père Thê également, et mes camarades en train de suivre sagement le cours dans la classe baignée de lumière... Personne ne sait que je suis emprisonnée ici. Personne ne m'entend pleurer.

Soudain, on me gratte le pied. Je sursaute. Un gros rat noir court dans tous les sens à côté de moi, fouillant le sol. Enfin, il s'arrête, me mordille tranquillement le talon. Je donne un grand coup de pied. Le rat vole en l'air, crie, tombe lourdement sur le sol, disparaît. Je discerne au sol le carrelage sale, envahi par la mousse. Exténuée par mes pleurs, je m'assoupis sans m'en rendre compte. Une odeur acide de vieux vin se mêle à l'humidité de la mousse poussant au pied des murs. Cette pièce est inoccupée depuis des siècles. La bonzesse y a empilé des paniers percés et abandonné un tas de tubercules de taro dans un coin.

L'endroit n'est rangé qu'une seule fois par an, à l'occasion de la grande fête, pour loger les pèlerins. Le reste du temps, il sert de débarras. Le loquet en bois d'ébène est si solide qu'il n'est même pas question de penser un seul instant pouvoir s'évader. Je croise les bras sur mes genoux, regarde dehors. À travers une fenêtre aussi petite qu'un couvercle de boîte de bétel, j'aperçois une branche de goyavier se balançant au gré du vent, dans la lumière de l'après-midi. Il doit être trois heures passées. Mon ventre commence à crier famine. J'ai des spasmes, comme si quelqu'un me tordait les intestins. Une sueur froide ruisselle dans mon dos, tandis que mes yeux voient des étoiles dansantes. Ma tête est un gros pavé, pesant lourdement sur mon cou. Mes yeux pleurent alors que je me serre le ventre en m'imaginant des plats délicieux... Mon Dieu, comment se fait-il que les banals repas quotidiens me reviennent aussi nettement en mémoire ? Tiens, de la perche grillée, marinée dans du nuoc-mam au poivre, de la soupe de crabe au taro et au neptunia, du porc au duo de caramel et noix de coco, du poisson à tête de serpent à la tomate, cuit à l'étouffée... Puis, du tofu au court-bouillon avec une salaison de crevettes, des galettes soufflées au sésame avec une marmelade de haricots et de pois...

Pourvu qu'une bonne fée intervienne ! Il lui suffirait de faire un geste et tous ces plats apparaîtraient par magie. Hélas, aucune fée ne vient. Vaincu par la faim, mon esprit se reconcentre sur un bol de soupe au crabe de madame Tô ou sur quelques morceaux de manioc cuit à l'eau. Mon ventre a arrêté de se serrer pour produire des bruits de robinetterie, puis de marmite de riz en ébullition. Désespéré, il se dégonfle ensuite lamentablement, sans crier gare, abandonnant toute velléité de lutte.

Le soleil est tombé. J'entends le vieux traîner ses savates dans la cour. Quelques instants après, une bonne odeur de riz arrive à mes narines. Ah ! Il est en train de cuisiner. Le parfum du riz nouveau me fait immédiatement penser aux repas que nous prenions avec la bonzesse. En fermant les yeux, je vois le tofu à la sauce de soja, les patates frites à l'huile de cacahuète. La faim, que je croyais matée, se réveille. Néanmoins je peux la supporter à présent. Je tends l'oreille pour écouter le vieux manger à l'extérieur. Il fait beaucoup de bruit, mâche, avale, on dirait un cochon en train de se bâfrer dans une mangeoire remplie de son. Le mépris me gagne, je n'ai plus peur de lui. S'il m'apportait à manger maintenant, même affamée, je refuserais... Sûre et certaine.

Cette nuit-là, quand la lampe à pétrole s'éteint dehors, quand la nuit s'étend sur la colline de Dông Na et sur ma prison nauséabonde, les idées les plus horribles m'assaillent.

Ce vieillard imbécile et diabolique va m'oublier dans mon cachot. La bonzesse ne reviendra plus ici et je vais mourir misérablement...

Est-ce possible ?

Bien sûr ! Il y a de fortes chances que cela se passe ainsi...

Mon corps, mes habits se déliteront dans cette pièce. Une armée de gros rats sortira du trou dans le coin du mur. Au début, ils grignoteront mes orteils. Ensuite ce seront les doigts. Puis ils s'attaqueront à mes intestins, mes poumons... Vu Thi Bê, fille unique de maîtresse Hanh, élève choyée de père Thê, la comédienne star de la troupe de théâtre de l'école, la sportive la plus douée en gymnastique libre et en poutre, sera transformée en un squelette tout blanc comme celui de la salle de travaux pratiques de sciences naturelles. Et quand, revenant de sa garnison lointaine, chargé de son sac à dos, mon père entrera dans la maison :

— Où est la Bê de papa ? Je t'ai rapporté plein de cadeaux : une sacoche de brocatelle, une griffe de tigre... Et du miel, et des pêches de Sapa.

Ma mère sortira en pleurs l'accueillir :

— Notre fille ! Elle n'est plus ! Elle a été dévorée par les rats. Il ne reste que son squelette exposé dans la salle de travaux pratiques !

À cette pensée, je fonds en larmes. Quand j'ai sangloté tout mon soûl, je m'assoupis. Au milieu de la nuit, les rats sortent, font un bruit d'enfer en mordant dans je ne sais quoi. J'agite les bras, frappe dans le noir puis me rendors.

Quelques minutes après, les maudits rats reviennent, plus téméraires que jamais... Cela dure ainsi jusqu'à l'aube. Yeux gonflés, tête ballante, je m'adosse au mur pour continuer à dormir. Tout à coup, des bruits d'ouverture de porte se font entendre à côté. Puis la douce voix de la bonzesse retentit :

— Vite, venez m'aider... Le panier d'offrandes est lourd.

Je me réveille complètement. Elle parle d'un ton joyeux :

— Doucement, vous allez écraser les bananes. J'ai fait une sacrée longue route... À la maison, avez-vous pensé à donner à manger aux merles ?

Le vieux répond d'une voix rude.

— Oui !

— Tenez ! Voilà du riz gluant ! Mangez-en ce matin, il est très bon. Après une nuit, la feuille a un peu séché, mais le riz est encore souple.

Je l'entends s'éventer avec son chapeau conique. Puis ce sont les bruits que fait le vieux en mâchant le riz. Au bout d'un moment, il dit tranquillement :

— Près de la maison, j'ai attrapé une petite voleuse de papayes.

— Les papayes sont donc déjà mûres ? Si les petits gardiens de buffles en veulent, donnez-en-leur quelques-unes. On ne peut-être trop strict, c'est une pagode tout de même.

— Je l'ai enfermée.

La bonzesse s'affole :

— Qu'est-ce que vous dites ?

— Je l'ai enfermée.

— Quel malheur ! Ce ne sont que des papayes ! Pourquoi l'avez-vous enfermée ? Où est-elle ?

Il toussote :

— Là-bas !

J'entends des pas qui accourent. Puis le loquet s'ouvre de l'extérieur. Je tremble, mes larmes coulent à flots. La bonzesse crie :

— Namo Bouddha ! C'est toi, Bê ? Oh ! Ma pauvre chérie, quel malheur... Depuis quand il t'a enfermée ici ?

La rancœur, la colère montent dans ma poitrine, étranglent ma voix. Je regarde vers le mur. La bonzesse se retourne pour passer un savon au vieux :

— Comment osez-vous enfermer une petite fille dans une pièce si noire ? Êtes-vous un homme ou un diable ? N'avez-vous pas peur d'être jeté dans un chaudron brûlant en enfer ?

Le vieux, ahuri, reste planté là. La bonzesse me prend dans ses bras, pleurant à chaudes larmes :

— Oh, ma chérie ! Pardonne-moi... pardonne-moi, ma chérie...

Je sais bien qu'elle est sincèrement malheureuse, je me tourne vers elle.

— Quel malheur ! Malheur à moi... Je te demande pardon, ma petite Bê...

Tout en pleurant, elle sort un mouchoir de sa

poche pour s'essuyer les yeux. Je la regarde, le cœur soulevé d'indignation : comment une femme si gentille peut-elle vivre avec un vieillard aussi borné et aussi méchant ? La vie est un vrai paradoxe. Mon esprit naïf est tout bouleversé par cette constatation.

La bonzesse me demande pardon, me supplie, jusqu'à ce que j'accepte de manger un gâteau et une banane. Elle range dans une boîte friandises, bananes, sucreries diverses, enveloppées dans du papier rouge et bleu. Ensuite elle m'accompagne jusqu'à la porte de l'hôpital avant de rebrousser chemin.

Ma mère et père Thê sont déjà là, dans la salle de garde. Ils ont été très inquiets à cause de ma disparition la nuit dernière. Je leur raconte ma mésaventure à la pagode puis porte les friandises à Ly. Il se jette sur les gâteaux. Il retrouve peu à peu des couleurs. Avant de repartir avec ma mère, je lui promets de revenir lui rendre visite. Mais hélas, je ne pourrai pas tenir ma promesse, car une catastrophe va subitement survenir dans ma vie de bonne élève, à l'instar d'une branche pourrie qui tombe sans prévenir sur la tête du passant malchanceux.

DE CATASTROPHE EN CATASTROPHE

LE SOIR DE MON RETOUR DE L'HÔPITAL, Loan Graine-de-jacquier vient m'annoncer :

— Ma mère a donné son accord à chef Cân pour vendre notre maison.

Elle est effondrée. Je n'ai pas d'autre solution que de l'emmener faire un tour pour la consoler. Nous achetons des graines de courge, des abricots confits à la réglisse, puis marchons en grignotant sans dire un mot. En passant devant la maison de Bôi, nous apercevons deux silhouettes à l'ombre du badamier.

— Monsieur...

— Je t'ai déjà dit ! Tutoyons-nous, appelle-moi Gia.

— Monsieur, je...

— Pourquoi es-tu si timide ? Une jeune fille moderne doit être plus directe !... Oh, tu as de si beaux cheveux. On dirait ceux de Fatima...

— Monsieur, je...

— Tu as aussi de très belles mains... Mais pourquoi le bout de tes doigts est-il écorché ?

— Je brode pour aider ma mère. Parfois je me pique.

— Oh ! L'index est tout abîmé... Mais ce n'est pas grave. Je te donne quatre points pour les mains, cinq pour les cheveux, cinq plus pour ton corps, cinq moins pour tes yeux. Et pour tes lèvres...

Tout à coup le père de Bôi sort la tête par la fenêtre, jette le reste d'eau de sa tasse, manquant d'arroser sa fille. Le professeur Gia s'arrête net de parler. Nous nous reculons précipitamment, mais par malheur, le professeur de gymnastique nous a aperçues. Sur l'instant, il se fige de surprise. Puis son visage s'empourpre de colère. Nous restons, toutes les deux, plantées comme deux piquets. Reprenant nos esprits, nous ânonnons des bonjours avant de prendre la poudre d'escampette. Les deux yeux d'anguille du professeur Gia ont percé les nôtres, il rugit : « Ah ! Les deux petites espionnes... Je vous le ferai payer cher... »

La menace qui jaillit de ses yeux est sans équivoque. Dès lors, mon cœur se serre d'angoisse, bloquant ma respiration. Presque arrivées à la maison, Loan me tire par la manche en tremblant :

— Comment faire maintenant ?

Je fais mine d'être courageuse :

— On n'a rien fait de mal ! De quoi aurions-nous peur ?

— Même si on n'a rien fait ! Il va nous haïr...

— Je n'ai pas peur ! Calme-toi...

Loan se tait mais transpire de peur.

Cette nuit-là, je fais un cauchemar. Je suis attachée à un rocher au fond de la mer. La corde rentre dans ma chair, me causant une douleur atroce. L'eau, d'une limpidité extraordinaire, est glaciale. Un thon énorme, aux mâchoires garnies de dents acérées, nage devant moi. Je regarde sa gueule béante, noire, profonde, entourée de sa dentition étincelante. Ce monstre effroyable s'avance vers moi, lentement...

Le lendemain matin, je me lève tard. Le cauchemar m'a épuisée. À jeun, je fonce à l'école pour ne pas être en retard. Le premier cours est celui de gymnastique. Ce cours, qui était une joie il y a quelques mois, est, depuis, devenu une épreuve.

Yên la Grue me chuchote à l'oreille :

— Tiens-toi à carreau. Aujourd'hui, Gia a l'air furieux. Il a hurlé tout à l'heure : Entraînement à la course. Cent mètres et deux cents mètres.

Selon le programme, aujourd'hui est pourtant jour de cheval d'arçons. Un coup de sifflet tonitruant. Le professeur de gymnastique s'avance. Nous sommes alignés sur deux rangs.

— En cercle, en avant.

Dorénavant, plus question de théorie comme au premier jour. Rien que des ordres brefs, brutaux. Nous courons en rond derrière l'assistant sportif. Gia nous regarde d'un air menaçant, les mains à plat sur les fesses. Bôi a les yeux baissés, Loan Graine-de-jacquier est pâle comme la mort et moi, je compte mentalement de un à cent pour me calmer.

— En avant, sur la route maintenant ! Préparez-vous !

Il nous devance, trémoussant ses épaules et ses grosses fesses en marchant. Il tire de sa poche un chronomètre.

Sur la route de terre rouge, quelqu'un a tracé des lignes à la chaux. L'assistant dispose les starting-blocks derrière la ligne de départ. On lui apporte l'annuaire des élèves de la classe. Son doigt se pose sur la colonne des noms.

— Vu Thi Bê.

Par ordre alphabétique des prénoms, je suis toujours la première à l'appel. C'est donc habituel. Mais aujourd'hui, mon cœur s'emballe. Fiévreuse, je prends ma place derrière la ligne. Nguyen Xuân Bao, Pham Thu Binh, Khang Quôc Binh, Trân Thê Binh... Que des garçons... Nous nous mettons tous les cinq en position devant les regards ahuris des autres élèves. Jamais encore on n'a mélangé garçons et filles dans une même épreuve sportive. Les performances demandées aux filles ont toujours été moindres que celles exigées des garçons. Seulement, personne n'ose dire un mot.

— Prêts ?... Partez !

Au signal du drapeau rouge, nous nous lançons.

— Faux départ, on recommence, déclame-t-il froidement. Nous nous remettons en place, posons nos pieds sur les blocs, nous penchons en avant comme on nous l'a appris.

— Partez !... Non ! Encore faux départ ! Troisième essai.

Le drapeau donne le signal du départ pour la troisième fois. Cette fois-ci, nous atteignons tous la ligne d'arrivée. Le secrétaire de section a une montre. Il la regarde et nous crie :

— Bravo ! Vous êtes tous en dessous du temps réglementaire. Ouf !

Je suis mouillée comme une soupe, reprends mon souffle péniblement. Mais la voix du professeur me parvient de loin.

— Vu Thi Bê. Vous avez très mal couru. Recommencez toute seule.

Je me fige. Toute la classe m'observe, sans un mot. Je me sens, tout d'un coup, très légère. Je demande, au bout d'un moment :

— J'ai fait une faute, monsieur ?

— Votre pied de derrière n'était pas bien posé sur le bloc. Recommencez, me répond-il sur un ton glacial.

Tout le monde fixe le sol. C'est une remarque hargneuse, on le sent animé d'une volonté de nuire. Je n'ai plus peur. Le sang afflue à mon visage qui devient tout rouge. Je serre des dents, me remets en position de départ, m'applique.

— Prête ? Partez !

Le drapeau s'agite. Je fonce.

— Stop ! La position de départ n'était pas correcte ! Encore une fois !

Il gronde. Je ne regarde plus son gros visage joufflu. Je reviens sur mes pas.

— Prête ? Partez !

Je suis en nage, cours comme un robot, le corps tendu comme un arc. Tout devient soudainement flou. Le drapeau rouge, les yeux humides de Bôi, les larmes de Loan. Le brouillard envahit tout. Après le cours, je reviens dans la salle de classe et m'écroule sur la table.

Je ne sais qui l'a averti, mais père Thê est venu me chercher pour me ramener à la maison :

— Prends des cachets de vitamines pour retrouver tes forces, ma fille. C'est bientôt la période des examens.

Des frissons me saisissent comme en plein hiver. Je m'enfouis sous la couverture et m'endors, exténuée. Dans un état comateux, j'entends le cliquetis des garde-boue cassés du vélo de père Thê. Ce bruit m'est tellement familier. Je me rappelle lui avoir dit :

— Père Thê ! Ton vélo est une vieille grand-mère édentée.

Il avait ri :

— Et moi donc ! Ne suis-je pas, moi-même, un vieillard édenté ?

C'est vrai que ses dents sont cassées.

Je suis restée absente cinq jours. Je n'ai pu revenir en classe que le mardi suivant. Tous m'accueillent avec joie. Personne n'aborde cette maudite course à pied, espérant sans doute que je l'ai oubliée. À la récréation, Yên la Grue me tire dans un coin :

— Hier, j'ai vu Gia et notre Bôi se promener au parc.

Bôi arrive justement pour me demander si ça va. Elle a l'air gênée. J'attrape Yên :

— Tu la fermes ! Sinon, il va te casser, comme moi.

Je lui ai fait peur. Elle s'arrête de parler.

Ly est revenu aussi. Il m'offre une grosse boîte de gâteaux de soja de Hai-Duong que lui a donnée sa tante hier soir.

Les jours se suivent. Occupée à recopier les cours que j'ai manqués, j'oublie tous mes malheurs. Dans la matinée du samedi, on nous annonce soudainement que nous sommes libres. En effet, père Thê, informé par télégramme que sa mère est très malade, est parti depuis hier midi. Mes amis descendent dans la cour de récréation pour faire une partie de football. Encore un peu convalescente, je ne les suis pas. Pour me distraire, je grimpe sur le toit du réservoir d'eau. Je ne vous ai pas encore décrit mon école, mais elle est bâtie sur deux étages, au-dessus d'une colline. À une extrémité du bâtiment, il y a une grande citerne. Elle est encastrée dans la terre et dépasse du sol d'un mètre environ Les parois ainsi que le dessus sont en ciment très épais. À la saison des pluies, les gouttières de l'école déversent leur eau dedans. Quand elle est vide, nous avons l'habitude d'y entrer la tête et de crier. L'écho de nos cris est effrayant, on dirait des cris de démons venant de l'intérieur de la terre. En ce moment, il y a un peu d'eau et le gardien de l'école a fermé les trappes d'accès. Nous pouvons courir, jouer sur la citerne sans problème. Un chemin passe au milieu d'un jardin d'eucalyptus et de saules pleureurs, menant de la citerne aux toilettes.

Du haut de la citerne, j'aperçois quelqu'un, habillé tout en blanc, aller vers le jardin d'eucalyptus. Brusquement, le sang me monte au visage. L'image du trait tiré à la chaux par terre, les blocs derrière la ligne de départ, le drapeau. Tout cela m'apparaît subitement. Une idée me traverse comme l'éclair. Elle s'accroche à mon esprit. Je regarde autour de moi. Personne. Tout le monde est en train de jouer au football. Moi seule, debout sur la citerne, ai vu Gia entrer dans les toilettes. Ce sont quatre compartiments en brique. Les portes sont en bois épais, allant du toit jusqu'au ras du sol. Celui qui est dedans ne peut donc pas voir ce qui se passe dehors. Je réfléchis quelques secondes puis m'approche d'un amoncellement de tables et de chaises détériorées en attente de réparation, entassées sous un toit de tôle, à côté de la citerne. Je saisis un vieux gros banc à trois pieds et, le traînant à travers le jardin, l'amène vers les toilettes. Je le bloque entre la porte des toilettes et le mur d'en face. Même deux hommes vigoureux ne pourraient repousser ce mur.

Je remonte en classe prendre mon cartable. Les autres m'appellent :

— Bê ! Pourquoi rentres-tu si tôt ? Viens jouer un peu.

— Je suis très fatiguée ! Si quelqu'un veut repartir avec moi, je l'attends.

Quelques-uns abandonnent la partie pour me suivre. Puis tout le monde s'en va. La cour se vide rapidement.

Samedi après-midi est le seul moment de la semaine où je peux sortir. Après le repas, je me rends chez Loan. Elle m'annonce, catastrophée :

— Le mariage de ma mère est pour demain !

La compassion me submerge. Appeler « père » quelqu'un qu'on aime est une chose. Mais devoir appeler chef Cân « père » est un épouvantable malheur. Je la console :

— Viens ! Allons sur notre île.

Elle accepte en silence. Pour elle, être n'importe où sera toujours mieux que rester à la maison devant les dents en or du sourire de chef Cân.

Nous nous rendons au bord de l'eau. La barque de madame An Lac y est toujours amarrée. Dans la barque traînent quelques brins d'algue et des lentilles d'eau écrasées : elle a donc déjà ramassé les plantes pour nourrir son cochon, nous avons tout loisir d'utiliser l'embarcation. Loan s'installe. Je pousse la barque, saute dedans, attrape les rames. Les rayons du soleil de l'après-midi déposent avec légèreté sur l'eau une lumière fraîche et somptueuse. Le ciel, d'un or éclatant, est néanmoins adouci par un vent saturé d'eau venant de l'autre rive, qui nous amène de gracieux effluves humides.

— Il fait trop beau !

Loan soupire :

— Je suis si triste ! À partir de demain, je dois vivre chez chef Cân.

En effet ! Demain, tante Luu se marie avec chef Cân. Elle laissera sa maison au nouveau propriétaire pour suivre son nouvel époux dans sa grande demeure. Elle et Loan vivront certainement dans le pavillon du fond, qu'il a fait repeindre récemment. Les insupportables fils de chef Cân n'accepteront jamais de céder à quiconque leur place dans le bâtiment central. On en parle au bourg depuis trois, quatre semaines. Tout le monde attend de voir comment chef Cân va gérer cette affaire, une fois qu'il aura en main tout l'argent de la vente de la maison.

— Il n'y a pas de raison d'être triste. S'il ne change pas d'attitude, vous n'aurez qu'à venir vivre chez nous.

Loan se tait. Elle fixe les vaguelettes qui viennent lécher les flancs de la barque.

Nous débarquons sur l'île aux fleurs jaunes. Notre trésor est intact. Seules les patates safranées ont germé. Craignant qu'elles ne se dessèchent, nous les déterrons pour les remporter. Je propose à Loan de rendre visite au petit pêcheur, mais elle refuse. Quand l'étoile du soir monte à l'ouest, étincelante comme une grosse goutte d'eau, nous arrivons au bourg. Sous les rayons du soleil de fin d'après midi, les œillets d'Espagne revêtent un ton jaune paille, comme s'ils étaient saupoudrés d'or. Les gamins envahissent les trottoirs, courant, criant, et les vieillards déambulent sereinement au milieu de la jeunesse hurlante.

Cette nuit-là, Loan est restée dormir avec moi.

Le lendemain, ma mère nous dit :

— Aujourd'hui, c'est un jour de bonheur pour ta mère. Tu dois être avec elle. Et toi, Bê, tu apporteras à tante Luu mon cadeau de mariage et tu m'excuseras. J'ai à faire, je ne peux pas venir.

Elle me remet un coupon de soie « fleur de mûrier » blanche, enveloppé dans un beau papier. Nous partons.

Je n'ai pas besoin de vous raconter ce mariage ridicule, pure perte de temps. Une mariée qui rit dans le salon avec les invités et qui pleure comme une madeleine dans sa chambre. Il n'y a que chef Cân pour arborer sans vergogne ses dents en or, dans un sourire continu, parfaitement saugrenu. À notre arrivée, tante Luu nous attire dans sa chambre. Serrant le cadeau de ma mère d'une main, sa fille de l'autre, elle sanglote comme une enfant, versant ses larmes sur la tête de Loan. Émue, je ne peux retenir les miennes. Les demoiselles d'honneur l'appellent. Ma tante sèche ses pleurs et sort. J'en profite pour rentrer manger à la maison avec mon amie. Voilà le mariage en question.

Le lendemain, lundi, nous allons à l'école ensemble, Loan et moi. En cours de route, je me remémore mon forfait du samedi, à la fois inquiète et contente de moi. Arrivée en classe, je prête l'oreille pour savoir si on ne raconte rien sur Gia et les toilettes.

Une demi-heure plus tard, la nouvelle du professeur Gia bloqué dans les toilettes s'est répandue dans toute l'école. Les petits sont ébahis. Les grands, des classes de troisième et de seconde, ricanent :

— C'est trop drôle !... Celui qui a fait ça est un petit génie.

— Coincé dans les toilettes, il avait tout son temps pour réfléchir.

— Ouais ! Il a pu bâtir ses plans pour draguer les mignonnes de l'école.

— Il s'en est fait une par classe. Ceux ou celles qui sont choqués récoltent punition sur punition. Connaissez-vous l'aventure du petit Xit ?

— J'en ai effectivement entendu parler. Mais raconte.

— C'est un gamin turbulent mais très respectueux des maîtres, un titre que Gia ne mérite pourtant pas. La semaine dernière, lors du cours de cheval d'arçons, Gia a trouvé un prétexte pour serrer la petite Bich dans ses bras. Notre Xit n'a pu résister au fou rire. Ce qui a rendu le professeur très furieux. Il a fait sauter Xit pendant toute la moitié du cours sous un soleil de plomb... Ha ha... Je pense que c'est le petit Xit qui a imaginé ça pour se venger... C'est bien fait.

Les commérages vont bon train dans le couloir. Je me retire dans la classe. Yên vient me voir :

— Tu connais Xit ?

— Oui.

— Il n'a pas l'air comme ça. Il est redoutable ! Je ne sais pas si ça va lui coûter sa place à l'école.

Je me retourne, l'air détaché :

— On ne sait jamais...

Disant cela, mon front me brûle : l'histoire ne se passe pas comme prévu. Avant, je tremblais qu'on découvre la coupable et je m'apprêtais à subir la punition. Maintenant, quelqu'un d'autre que moi va être accusé. Un jeune élève innocent. À la peur succèdent subitement la honte et la confusion. Je me sens comme un voleur qui regarde sans mot dire quelqu'un se faire arrêter et être jeté en prison à sa place.

Le tambour bat la fin des cours. Les élèves sortent bruyamment des salles de classe. Je marche au milieu d'eux, tête baissée, en sueur.

Passant devant les bureaux, je lorgne dans celui de la directrice. Un petit garçon, vêtu d'un pantalon bleu, est assis devant elle. Entre eux, sur le bureau, trône un globe bleu. Le garçon dit quelque chose puis essuie ses larmes de la main. Le visage de la directrice est impassible, froid comme de la glace. Celui de l'écolier est d'une pâleur effroyable...

C'est Xit. Il est injustement accusé. À ma place... Je me dépêche de dépasser le bureau. Loan me rattrape en courant :

— Bê ! Attends-moi ! Qu'as-tu à courir ainsi ? Un démon te poursuit ?

Je me tais et presse le pas.

J'ai dû faire un effort surhumain dans l'après-midi pour apprendre mes leçons. Les mots sautaient dans tous les sens, refusant de se mettre en ligne dans ma tête. Ayant fini, je me mets à la fenêtre pour regarder les gens passer. Une énorme araignée tisse sa toile dans un coin. Je n'ai même pas le courage de la chasser. L'image de cet écolier inconnu, au visage pâle et baigné de larmes m'obsède. En ce moment, il doit être en train de rédiger son autocritique. Il n'a rien fait, n'a participé à rien, ne sait rien... Mais la directrice l'a certainement obligé à se déclarer coupable. Toute l'école se souvient encore de la punition de Dao Ca l'année dernière.

Dao Ca était dans la classe de 4e D. Il est le fils de la chétive mercière du marché. Son père est menuisier. Fin soûl tout au long de l'année, il est incapable de fournir le moindre centime à sa femme pour élever leurs enfants. Il y a six bouches à nourrir dans la famille. En dehors des heures scolaires, Ca devait vendre des nougats, ça le rendait toujours maussade, renfrogné... Un jour, il y a eu à l'école un vol de cinq kilos de sucre, achetés en prévision de la soirée artistique. On ne sait pourquoi le bruit a couru que le coupable ne pouvait être que Dao Ca, car il était très pauvre et qu'il avait l'habitude d'acheter du sucre pour fabriquer ses nougats. Le bruit est parvenu aux oreilles de la directrice. Elle est réputée pour son caractère dur. Elle y a cru tout de suite et a forcé le pauvre Ca à avouer. Il a dû écrire, réécrire cent vingt-deux fois son autocritique, depuis la version où il ne savait rien jusqu'à celle où il reconnaissait tout et décrivait de façon minutieuse la date, l'heure, la méthode qu'il avait employée pour voler les cinq kilos de sucre. Après trois semaines de rédaction d'autocritiques, Dao Ca est devenu comme un malade mental. Il a bénéficié d'une mesure disciplinaire indulgente de la part de la directrice, un avertissement porté au dossier et un redoublement. Mais lui, il n'était plus capable de continuer ses études. Il a tout arrêté, est devenu stupide, un vrai idiot du village. Un mois après son départ, la police est venue annoncer qu'elle avait arrêté le voleur. C'était le fils du gardien de l'école, âgé de vingt-huit ans, tailleur de pierre de son état, très mauvais ouvrier mais habile fraudeur. Des vols répétés avaient orienté la police qui l'avait pris en flagrant délit...

Tout le monde a eu pitié de Dao Ca. Seule la directrice n'a manifesté ni regret ni émotion. Elle est toujours aussi froide et austère. Son visage semble sculpté dans du marbre. J'ai alors pensé que les femmes de pouvoir pouvaient être pires que les hommes. J'en ai le frisson chaque fois que je la croise. Dans la vie, plus tard, cette certitude allait se confirmer.

Pour revenir à mes affaires, le remords me taraude. Il est certain que la directrice veut arracher des aveux à Xit, quitte à le faire recommencer cinq cents fois son autocritique. N'a-t-elle pas procédé de la même façon avec Dao Ca auparavant ? Il n'y échappera pas. Personne ne le consolera, ne le soutiendra dans son malheur. Personne ne le sauvera de l'injustice.

Il faut que je me dénonce.

Mais j'imagine cette femme froide et impitoyable derrière ses lunettes. Elle est tout simplement venue au monde pour punir. C'est la réputation qu'elle a parmi les élèves de seconde. Si j'avouais ma faute, je serais renvoyée sur-le-champ. Mon Dieu ! La fille de la maîtresse Hanh serait donc renvoyée ? Comment ma mère pourrait-elle encore discuter avec ses collègues ?

Si Xit est renvoyé, sa mère n'y survivra pas. Elle est si maigre. Elle passe la journée à tricoter derrière un meuble rempli de pelotes de laine. Le long de sa peau d'anémique se dessinent des veines pareilles à des tiges de liseron d'eau. Veuve à trente-cinq ans, elle est seule à élever Xit et, depuis six ou sept ans déjà, elle est cardiaque. Comment pourrais-je rendre malheureuse une mère aussi faible ?

Mais Xit n'est qu'un écolier normal. Alors que tout le monde me connaît : meilleure élève, meilleure comédienne, gymnaste la plus souple... Tous ces honneurs tomberont à terre comme des fruits pourris quand je serai devant la directrice, à l'annonce de ma condamnation.

Ma tête tourne, j'ouvre la porte, fonce dans la rue.

Il est quatre heures. L'éclat des rayons de soleil s'est atténué. Un convoi de charrettes tirées par des chevaux passe. Des clochettes tintent. Les chevaux fatigués, couverts de poussière, défilent devant les gamins en secouant leur crinière, indifférents. Les enfants les poursuivent en criant jusqu'au carrefour. Seuls deux d'entre eux restent sur le trottoir, l'un grand et gros, aux joues roses, à l'air plutôt malin, l'autre, petit et faible d'apparence. Ils ont été distancés par la troupe d'enfants. Leur air égaré fait pitié. Au bout d'un moment, le gros propose de jouer aux billes. Ils posent leurs cartables à côté d'un arbre, tracent des marques sur le sol à la craie et commencent leur partie. Le gros triche, il s'empare de la belle bille en verre du petit, la met dans sa poche, ramasse son cartable et s'en va. Le petit n'ose rien dire.

Il reste là, les larmes aux yeux, à regarder son voleur s'en aller. Je m'approche de lui :

— Ne pleure pas !

Il tourne vers moi ses yeux brillants de larmes. À cet instant, un sentiment de honte amène un goût amer dans ma bouche. Qu'ai-je de différent du garnement qui est parti ? Moi, j'en laisse un autre payer à ma place pour sauver ma peau. N'osant plus rien dire au gamin, je rentre immédiatement à la maison.

Loan arrive :

— Tu es malade ? Tu es pâle comme une morte !

Je m'efforce de lui répondre.

— Oui, j'ai le vertige...

— Tu as pris froid, j'en suis sûre. Cette année, le temps est très mauvais. Tout le monde, des vieillards aux gamins, tout le monde est malade !

Elle m'oblige à me coucher pour me frictionner avec un baume à l'eucalyptus. Je me laisse faire, vraiment épuisée. Loan parle en me massant :

— Je viens de rencontrer le père Gia !

— Où ça ?

— Au restaurant de pho. Il avait une sale tête. J'ai eu si peur que je n'ai pas osé acheter du pho. J'ai dû aller chercher une soupe au marché pour ma mère.

— Tu as peur de quoi ?

— Yên la Grue dit qu'elle l'a entendu déclarer devant la salle des professeurs que si on ne retrouve pas celui qui l'a enfermé dans les toilettes, il arrêtera de donner des cours.

— Et alors ? S'il ne fait plus cours, il y en aura d'autres, des professeurs de gym !

— Oui, mais il est le frère du mari de la directrice. Le beau-frère de Yen, qui travaille au ministère de l'Éducation, a dit qu'il était sur le point d'être muté à Lao Cai à cause d'une mesure disciplinaire, quand madame Vinh est intervenue pour le faire venir ici. Elle est très puissante. Tous les autres directeurs la craignent.

Je me tais. De toute manière, j'ai pris ma décision. Quelle que soit l'ampleur de la catastrophe, je ne changerai pas d'avis.

Le lendemain matin, j'arrive à l'école. Père Thê, revenu de sa campagne, nous a rapporté un sac de mandarines et de patates douces cuites. Toute la classe l'entoure.

— Comment va grand-mère ?

— Ça va mieux ! J'ai vraiment eu peur. Grâce à l'acupuncture et à la médication traditionnelle, elle a repris des forces.

— Et maîtresse ? Va-t-elle bien ?

— Et le pommier du jardin ? Donne-t-il des fruits ?

— Et la rangée de marantas et de galangas ? Vous n'avez pas encore fini de les arracher pour nous en apporter ?...

Père Thê répond à toutes les questions avec joie. Puis me regarde, l'air surpris :

— Qu'as-tu Bê ? D'habitude, tu jacasses comme une pie ?

Loan répond tout de suite :

— Elle est très malade ! Depuis hier soir.

Père Thê me touche le front de sa main calleuse.

— En effet ! Tu es chaude ! As-tu pris quelque chose ?

Il m'a toujours regardée ainsi : droit, confiant.

Je pense : seuls des démons peuvent mentir à un homme comme lui. Une angoisse soudaine me fait frissonner. Puis je rassemble tout mon courage pour lever mes yeux vers lui :

— Allons dans ton bureau. J'ai quelque chose à te dire.

Peut-être mon professeur a-t-il deviné à ma façon de parler que quelque chose d'important s'était passé. Il devient grave, me prend par la main et nous traversons le couloir ensemble vers son bureau. Mes amis, surpris, nous suivent des yeux.

À peine m'a-t-il ouvert la porte et conduite vers la chaise que j'éclate en sanglots. Les pleurs, violents, telles des vagues comprimées depuis longtemps, déferlent, me vidant complètement. Je sanglote comme une gamine punie injustement, sans plus savoir ce qui se passe autour de moi. Ma gorge s'étrangle. Mes yeux se gonflent. Les manches de ma chemise, mes mains, tout est mouillé. Jamais je n'ai pleuré ainsi. Quand je reprends mes esprits, je suis couchée dans le lit de père Thê, une couverture tirée jusqu'au menton. Dans l'autre lit, maître Bach ronfle bruyamment. Père Thê est à son bureau, en train de corriger les devoirs. Au coin de la table, une cloche couvre un repas. Me voyant réveillée, il me dit :

— Va te laver puis mange un morceau, tu es trop affaiblie.

— Oui...

Mais je n'ai aucune envie de manger. À cette heure, ma mère doit être en classe. Chaque fois que je rentre tard, elle me garde mon repas au chaud ainsi.

Père Thê me sert une tasse de thé chaud avec un peu de sucre. Il écarte la pile des copies puis se met face à moi.

— Quand tu dormais, tu disais n'importe quoi... J'ai dû te mettre une serviette humide sur le front pour que tu arrêtes de divaguer. Bon ! Raconte-moi.

Je lui raconte tout. Le moment où, avec Loan, nous avons vu le professeur Gia avec Bôi, la punition qu'il m'a infligée en me faisant courir. Enfin l'événement de samedi dernier, quand ma haine m'a poussée à la faute.

Il se lève.

— Nous allons d'abord descendre au bureau de la directrice pour disculper le petit Xit. Ensuite, on verra.

Nous descendons. Xit est assis, désespéré, devant une feuille blanche, la mine défaite.

Derrière le bureau, la directrice écrit dans un carnet broché de cuir, grand comme un cahier d'écolier. Le silence est tel qu'on entend les vrillettes ronger le bois des pieds de la table. La directrice demande, sans lever les yeux :

— Vous avez besoin de quelque chose ?

— Je voudrais vous parler. En particulier.

Elle lève la tête. Ses yeux acérés, glacés, me donnent le frisson. Père Thê, me voyant bouleversée, se tourne vers moi :

— Va jouer dehors. Je t'appellerai.

Je salue la directrice, file dehors, Cinq minutes après, Xit sort également. Il s'approche craintivement du flamboyant au pied duquel je suis assise,

— C'est toi qui as enfermé Gia ?

Il me pose la question, l'air sceptique.

J'acquiesce. Il tourne autour de moi un instant, toujours un peu craintif, puis après un gros soupir :

— Écoute !

Je lève la tête.

— Qu'est-ce qu'il y a ?

Il s'assoit doucement à côté de moi.

— Tu es une fille, mais tu es très courageuse. Tu n'as pas peur de te faire renvoyer par madame Vinh ?

— Mais si, j'ai peur !

— Alors pourquoi t'es-tu dénoncée ?

— Si je ne le faisais pas, tu étais accusé à ma place. Et si jamais tu étais renvoyé, ta mère serait si triste qu'elle en mourrait.

Xit se tait. Il me chuchote quelques secondes après :

— Merci !

— Il n'y a pas de quoi.

— Aucun moyen d'échapper à la sentence ?

Je secoue la tête :

— Non. J'assume, c'est de ma faute.

— Tu connais la directrice ? Gia est son beau-frère.

— Oui, je sais.

Il baisse la voix :

— Tu ne sais pas ce qu'elle m'a fait subir comme interrogatoire depuis hier ! Si ça avait dû continuer ainsi pendant une semaine, je n'aurais pas survécu.

— Je n'ai pas peur des interrogatoires. De toute façon, j'ai avoué.

Il me regarde avec compassion, soupire :

— Il n'y a pas de quoi se sentir mieux. Tu seras renvoyée d'ici une semaine.

— Tant pis !

Je me détourne. Je n'ai pas envie qu'il me voit avec des yeux gonflés. Je n'ai jamais pleuré devant mes camarades garçons. Xit devine mes pensées. Il marche en long et en large, la mine très inquiète, puis met son chapeau, me salue et s'en va.

Environ une demi-heure après, père Thê m'appelle :

— Raconte tout à maîtresse Vinh.

Il s'assoit à côté de moi et me tient par la

main. Je rassemble mes forces pour conter en détail tout ce qui s'est passé, jusqu'à mon mauvais coup. La directrice écoute, tapotant son crayon sur la table. Quand j'ai fini, elle me fait signe de la main :

— Vous pouvez sortir.

Je sors. Père Thê reste avec elle jusque tard. Le brouillard tombe, recouvre entièrement la colline d'eucalyptus. Les champs aux alentours sombrent dans une sorte de nuage de fumée. Père Thê me raccompagne sur son vélo. Il me demande de ne rien dire à ma mère.

Cette nuit-là, assise devant la lampe, je sens l'amertume envahir mon âme. Je suis une écolière modèle. Je voudrais rester pour toujours une bonne élève, une gymnaste douée, une apprentie comédienne reconnue dans le département. Je voudrais que mon nom soit toujours inscrit au tableau d'honneur de mon école... Mon Dieu, pourquoi ce professeur de gymnastique est-il venu briser ma si belle vie ? Pourquoi existe-t-il des hommes si odieux, pourquoi ma fureur me pousse-t-elle à commettre des actes aussi téméraires ? Hélas, aucune fée ne descend des cieux pour apporter une réponse à mes questions.

REBONDISSEMENTS

Dans mon autocritique, j'ai donné deux raisons à mon acte : la première, répondre au harcèlement cruel dont j'avais été victime. La deuxième, réagir contre l'attitude infâme de cet homme envers les jeunes écolières. La directrice ne s'est pas prononcée à la lecture de mon texte. Elle doit l'étudier et en vérifier l'exactitude. Dans l'attente, elle m'a interdit de venir à l'école. Père Thê et maître Bach ont bataillé patiemment et rudement sans pouvoir la faire changer d'avis. Elle veut affirmer que c'est elle la directrice, et que la décision suprême, du fait d'un droit inaliénable, lui revient. Je maigris à vue d'œil durant ces jours d'exclusion. Imaginez qu'on vous dise un jour : on te donne à manger, à boire, mais on t'enferme dans une cage pour toujours, en compagnie d'un troupeau de vaches... C'est ce que je ressens en attendant le jugement.

Ma mère ne me pardonne pas, elle n'accepte aucun argument de ma part. Elle me rappelle sans cesse la même chose :

— Quelles que soient les circonstances, un maître est un maître, et un élève reste un élève. Un élève qui s'oppose à son maître commet une faute impardonnable.

Elle ne veut pas me comprendre. Elle ne veut pas admettre que le destin peut vous allouer un professeur qui ne possède aucune des qualités d'un professeur, voire d'un homme honnête et droit. Elle me met tout sur le dos :

— En agissant ainsi, tu détruis l'honneur de notre famille. Nous en sommes à la quatrième génération d'enseignants et jamais nous n'avons eu affaire à une fille aussi rebelle que toi. Tu dois comprendre que pour être une bonne élève, il n'y a qu'un devoir à observer : écouter le maître et apprendre de lui...

Tout cela me déprime. Je reste muette. Mais parfois j'explose :

— Si j'étais un garçon et que j'appliquais ce que tu dis, je ferais comme le professeur Gia : je passerais mes journées à courir les filles... C'est ça que tu veux ?

— Fille irrespectueuse ! Tu ne dois pas discuter avec ta mère ! me crie-t-elle.

— Mais maman, tu me dis qu'il faut suivre l'exemple du maître. Tiens ! Je l'ai entendu dire à Bôi...

Je lui raconte les misérables paroles de Gia pour faire la cour à Bôi. Coincée, ma mère crie plus fort encore :

— Ah, c'est du propre ! Tu me demandes de l'argent pour aller acheter des glaces, et tu passes ton temps à espionner les gens, à écouter des fariboles. Je vais te donner une fessée immédiatement, sinon tu vas finir comme une dégénérée. Bê ! Couche-toi ici !

Elle me tape sur les fesses en haletant. Au début je pleure, car j'ai mal. Puis j'arrête. Je me sens devenir dure. Je compte les coups en me disant : « Vieux Gia vicieux ! Je prie pour que tu meures, je prie pour que tu meures... »

Je ne suis pas fâchée contre ma mère malgré cette fessée si douloureuse et si injuste. Après la fessée, ma mère jette le martinet, enfouit son visage dans ses mains, pleure à chaudes larmes. Chaque coup qu'elle m'a donné sur les fesses semblait aussi destiné à son cœur. Elle est broyée par la douleur. Pendant la nuit, pensant que je suis endormie, elle descend doucement mon pyjama pour me frictionner les fesses d'un baume apaisant. Mes larmes mouillent mon oreiller. Des larmes d'amour pour ma mère et de pitié sur mon propre sort.

J'ai dormi douze heures. Je ne me réveille qu'à dix heures et demie du matin. Ma mère est absente, la porte d'entrée est verrouillée. Les rayons du soleil pénétrant par la fenêtre tracent des lignes sur la natte. Ils éclairent les objets usuels : les meubles, la penderie, le vieux buffet, la poupée sur l'étagère, la tête de lion accrochée au mur et achetée à la fête de la mi-automne quand j'avais sept ans... Tout me semble gris, triste.

La chambre est sombre comme une cellule

de prison. Moi, je suis une prisonnière. Oui, je suis une prisonnière. Pas une prisonnière de droit commun, comme les voleurs, les voyous, les escrocs... je suis une prisonnière politique. Si j'étais née à une période révolutionnaire, j'aurais pu être Tô Hiêu, Ly Tu Trong ou une combattante du mouvement « Soulèvement du Sud ». Ces révolutionnaires n'ont-ils pas combattu les colons étrangers qui exploitaient notre peuple ? Moi, je ne peux combattre ces colons, puisqu'ils sont déjà partis depuis belle lurette et que la révolution a triomphé. Mais je lutte contre Gia, cet homme méchant qui martyrise les enfants, qui poursuit les jeunes filles... Au moins mon action lui aura-t-elle fait peur. La satisfaction non dissimulée de tous les écoliers ne témoigne-t-elle pas de cela ? Si je sais haïr et m'opposer au mal, je pourrai devenir une combattante si notre patrie est menacée... Je me console comme je peux, me ragaillardis, m'apprête à me lever.

Un bruit de clé. Ma mère rentre. Me souvenant de la fessée, je me recouche, ferme les yeux. Ma mère range ses affaires puis vient vers moi :

— Bê, es-tu réveillée ?

Silence.

Elle m'appelle une deuxième fois, inquiète.

— Bê, es-tu réveillée, ma chérie ?

Je ne réponds pas. Elle crie en m'étreignant le dos :

— Mon Dieu, ma fille est malade ! Ma pauvre chérie !

Je me raidis pour qu'elle ne puisse pas me tourner vers elle. Des larmes chaudes roulent sur mes joues.

Il ne faut pas pleurer, aucun combattant révolutionnaire ne pleure dans sa prison... Tu dois arrêter immédiatement... Je me tance intérieurement.

Ma mère me tient toujours dans ses bras, me secoue doucement :

— Ma fille, tante Vân Anh t'a donné du riz gluant. Et puis je t'ai aussi acheté une soupe de chez madame Soi. Elle est encore toute chaude. Mange un peu, ma chérie, tu vas être affamée sinon...

Je pense : Manger maintenant est lâche. Manger maintenant, c'est accepter ce que dit ma mère. Elle m'oblige à respecter le vieux Gia, à reconnaître ma faute...

Je reste immobile, la laissant me supplier. Alors une idée me traverse l'esprit. Grève de la faim. Oui, c'est cela. Jadis, les combattants du mouvement « Soulèvement du Sud » n'avaient-ils pas arrêté de se nourrir, n'avaient-ils pas tenu avec vaillance sans manger avant de mourir héroïquement ? Et les patriotes n'avaient-ils pas fait la grève de la faim dans le fameux bagne de Son La, jusqu'à ce que les colonialistes français aient accepté leurs conditions ? Pourquoi ne suivrais-je pas les traces de ces héros ? Cette pensée me grandit subitement, elle me dote immédiatement de l'assurance et la puissance du vainqueur. Je me retourne, dis à ma mère :

— Maman, tu ne peux pas m'acheter. J'entame une grève de la faim.

— Quoi ? Elle me fixe avec des yeux ronds, comme si elle n'en croyait pas ses oreilles. Qu'est-ce que tu dis ?

Je répète calmement :

— Je fais une grève de la faim. Une grève pour défendre la vérité.

Ma mère se lève, me regarde comme si elle avait devant elle une ombre revenue des enfers. Pensant qu'elle n'a pas compris, je continue :

— À partir de maintenant, je resterai couchée ici, je ne mangerai plus, ne bougerai plus, ne me changerai plus, jusqu'à ce que mort s'ensuive. Je mourrai comme les combattants du mouvement « Soulèvement du Sud » jadis, dans leur prison de Chi Hoa.

Ma mère reste muette quelques secondes. Puis, ayant compris, elle éclate en sanglots :

— Mon Dieu... Pauvre de moi... Il ne me reste plus qu'à mourir, moi aussi...

Elle pleure comme une petite fille faible et naïve qui vient de recevoir une fessée. Je suis émue, j'esquisse un mouvement pour la consoler. Mais je me suis déjà tournée vers le mur et ne peux plus faire machine arrière.

Il faut savoir être dur afin de pouvoir se battre pour la vérité. Je me donne un ordre à moi-même. Je ne bouge plus. Ma mère, après avoir pleuré, supplié, demande à Loan et à Yên de venir me persuader d'arrêter. Mais j'ai vaincu les faiblesses de mon corps. J'ai vaincu la tentation du fumet de la soupe de poulet au poivre, du pho au bœuf, du riz gluant à la mortadelle...

Je m'assoupis vers cinq heures de l'après-midi, probablement de fatigue. Un bruit de tôle froissée se fait entendre dehors. Ce doit être père Thê qui arrive sur son vieux destrier. En effet, à peine une minute après :

— Tante Hanh ! Tu es là ?

Ma mère accourt précipitamment de la cuisine. Apercevant père Thê, elle éclate en pleurs :

— Je t'attendais depuis ce midi. Elle n'a rien voulu manger de la journée ! Elle m'a dit qu'elle faisait la grève de la faim pour défendre la vérité. Elle a décidé de rester là jusqu'à la mort, comme les combattants de « Soulèvement du Sud » dans la prison de Chi Hoa. Les voisines m'ont conseillé d'aller chercher le bonze de la pagode pour un exorcisme. Mais je crains...

Père Thê la coupe :

— Calme-toi ! Pas d'affolement. Calme-toi.

Aux bruits, je devine qu'il enlève son gros sac en cuir, tire une chaise et s'assoit. Ma mère s'active pour lui servir un thé.

— Goûte le thé au lotus que vient de m'apporter tante Vân Anh.

Père Thê boit le thé, pousse un soupir

de contentement, comme d'habitude, puis demande de sa voix traînante :

— As-tu dîné ? Peux-tu aller me chercher quelques gâteaux au magasin en ville ? Laisse-moi seul avec Bê.

— Oui, je pars tout de suite.

Elle s'en va immédiatement. J'entends son vélo qui s'éloigne. J'ouvre un œil, aperçois l'ombre de père Thê sur le mur. Comme il m'a manqué durant ces quelques jours d'exclusion. Ma classe, l'école m'ont manqué aussi. C'est pourquoi, à peine a-t-il dit : « Bê, lève-toi, j'ai à te parler... » que je saute instantanément dans ses bras en pleurant.

Il m'étreint, sort de sa poche un mouchoir sentant le tabac à plein nez, et m'essuie les yeux.

— Pourquoi ne veux-tu rien manger, ma fille ? Tu n'es pas maligne !

Je sanglote plus fort.

— Loan m'a rapporté que tu faisais la grève de la faim ?

Il rit, un rire de gentil vieillard. Il me caresse les cheveux de sa main chaude et calleuse.

— Tu es une idiote. J'ai déjà fait une grève de la faim, il y a longtemps. Mais c'était dans la prison de l'ennemi. Personne ne fait la grève de la faim dans la maison douillette de sa famille. Sais-tu ce que c'est que la grève de la faim ?... C'est un moyen de lutte contre l'ennemi. Et toi, tu vas l'employer contre celle qui t'aime le plus au monde. N'est-ce pas de la folie douce ?

Mon visage sur sa poitrine, je ne peux voir son sourire. Mais j'imagine ses dents jaunies par le tabac. J'essaie d'argumenter par principe.

— Mais ma mère m'oblige à respecter et à écouter monsieur Gia...

Il m'interrompt :

— Il faut respecter et écouter les maîtres et les maîtresses, en général. Parce qu'ils sont celles et ceux qui t'apprennent et te transmettent les connaissances de la vie. Sans connaissances, comment un individu peut-il grandir, devenir un honnête citoyen ? Mais dans les rangs de celles et ceux qui ont cette responsabilité, il arrive qu'il y ait des personnes incorrectes, je le sais... Alors l'école et les autres maîtres doivent les aider à changer d'attitude. Les élèves, en revanche, ne doivent jamais offenser leurs maîtres et maîtresses.

Je lève mon regard vers lui. Ses yeux, d'une grande douceur, trahissent pourtant un énervement :

— Je connais ce professeur Gia...

Je serre père Thê dans mes bras. Oui, il a tout compris, c'est un homme juste. Je le savais...

Il me caresse les cheveux, le front, continue :

— Ce que tu as fait est mal. Tu aurais dû attendre que je revienne pour me parler au lieu d'agir seule.

Il soupire, l'air triste. Je suis très touchée. Il me dit doucement :

— Bon, de toute façon, c'est fait et c'est du

passé. Maintenant il faut manger un peu. Tu es une grenouille et tu veux te mesurer au bœuf ? Heureusement que tu n'es pas encore malade.

À cet instant, ma mère rentre et pose le paquet de gâteaux sur la table.

— Goûte ces gâteaux, je t'en prie. Ils viennent tout juste de sortir du four.

Père Thê remet son sac en bandoulière :

— Merci, mais une autre fois, Hanh. Je l'emmène faire un tour en ville.

Nous partons tous les deux manger un pho. Puis nous allons boire un thé vert en dégustant des bonbons. Nous ne parlons que de choses gaies. Alors que nous nous quittons :

— Demain après-midi, tu as rendez-vous avec maîtresse Vinh.

Et père Thê repart à l'école. Je rentre me reposer. Demain, mon pauvre destin connaîtra un moment décisif.

Il fait un soleil d'été cet après-midi-là. La grosse et vieille horloge dans le bureau égrène lourdement les secondes. Le balancier rouillé va et vient. Je ne peux le quitter des yeux en attendant le verdict de la directrice qui doit sceller mon sort. Père Thê est assis à côté de moi, l'air serein, mais inquiet. Il connaît sûrement d'avance la conclusion défavorable. Cette impression me rend totalement angoissée. Mon cœur bat comme un oiseau dont on a ligoté les ailes et qui s'agite. Je m'agrippe à la table pour me calmer. La directrice feuillette en silence les pages du gros dossier. Finalement, elle sort mon autocritique :

— Tenez ! Relisez.

Sa voix froide me glace. Père Thê ressemble à une statue, regardant dehors à travers la fenêtre. On dirait qu'il pense à quelque chose qui n'a rien à voir avec la directrice, mon autocritique et la lourde atmosphère de ce bureau. Je me sens seule, telle une gamine perdue dans un terrain vague en pleine nuit, grelottant de frayeur. Devant mes yeux, les lignes bleues ondulent, clignotent. Une goutte d'encre me fait penser à une araignée posée sur la page. Même la signature en bas de la feuille me paraît étrangère...

— Avez-vous bien relu ?

La voix de la directrice me fait sursauter. Elle lève un doigt, relève ses lunettes sur son nez. Ses yeux me transpercent... Ils sont durs, sans pitié, glauques. Face à cette impassibilité, je me dissous comme une boule de farine plongée dans l'eau. Je n'ai jamais affronté un regard aussi froidement cruel et en même temps aussi détaché.

— Vous vous souvenez de ce que vous avez écrit, n'est-ce pas ? demande-t-elle.

— Oui, madame.

Elle esquisse un mouvement des lèvres. Un sourire ?

Frappant la table de son poing, elle appelle :

— Nguyen Ngoc Bôi ! Entrez !

La porte derrière elle s'ouvre doucement,

sans un bruit, comme par magie. Une douce main blanche pousse le battant et une jeune fille apparaît :

— Je suis là, madame !

C'est bien Bôi. Elle est très pâle, presque diaphane, ses yeux noirs rivés au sol, elle avance comme une vieille aveugle.

Madame Vinh lui désigne une chaise :

— Asseyez-vous, s'il vous plaît ! Aujourd'hui, l'administration vous demande de témoigner. Mais avant, je souhaite que vous me promettiez de dire la vérité, toute la vérité. Avez-vous bien compris ?

— Oui, madame.

La directrice frappe encore avec son poing sur le bureau :

— Bien ! Écoutez attentivement ma question : maître Gia vous a-t-il fait des avances ?

— Non, madame.

— Maître Gia a-t-il eu envers vous des gestes inconvenants ?

— Non, madame.

— Est-ce qu'il vous a invitée à aller au cinéma, voir *Fatima* ?

— Non, madame.

— Maître Gia a-t-il caressé vos cheveux, vous a-t-il prise par la taille ?

— Non, madame...

À chaque réponse, Bôi se tasse un peu plus. À la fin de l'interrogatoire, sa tête est au ras de la table. Chacune de ses paroles est un coup de canon tiré vers ma tête, qui explose. Je ne peux plus penser. Mon cerveau est devenu un tas de boue informe et refroidie. Mon front est alternativement brûlant et glacé. Mes mains glissent du bord de la table à mes genoux, secouées de tremblements nerveux. Et ce pendule de l'horloge qui se balance toujours, on dirait la tête chauve du vieux de la pagode Dông Na. Sans savoir comment, je rassemble mes dernières forces pour hurler :

— Bôi ment ! Elle ment !

Madame Vinh lorgne vers moi et assène, d'une voix aimable :

— Asseyez-vous, vous ne devez pas être irrespectueuse...

Elle se retourne vers Bôi.

— Répondez-moi en présence de maître Thê et de votre camarade Bê : me dites-vous la vérité ou sont-ce des mensonges ?

Je fixe sans ciller le visage blanc de Bôi. Je la vois tressaillir un peu.

— J'ai dit la vérité, madame, répond-elle, le regard vide.

C'est alors que quelque chose éclate en moi. Une douleur aiguë me fouille le ventre. J'ai l'impression d'exploser en des milliers de grains de sable. Je ne peux plus parler, plus crier, plus appeler un ami pour qu'il vienne auprès de moi. Les dalles qui pavent le sol tournent en rond sous mes pieds. Elles tournent de plus en plus vite comme une hélice. Le vertige fond sur moi, ma tête est sens dessus dessous.

Un train siffle au loin et je sombre dans le gouffre tournoyant à mes pieds...

Je suis restée alitée cinq jours. J'apprends à mon réveil que le conseil de discipline s'est réuni autour de mon cas. La punition demandée par la directrice est la plus lourde peine qu'une écolière puisse connaître : exclusion, avertissement et diffusion de l'information à toutes les écoles du département. La note zéro est attribuée à mon comportement. L'objet de cette sanction : diffamation et vengeance envers un maître.

Mes amis ont suivi toutes les délibérations. Ils me racontent que la lutte entre père Thê et madame Vinh a été terrible. À la fin des débats, comme les arguments des deux parties avaient recueilli le même nombre de voix, la directrice a utilisé son droit de veto pour trancher. Je m'étais préparée à la plus lourde punition : être exclue. Mais je n'avais jamais envisagé que la directrice puisse l'accompagner d'une information à toutes les écoles du département. Elle me condamne ainsi à l'exclusion totale, car plus aucune école ne m'acceptera. Elle a bouché toutes les voies de mon avenir. Elle a dû deviner que mon oncle m'aurait inscrite dans une autre école du district, aussi a-t-elle décidé d'éteindre ma dernière lueur d'espoir.

Je me décompose, je n'ai même plus la force de relever la tête. Puis, après le désespoir et la tristesse, arrive la haine :

— Et Gia ?

— Quoi, et Gia ?

— A-t-il été puni ? Il a reçu un avertissement ?

— Quel avertissement ? Il a, au contraire, fait le fier, exigé même d'être muté ailleurs. Les professeurs qui le détestent n'ont pas osé dire un mot. Père Thê et maître Bach, pour l'avoir désapprouvé, ont récolté une critique sévère : favoriser une écolière, s'opposer à un collègue... Ces derniers jours, Gia n'a cessé de se pavaner.

Je me tais, suffoque comme si on m'avait gazée. Devant mes yeux apparaît subitement le chemin familier qui mène à l'école. Il fait un temps magnifique. Les flamboyants jaunes comme les rouges fleurissent tout le long du chemin. L'herbe dans la cour de l'école est verte. Cette herbe dont nous arrachons les brins pour les planter sous les ailes des libellules, que nous lâchons dans l'air pour simuler des avions multicolores volant dans le ciel bleu et limpide. À côté de la cour se trouve la scène avec ses deux grands lampadaires. Toutes les soirées de fête ont lieu là. On y a donné des concerts de guitare, d'accordéon, de violon, de flûte... Les robes de soie bleues ou roses y ont virevolté avec des chapeaux en papier doré. Ainsi, je ne pourrais plus jamais voir ça ? Même cette table de ping-pong gondolée qui fait rebondir n'importe comment les balles et nous fait toujours perdre ? Et cette salle de travaux pratiques avec le vieux surveillant en blouse blanche au nez crochu, qui nous menace tout en étant doux comme un agneau ? Et ces rangées de fioles de toutes formes, ces tubes à essai pour le cours de chimie, cette jarre d'acide sulfurique avec son étiquette de tête de mort aux deux os entrecroisés ? Ce squelette en plâtre arborant sa dentition blanche dans la pénombre, ce bocal de formol contenant un embryon ? Les couloirs carrelés de céramique jaune, les vitres au milieu des portes, qui servent de miroirs aux filles, les longues tables tachées d'encre et sculptées de dessins difformes, dont le tiroir sert de cachette pour les fruits confits, les épis de maïs grillés, grignotés durant les cours, le tableau noir en haut duquel l'effectif de la classe est inscrit ? Ce monde merveilleux et lumineux me serait donc à jamais interdit ? Je suis venue au monde pour le chérir. Je l'aime tellement. L'été, pendant les vacances, malgré les jeux, je n'oublie jamais la craie blanche, l'odeur poussiéreuse de la salle de travaux pratiques et l'atmosphère tendue avant les séances de contrôle de connaissances. Cette école est pleine de ma présence : le filet de la table de ping-pong que j'ai obtenu du club de sport du département, les deux raquettes en mousse que j'ai gagnées à un tournoi. Le plus gros pot de fleurs qu'on sort à toutes les fêtes était ma récompense quand j'ai été élue « jeune comédienne la plus douée » du département. Le parterre de fleurs devant les bureaux est l'œuvre de ma classe, l'automne dernier. Cette fois-là, j'avais attrapé un grand coup de soleil...

Quels souvenirs bénis ! J'ai mal au cœur. Mes larmes coulent, je ne peux les arrêter.

Le lendemain, à ma grande surprise, tous mes amis arrivent en criant :

— Bê ! Lève-toi ! On a une très bonne nouvelle !

— Bê ! C'est très important...

Je me lève, je vais ouvrir la porte que ma mère a fermée en partant au marché. Ils entrent tous, encerclent mon lit, ils veulent tous me raconter ce qui s'est passé.

Durant les cours de jeudi dernier, la directrice a fait taper l'arrêté concernant mon exclusion pour l'envoyer dans les autres établissements. Elle était en train de relire le document quand Ly est entré dans le bureau, déclarant que c'était lui qui avait enfermé Gia dans les toilettes. Il a ajouté que Vu Thi Bê l'avait seulement aidé à transporter le banc en bois. Si elle s'était déclarée responsable, c'était par pitié pour lui, trop faible pour supporter les coups de son père, si jamais il était renvoyé...

Ils me racontent ça, puis me regardent avec curiosité. Je me tais. Je ne peux imaginer que ce jeune garçon chétif, maladif et toujours si triste, puisse être aussi généreux. J'éprouve soudain une grande affection pour lui.

Loan demande :

— Tu es contente ?

— Oui.

— Donc madame Vinh t'a condamnée à tort, fait-elle, très remontée.

— Non, ce n'est pas à tort !

Ils ouvrent tous des yeux ronds :

— Comment ?

— Je suis heureuse pour autre chose, pas parce que j'ai échappé à la punition de madame Vinh !

Ce soir-là, je me rends chez Ly.

Son père, complètement ivre, chantonne devant un plat de vermicelles :

Frappez tambours gros, tambours moyens, tambours petits
Je ne veux pas d'elle, c'est elle qui veut m'épouser.

Il lève la tête, radote d'une voix rauque et avinée, puis hurle à son petit garçon debout à côté de la porte d'entrée :

— Cu ! Où est ta truie de mère ?

Le petit, âgé de cinq ans mais déjà vieux, répond :

— Elle est chez la vieille Dô Son. Si tu veux que j'aille la chercher, c'est cinq centimes.

Il fouille dans sa poche, jette une pièce à son fils :

— Avec qui elle est allée aujourd'hui, la truie ?

Le fils lève ses doigts crasseux pour compter :

— Elle a vu la mère Nam Nghia, la mère Tu, la mère Nhan... Et aussi oncle Loi de la poste D'autres encore, beaucoup.

Le père rugit. Ses yeux sortent de leur orbite, telles deux olives mûres.

— Merde à ses ancêtres ! Elle me sert un vin fadasse comme du jus d'escargot. Sa sauce manque de citron et de piment, mais elle passe son temps à flirter avec ce gigolo. Moi, je vais de ce pas les trucider...

Il lève son bras, jette d'un geste rageur son verre, qui éclate en mille morceaux sur le canapé en bois. Des éclats transpercent la main de l'ivrogne. Il regarde le sang couler de la blessure :

— Ly ! Ly ! Où es-tu ? Fils de merde !

Je me serre contre la porte, les yeux rivés sur le sang qui goutte sur le bois. Les gens disent que ce couple est très violent. Mari et femme se battent régulièrement et frappent leurs fils sans pitié. Je ne peux pas imaginer un père aussi dégoûtant.

L'homme hurle toujours :

— Ta mère est une traînée ! Ly ! Ly... y... y...

À ce moment, le garçon accourt, affolé :

— Père ! Tu as appelé ?

— C'est le chien que j'appelle peut-être ?

Tout en jurant, il donne un coup de pied à son fils. Ly rentre son ventre pour l'esquiver, le pied est dévié, il touche ses cuisses décharnées. Heureusement qu'il a l'habitude et les bons réflexes. À sa place, j'aurais reçu le coup de plein fouet et me serais immédiatement retrouvée à l'hôpital.

— Va me chercher un chiffon pour me faire un pansement.

Le fils retourne dans sa chambre, revient

deux minutes après avec un vieux chiffon et un sachet de tabac. Il prend la main de son père pour la soigner. Ce dernier lève sa main bandée, l'air apaisé. Ly ramasse les bouts de verre, essuie les traces de sang sur le canapé et sort. C'est alors qu'il m'aperçoit. Après avoir regardé à gauche et à droite pour vérifier que personne ne le voit, il court vers moi.

— Tu es arrivée depuis quand ?

— Il t'a frappé. Il t'a fait mal ?

— Non... J'ai pu éviter le coup.

Je fais la grimace :

— Ton père est méchant... Mon pauvre...

Il ne dit rien. Puis, d'une voix douce :

— Mon père... Il n'est pas heureux... C'est pour ça qu'il boit...

— Mais il ne t'aime pas !

Il baisse la tête :

— Si... Si... Il m'aime...

Et il passe à un autre sujet :

— Tu viens pour me dire quelque chose ?

Je reste bouche bée, ayant oublié tout ce que je voulais lui dire en venant ici. En définitive, je demande, d'une voix gauche :

— Pourquoi t'es-tu dénoncé à ma place ?

— C'est mieux ainsi.

Il rit :

— Comment le sais-tu déjà ? C'est Loan Graine-de-jacquier ?

— Personne. Réponds-moi. Pourquoi ?

— J'ai toujours été mauvais élève, si je ne peux plus continuer l'école, ce n'est pas grave. Toi, en revanche, tu es bonne élève. Ce serait très dommage que tu doives arrêter. Père Thê a dit à plusieurs occasions que, plus tard, tu pourrais même partir faire des études à l'étranger.

— Tu n'as pas peur d'être battu par ton père et ta belle-mère ?

— Oh... C'est sûr, ils me battront... mais j'ai l'habitude.

Il fait un grand sourire. Son visage menu resplendit. Je suis touchée :

— Ly. Tu crois vraiment que je vais accepter que tu sois battu aussi injustement ?

Nous nous regardons. Les yeux dans les yeux. Je sens que, dans une seconde, nous allons éclater en sanglots tous les deux. Aussi, je tourne les talons et cours d'une traite jusque chez moi.

Lundi, je me rends chez la directrice pour lui déclarer que je suis prête à accepter la punition qu'elle compte m'infliger. L'aveu de Ly est une initiative bien généreuse de sa part, mais ce n'est pas la vérité. Je lui parle avec calme, assurance, sans trembler. Sachant maintenant combien elle peut être cruelle et méchante, je n'éprouve plus aucune crainte face à son pouvoir. Nous, les enfants, nous savons être courageux, faire face à la vérité. Nous nous aimons et savons nous sacrifier l'un pour l'autre. De cette manière, nous nous situons au-dessus d'elle. Je reçois un carnet scolaire dont les longues et nombreuses lignes de félicitations sont biffées par la mention « Exclusion », et portant un zéro en note de comportement. Je le reçois des mains de la directrice, sans un mot, détachée. J'ai franchi le seuil du malheur.

EN PLEINE DÉTRESSE

Demain comment vivrai-je ? Que deviendrai-je ? Que ferai-je ?

Sur le chemin du retour, ces questions m'assaillent. Ma séparation avec l'école est si douloureuse. L'énorme portail qui grince sous la branche de flamboyant s'est refermé derrière moi. Mon cœur se serre quand je vois des groupes d'élèves converger vers l'école. Comme je les envie ! Même le plus mauvais d'entre eux, celui qui doit redoubler ou le dernier de la classe, a un sort mille fois meilleur que le mien. Ignorant, paresseux, il a tout de même le droit d'entrer en classe, de découvrir sur le tableau noir chaque jour une nouvelle formule mathématique, une nouvelle réaction chimique, une nouvelle loi physique, un nouveau poème, un nouveau texte. Le plus turbulent peut entrer dans la salle de travaux pratiques et trembler devant le squelette en plâtre ou le tableau représentant un dinosaure de l'époque préhistorique. Le plus mauvais peut utiliser ma raquette pour jouer au ping-pong sur cette table dont je connais les moindres fissures, ou cueillir les fleurs qui poussent dans la jardinière devant les bureaux.

Arrivée en ville, je musarde d'un magasin à l'autre. Aucune envie de rentrer chez moi. Depuis ma grève de la faim, je ne reçois plus de fessées. Mais ma mère ne me regarde plus, ne me parle plus. Ce silence me fait imaginer que je suis déjà morte. Et je suis sûrement morte. Je suis une vilaine enfant, exclue de son école, je ne mérite pas d'être la fille de maîtresse Hanh.

J'aperçois du monde devant la maison de chef Cân.

Dans le bourg, quand quelque chose survient d'un peu inhabituel, une foule de curieux se presse sur les lieux. Ma mère m'a toujours dit de fuir ces attroupements. Mais aujourd'hui, désœuvrée, je m'approche. Je rencontre Coc* la Rouquine. Coc est la fille du gardien du marché. Elle a un an de moins que moi. Son visage est plein de boutons, ce qui lui a valu ce surnom. Elle est tellement nulle que, même en redoublant deux fois, elle n'a pas pu intégrer la classe supérieure. Son père lui a dit d'arrêter l'école pour l'aider sur le marché à collecter la taxe des commerçants. Par ailleurs, pour gagner un peu d'argent, elle propose à ces derniers, chaque veille de marché, de leur réserver un emplacement en y posant des briques, des paniers d'osier, des vieux chapeaux. Une bonne

* Coc : crapaud, en vietnamien.

place lui rapporte dix centimes, une moins bonne cinq. À force d'exercer ce métier un peu spécial, elle a acquis une réputation de hargneuse, d'insolente, toujours prête à se disputer avec une vieille femme ou à se battre avec un gamin de treize, quatorze ans. Constamment sous le soleil, elle a la peau noire, comme barbouillée de suie, et des cheveux roussis pareils à des poils de vache. Les boutons sur son visage sont devenus énormes. Quand elles veulent faire peur à leurs garçons, les mères se servent de l'image de Coc comme d'un épouvantail. Les plus turbulents s'entendent menacer :

— Fais attention, sinon je te ferai épouser la petite Coc aux cheveux roux...

Devant le danger, les plus récalcitrants rentrent immédiatement dans les rangs.

En revanche, Coc est extrêmement gentille avec moi. Sans que je sache pourquoi, elle m'appelle toujours « grande sœur », alors qu'elle parle d'égale à égale avec toutes les jeunes filles de quinze à dix-sept ans. Une fois, quand je suis allée au marché pour acheter de la viande, elle a bousculé tout le monde pour me faire une place dans la file d'attente. Je lui ai donné cinq centimes après avoir fait mes achats :

— Merci beaucoup !

Elle m'a regardée avec des yeux ronds :

— Pour qui tu me prends, grande sœur ?

Entre nous, je ne vais pas accepter quand même ?

Puis, frappant la poche de son pantalon :

— Tiens ! Je t'invite à manger un pho au bœuf. Celui de chez Hoi est fameux...

J'ai à peine eu le temps de refuser qu'elle m'a entraînée d'autorité, à la surprise de tout le monde.

En ce moment, elle me raconte ce qui se passe chez chef Cân :

— Tu ne sais pas grande sœur ? Chef Cân vient de battre sa deuxième femme. Ses deux fils s'y sont mis aussi. La police est venue l'arrêter pour l'amener au poste. Et les deux chenapans ont reçu une raclée du frère de madame Luu. Ils sont en train de crier dans la cour...

— Mais... pourquoi l'a-t-il frappée ? Ils viennent de se marier, il y a un mois !

— L'argent, l'argent ! Tout vient de là...

Coc gesticule telle une marchande de baumes au marché. Elle s'excite en parlant, exactement comme une fille habituée aux affaires d'argent.

— Tu comprends ! Chef Cân a roulé sa femme facilement. Au moment de leur mariage, il l'a poussée à vendre sa maison pour venir habiter chez lui. Il lui a ensuite proposé d'investir l'or et l'argent de la vente dans une affaire de contrebande, liée à une bande de voyous de Hanoi. Elle a accepté. C'est alors qu'il a filé à la campagne, et au retour, il lui a raconté qu'ils lui avaient tout volé. Sa femme est devenue enragée, il l'a aussitôt frappée...

Je suis atterrée. Ainsi les malheurs de Loan ont commencé. Les anciens disent que la tristesse ne se mesure pas et que les catastrophes ne s'annoncent jamais. Comme ils ont raison !

Me voyant silencieuse, Coc ajoute, levant la main :

— Moi, à sa place... je lui briserais les os un par un jusqu'à ce qu'il me rende tout mon or et mon argent...

Une vieille femme l'appelle alors de l'autre côté de la rue :

— Hé, la petite cinglée ! Ton père crie après toi là-bas !

— Oui ! J'ai entendu, j'arrive...

Elle me salue et disparaît. Je réfléchis un instant puis vais attendre Loan à notre échoppe de thé habituelle. Tout le monde y discute de la bagarre chez chef Cân. On évoque son passé trouble, ses escroqueries, son recours à la corruption pour obtenir le permis d'ouvrir son magasin de glaces. J'écoute ces bavardages jusqu'à l'arrivée de Loan, avant midi. La pauvre ! Elle semble si seule parmi les groupes d'écoliers joyeux. D'habitude nous étions ensemble, elle et moi. Elle me dit :

— Ce soir, père Thê ira chez toi. Il est passé en revenant du ministère ce matin, mais tu étais déjà partie...

Je sais qu'il m'aime. Mais je n'ai pas envie de le voir. À cause de moi, il s'est déjà bien assez compromis et ne récoltera que des ennuis. Je ne pourrai regarder ce visage si doux, si gentil, quand il sera plein de tristesse. Je réponds :

— Non, je ne rentre pas à la maison.

Je continue :

— Mais toi aussi, tu as des problèmes. Cherchons un endroit tranquille pour en parler.

Elle obtempère immédiatement. Pour échapper aux flots d'enfants qui sortent de l'école, nous nous engouffrons dans une ruelle où se trouve une vieille pagode. Sous un badamier vert, je raconte à mon amie tout ce qui s'est passé chez chef Cân, sa mère à l'hôpital, sa situation actuelle.

— Va directement chez moi. Cet après-midi, ma mère t'emmènera prendre tes affaires chez chef Cân. Si tu habites chez nous, ma mère sera plus tranquille. Et puis tu seras moins malheureuse.

Loan se tait. Je sais qu'elle acceptera. Elle me demande, hésitante :

— Mais toi, Bê ? Où seras-tu ?

— Je ne peux te le dire pour l'instant. On se revoit à cinq heures au bord de la rivière, là où est la barque de madame An Lac. Ni ma mère ni père Thê ne doivent savoir qu'on s'est rencontrées. Allez ! Lève-toi... Vas-y maintenant...

Elle se lève comme un robot, puis, sur mon regard insistant, elle part, tête baissée.

Je prends ma tête entre mes mains : où puis-je aller ? Ici, dans ce bourg, les amis de ma mère sont nombreux. Ils me verront, me ramèneront à la maison illico. Je devrai affronter les yeux de ma mère. Mon Dieu, comme je redoute ce regard implacable, ce silence plus terrible qu'une bonne fessée... et si je partais à la campagne, dans le village de notre famille ?

Non, c'est trop loin. En plus ma mère me retrouverait rapidement. Pire encore, les voisines, les cousines, toute la famille serait au courant de mon exclusion de l'école. Depuis toujours, j'ai été l'exemple à suivre : « Regarde Bê, la fille de maîtresse Hanh. Elle est en avance de deux ans. Elle est toujours première de sa classe ! » Ou alors : « La petite Bê est une vraie surdouée ! Et vous, vous n'êtes que des incapables » Malheureusement, leur idole est maintenant à terre. La calamité et l'erreur ont détruit la fierté de l'adolescente que je suis. Où que j'aille, la honte, désormais, me suivra...

À cette pensée, je ne peux empêcher les larmes de ruisseler sur mes joues. Je me cache le visage entre les genoux. Après réflexion, je décide de rendre visite au petit pêcheur de l'autre côté de la rivière.

Les horloges des maisons sonnent les douze coups de midi. Les écoliers doivent être rentrés chez eux. Les rues sont plus calmes. Je marche vite vers la rivière, tête baissée pour éviter de croiser le regard d'un familier. Il n'y a personne au bord de la rivière. Quelques lentilles d'eau à fleurs violettes dérivent lentement. Un martin-pêcheur aux plumes bleues plonge pour attraper quelques alevins. Je m'apprête à descendre sur la berge pour traverser à la nage, mais je me rappelle que je n'ai pas mangé et que je risque une crampe. Aussi je remonte la butte pour prendre le pont. En suivant la digue, je me rends au village du petit pêcheur. À côté de la mare, je retrouve rapidement le cabanon fermé d'un portail en bambou, le jardin de la taille d'une natte planté de quelques célosies et d'œillets dorés.

— Cau ! Es-tu là ? Cau... Cot...

— Qui est là ? Entrez !

La mère de Cau répond d'une voix aiguë et sort. En plein jour, sa bosse est proéminente, la cassant pratiquement en deux. On dirait vraiment un crabe. Son visage est beau mais étrange, elle a des yeux bleus et des cheveux d'un roux éclatant.

Elle me demande joyeusement :

— Ah ! Tu es venue l'autre nuit, n'est-ce pas ?

Très touchée par cet accueil chaleureux, je balbutie :

— En effet... oui... c'était moi.

— Viens ! Rentre, il fait trop chaud dehors !

Je demande :

— Est-ce que Cau est là, s'il vous plaît ?

Elle s'assoit dans son hamac, me verse un verre de thé.

— Il est à l'école. Mais fais comme chez toi.

Elle part à la cuisine, ramène une marmite en terre contenant du maïs cuit aux haricots noirs.

— Tiens ! Goûte-moi ce maïs après ton thé ! C'est ce qu'on vient de manger.

Comme ses yeux bleus étincelants sont pleins de gentillesse. Ce corps biscornu renferme une âme si douce et si subtile !

— Merci, madame !

— Oh ! Ce n'est rien, voyons !

Je lui raconte tous mes malheurs. Naturellement, sans honte. Comme si je la connaissais depuis très longtemps. Elle m'écoute attentivement et avec compassion.

— Tout va rentrer dans l'ordre. Crois-moi. Après la pluie vient toujours le beau temps.

La tension de ces derniers jours m'a épuisée. Mes yeux se ferment tout seuls. Si je m'allongeais, je pourrais dormir jusqu'à ne plus jamais me relever. Finalement, à cinq heures, Cau me réveille :

— Grande sœur ! Réveille-toi, le repas est prêt.

Le soleil est couché. Des lueurs rouge orangé illuminent l'ouest, arrosant la terre de cuivre en fusion. À l'intérieur de la maison, tout est noyé dans la pénombre. Dehors, seuls les célosies et les œillets sont encore visibles. Je me rappelle subitement mon rendez-vous avec Loan. Je m'affole.

— Quelle heure est-il, Cau ?

— Presque six heures, me répond-il en regardant le ciel.

— Mince ! Il faut que j'y aille !

Il m'arrête :

— Ne pars pas ! Le repas est déjà prêt. Mange d'abord.

— Mais... j'ai rendez-vous !

Il me fixe avec gravité :

— Quoi que tu doives faire, il faut manger d'abord pour avoir des forces.

Sa mère ajoute, sortant de la cuisine :

— Le riz, la soupe, c'est plus important que tout. Mange d'abord.

Je n'ai pas d'autre choix que de me rasseoir à côté du plateau posé dans le jardin. Il y a une assiette de feuilles de patate douce toutes chaudes. Une coupelle contient quelques petites aubergines sautées avec des crevettes au piment.

La mère du petit pêcheur demande à son fils :

— As-tu pris la sauce de soja ?

— J'y vais, maman.

Il prend un bol propre, se dirige vers un coin du jardin où se trouve une jarre couverte d'un couvercle en grès. Relevant précautionneusement le couvercle, il enlève successivement des couches de feuilles de bananier puis une toile en tissu. Ensuite il plonge le bol dans la jarre. En le ressortant, il en lèche soigneusement le bord pour ne pas perdre une goutte de sauce. Son attitude manque de me faire éclater de rire. Heureusement je me retiens.

La nuit tombe pendant que nous dînons. Un dernier rayon de soleil s'accroche encore aux pointes des plus hautes branches de bambous et de margousiers qui s'agitent à la moindre brise. De vieux crapauds, dissimulés dans les coins des murs, entonnent leurs coassements grinçants. Des sauterelles, arrivant des champs, se cognent contre ma tête, me chatouillent l'oreille. Je redoute qu'une grenouille ou un kaloula* ne saute dans le bol de soja ou le plat de poisson. Par bonheur rien de tout ça n'arrive. Mes hôtes, habitués à manger dans la nature, ne semblent pas se poser de telles questions. Plus tard, je trouverai que manger dehors est un vrai bonheur. L'air vivifiant du soir donne plus d'appétit, sans compter que le paysage champêtre ne fait qu'augmenter le plaisir d'un repas frugal.

Après manger, je me rends au bord de la rivière. Aucun signe de Loan. Je m'assois à côté de la barque de madame An Lac jusqu'à sept heures. C'est à ce moment-là qu'elle arrive, grimaçante :

— Ta mère ne m'a pas donné l'autorisation de sortir.

— Pour quelle raison ?

— Elle m'a dit de rester avec elle. J'ai dû lui mentir en disant que j'allais chez Yen pour récupérer les leçons de physique.

— Elle m'a cherchée ?

— Oui. Elle s'est rendue chez tous les gens du bourg.

— Et alors ?

— Comme elle ne t'a trouvée nulle part, elle

* Kaloula : grenouille d'Asie.

pense que tu es partie dans sa famille, à la campagne.

— Je le savais !

Je suis satisfaite d'avoir deviné ses pensées.

Loan continue :

— Demain après-midi, elle m'emmènera rendre visite à ma mère à l'hôpital, puis nous passerons chez chef Cân pour prendre mes affaires.

— Et ta mère ?

— Elle est revenue à elle. Elle a mal, elle pleure tout le temps et regrette de ne pas avoir écouté la tienne.

— Elle est d'accord pour que tu restes avec ma mère ?

— Oui ! Elle m'a dit qu'elle-même ne resterait pas chez chef Cân à sa sortie...

Nous demeurons silencieuses. Je demande à Loan :

— Qu'as-tu mangé au dîner ?

— Des liserons d'eau sautés à l'ail et des œufs durs.

— Moi, j'ai mangé des feuilles de patate à la sauce de soja. Je trouve ça très bon. On s'habitue à tout...

Je l'ai dit en pensant me vanter auprès d'elle.

Loan me regarde avec des yeux humides :

— Tu as encore faim ? Tiens, prends ceci.

Elle me tend un paquet de bonbons. Je n'ai pas encore ouvert le paquet qu'elle fouille dans sa poche et m'en tend un autre.

— Tiens, ça aussi.

— Qu'est-ce que c'est ?

Elle chuchote :

— De l'argent.

Je suis épatée :

— Tu es allée toute seule sur l'île ?

— Non, c'est autre chose... Il y en a beaucoup, beaucoup plus que dans notre trésor.

Elle regarde tout autour puis s'accroupit près de moi :

— Deux cents. Que des billets de dix.

Je suis stupéfaite. Deux cents dôngs est une grosse somme. Toutes nos économies n'atteignent péniblement que cinquante dôngs, en billets de cinquante centimes et en pièces de un dông. Nous n'avons encore jamais tenu dans nos mains un billet de cinq dôngs. Pour les friandises, trente centimes, c'est déjà une énorme somme. Un bol de pho coûte trente centimes. Pour dix centimes, on a trois bananes, douze bonbons, ou trois gâteaux de riz sans garnitures. Un œuf de poule ne vaut que six ou sept centimes. Un œuf de cane peut coûter au maximum onze centimes... Alors imaginez une somme de deux cents dôngs.

Je prends le paquet de billets :

— D'où vient cet argent ? Qui te l'a donné ?

— Personne ne me l'a donné.

— Alors, où l'as-tu pris ?

Me voyant méfiante et grave, Loan me dit doucement :

— Je n'ai rien fait de mal. Demain, je te dirai.

Je dois rentrer maintenant, sinon ta mère me grondera.

Et elle s'en va rapidement, comme si elle me fuyait.

Je range les billets dans la petite poche de mon pantalon. J'adore manger des friandises : cacahuètes, châtaignes, riz grillé ou maïs... Mes pantalons ont tous une petite poche qui me sert de réserve. Je ne pensais pas que cette poche pourrait un jour contenir une fortune aussi considérable. Je vérifie l'état des coutures, ferme le tout avec une épingle de sûreté.

Arrivée chez Cau, je le vois qui se prépare à aller à la pêche.

— Je peux venir avec toi ?

— Non. Ma mère dit que tu es épuisée, tu dois dormir cette nuit. Quand tu auras récupéré, tu pourras venir. La fraîcheur nocturne est traîtresse, les filles doivent faire attention.

Il se tourne vers sa mère qui sourit :

— Il a raison, ma fille. Tu ne peux pas te comparer à lui.

Il me regarde, très fier de lui.

— Grande sœur aime beaucoup les patates douces. Maman, tu feras une marmite de patates tout à l'heure, d'accord ?

Sa mère lui répond d'une douce voix de jeune fille :

— Oui, mon fils ! Va, va. Je le ferai.

Cau attrape son panier et son épervier. Il part, trimballant ses boîtes d'appâts sur le dos. On dirait un général partant en guerre. Subitement, je l'envie. J'aimerais pouvoir faire des choses utiles comme mon ami Cau pour sa mère, j'aimerais pouvoir apporter le bonheur à mes proches, devenir le vrai soutien de ma famille...

Je rêve encore à tout cela quand la jeune femme s'en va cuire les patates, comme le lui a demandé son fils. Je la suis dans la cuisine. Elle enlève du foyer la marmite remplie de son destiné aux cochons et y pose celle des patates. Les braises envoient des étincelles qui sautillent dans tous les sens, formant de petites fleurs dans l'air. Quand les patates sont cuites, nous les enfouissons sous les cendres. Profitant des braises, elle m'en grille quelques petites. Nous restons à bavarder ainsi jusque tard dans la nuit, puis je vais me coucher. Je n'ai pas l'habitude de dormir loin de chez moi, et ma nuit est peuplée de rêves bizarres où se mélangent mythes et réalité. Pourtant, je dors très bien, d'un sommeil qui m'apporte la sérénité et le courage nécessaires pour affronter les jours à venir.

LE VIEUX GARDIEN DE CANARDS

Je me réveille à huit heures et demie.

La maison est calme. De petits lézards bruissent dans un coin du toit. Les coqs du village s'éveillent aussi, chantant par intermittence. Dans la cour, un chat sauvage joue avec une blatte qu'il vient d'attraper. Cau et sa mère sont partis depuis l'aube, me laissant une part de patates douces sur la table. Je sors faire ma toilette avant de manger.

Je déambule ensuite le long du sentier qui borde les jardins et les cabanes du village. À cette heure, les villageois sont tous aux champs. Seules quelques grands-mères chargées de surveiller leurs petits-enfants et des bandes de gamins jouant avec des bâtonnets ou des palets sont là. Près du temple du village, la maternelle est en pleine activité. À côté se trouve la crèche de la coopérative, avec son grand puits d'eau et ses serviettes en train de sécher au vent... Un gamin crie. La voix de la puéricultrice essaie de le calmer sans succès. Des pruniers exhibent leurs derniers fruits minuscules. Au bout d'un certain temps je m'en vais aux champs pour conjurer l'ennui.

Un sentier y mène, parallèle aux rigoles d'irrigation, d'une largeur qui permet tout juste à un véhicule « amélioré »*, transportant le fumier et le riz que l'on va faire sécher, de passer. Alentour, des rizières d'un vert intense à perte de vue, jusqu'à l'horizon. Ça et là miroitent quelques plans d'eau. On y distingue des petits points blancs. Ce sont des troupeaux de canards.

Le soleil n'est pas encore trop rude, mais juste assez pour faire étinceler les nuages qui semblent brodés d'argent. Le long des rizières, des héliotropes penchent leurs fleurs violettes. Des buissons d'herbes aromatiques exhalent leurs senteurs de miel. La rigole trace un trait droit à travers le vert des rizières. Les surfaces d'eau brillantes me font penser à une ancienne histoire :

> *Il y avait un jeune prince qui aimait se promener en barque. Le roi lui en offrit une belle en forme de dragon. Il fit creuser par ses soldats un cours d'eau dans la cité interdite. Le jeune prince était heureux de naviguer dessus. Un conseiller du roi lui dit : « Votre Altesse, le navire a atteint la mer Caspienne... » Le prince fut très surpris :*

* Véhicule amélioré : bicyclette à laquelle est adjoint un petit moteur.

« Sommes-nous déjà arrivés là-bas ? » Le conseiller acquiesça. Le prince fut très content et dès lors fut persuadé que le cours d'eau de la cité interdite était la fameuse mer Caspienne elle-même...

Je souris en pensant à l'histoire de ce prince naïf. Au moins, je suis plus futée que lui, même s'il était fils de roi. Toute à mes pensées, je ne me rends pas compte que je suis arrivée au milieu des champs. Un monticule de terre surgit, empiétant sur le sentier, à une vingtaine de mètres de la rigole. Un grand kapokier s'y dresse. De son large tronc granuleux, que deux hommes parviendraient à peine à entourer, partent des branches brunes tachetées de blanc, pointant vers les quatre directions. Les fleurs sont tombées, seules restent sur les branches des grappes de fruits verts. Le feuillage léger bruisse dans le vent. Je suis impressionnée par ce vieil arbre vénérable. Il dégage une allure majestueuse, celle des génies des légendes.

Mon émerveillement devant la nature ne dure qu'un instant et un sentiment de solitude me saisit soudain. Je me sens perdue, abandonnée dans l'immensité de ces champs verdoyants, baignés de lumière. Personne n'a besoin de moi, ne se soucie de moi. L'eau miroitante qui coule dans la rigole murmure une sorte de monologue intérieur. Les héliotropes et les mouches à miel susurrent, et le fier kapokier discute avec le ciel. Quelques paysans bavardent en épandant des engrais. Et moi, je suis seule.

Je me rends auprès du grand kapokier, pour y attendre le retour du petit Cau. Là, j'aperçois un vieil homme menu, assis au pied du tertre. De loin je ne pouvais le voir car la butte de terre est assez élevée. Le vieil homme est tellement petit, on dirait un nain tout droit sorti d'une forêt. Coiffé d'un chapeau conique, il porte une veste militaire qui doit dater de l'époque de la résistance anticoloniale. L'ourlet de son pantalon marron est remonté jusqu'au mollet. Assis, bras croisés au-dessus des genoux, il a l'air impassible, pareil à une statue de la pagode. À ses côtés, je vois une longue baguette avec, à son extrémité, quelques bouts de feuilles de bananier. C'est donc un gardien de canards. En effet, dans la mare qui s'étend à ses pieds, en plein milieu des champs, une cinquantaine de gros canards plongent et barbotent avec un plaisir manifeste.

Il se retourne à mon arrivée. Je le salue.

— Bonjour, monsieur.

— Ah ! Bonjour, petite fille. Il me regarde avec curiosité. D'où viens-tu donc ?

— Je viens de la ville, monsieur.

Je m'assois sur l'herbe, au pied de la butte. Les canards, une fois le ventre plein, pris d'inspiration, agitent bruyamment leurs ailes, prêts à envahir les rizières alentour. Le vieillard se lève, agite son bâton :

— Ssssss ! Sssss !

Les palmipèdes caquettent puis replongent dans la mare, apeurés, pour barboter sagement dans l'enclos limité du plan d'eau. Le vieillard revient à sa place, pose sa baguette et fouille dans sa poche pour en sortir un paquet de cigarettes. De l'autre poche, il sort un minuscule briquet doré. Il tapote d'abord la cigarette sur le paquet pour la tasser avant de l'allumer. Ses gestes ne ressemblent pas à ceux d'un vieux gardien de canards. Aucun gardien n'appelle ses canards par des « Ssss, ssss », comme lui tout à l'heure. Aucun ne fume comme lui. D'habitude, les gardiens de canards fument une longue pipe qu'ils passent dans leur ceinture. Une fois le tabac bien tassé et la pipe allumée, ils tirent dessus deux ou trois fois, faisant entendre des raclements secs, puis lèvent le visage vers le ciel et lâchent lentement la fumée par la bouche, les yeux mi-clos. Ils expirent doucement, avec un tel plaisir et si longuement qu'on pourrait croire qu'ils ont une sorte de boule de paille fumante au fond de la gorge, qui produit sans cesse de la fumée... Quand enfin elle se tarit, ils ouvrent subitement les yeux, fixent un moment leur pipe, comme si elle était un ami de longue date qu'on retrouve. Ensuite, d'un coup sec, ils tapent sur la cheminée et le reste de cendre saute dehors, comme un crapaud de la bouche d'une sorcière...

Lorsque je rentre au village natal de ma mère, j'ai l'habitude de suivre mes cousins et mes cousines aux champs. Ces journées de vacances champêtres m'ont appris bon nombre de choses. Aussi, après mûre réflexion, j'éprouve quelque suspicion à l'encontre de ce vieillard. Outre sa façon de s'adresser aux canards comme à des chiens, et sa manière très citadine de fumer, il a de toutes petites mains et des gestes très policés.

D'où peut-il venir ?

Je me le demande, alors que j'observe ses longs cheveux blancs qui lui arrivent en bas de la nuque. Il ne semble pas faire cas de ma curiosité, se penche en arrière pour souffler la fumée vers le ciel, cligne des yeux, laissant apparaître de fines rides.

Subitement, il se tourne vers moi :

— Viens ici, petite fille !

Je reste immobile sur l'herbe, indécise.

— Viens donc auprès de moi !

Il m'encourage d'une voix basse et grave.

Devant son regard doux, je me sens rassurée et m'approche. Il me fait asseoir à côté de lui.

— Qu'est-ce qui se passe pour que tu fasses ainsi l'école buissonnière ? Je le vois à tes yeux... Raconte-moi. Si je peux, je t'aiderai. Sinon, je serai muet comme une carpe. Sois tranquille...

Je le considère avec surprise. Son regard de vieillard se pose sur moi avec affection. Puis il relève la tête, expire la fumée dans le ciel bleu. Son silence contient je ne sais quoi qui m'inspire confiance. Derrière ses encouragements, je ressens une force sur laquelle je peux m'appuyer. Je reste silencieuse un bon moment puis me décide à parler. Je lui raconte tout, en détail, avec précision, ni plus ni moins. Peut-être ai-je passé le cap des émotions, peut-être me suis-je déjà habituée à mon malheur ? En tout cas, je lui conte mon histoire avec sérénité. Pendant que je parle, il fume deux cigarettes. Les cendres tombent à ses pieds, sur l'herbe. Ses yeux profonds semblent figés sous ses sourcils tout blancs. Ses narines palpitent, sa pomme d'Adam bouge au rythme de sa respiration.

À la fin de mon récit, il me caresse les cheveux :

— D'après toi, ce que tu as fait est bien ou mal ?

— Vous voulez parler du fait que j'ai bloqué le professeur Gia dans les toilettes ? Oui, je sais que c'est mal, mais...

Il rit en m'interrompant.

— Mais il fallait le faire, n'est-ce pas ?

— Je voulais dire...

— Bon, ce n'est pas la peine d'expliquer. J'ai compris...

Il lève la main, m'intimant le silence :

— Les chrétiens rappellent souvent ce qu'a déclaré le Christ : « Si quelqu'un te frappe sur la joue gauche, tends-lui la joue droite. » Ce précepte est un paravent pour mieux cacher l'acceptation de son sort, le refus de lutter. Si notre peuple avait tendu l'autre joue aux colonialistes français, nous n'aurions plus de patrie. Les enfants n'apprendraient plus l'histoire des sœurs Trung*, de la patriote Trieu**, ne sauraient rien de l'héroïsme des rois Nguyên Huê et Quang Trung. Vous apprendriez, en revanche, une histoire importée : « Nos ancêtres, les Gaulois ». J'ai dû apprendre cela, dans ma jeunesse.

Me voyant faire des yeux ronds, il sourit et poursuit :

— C'est pourtant la vérité. Pendant la période coloniale française, j'ai dû apprendre par cœur « Nos ancêtres, les Gaulois ». Je te le dis car la volonté de lutter d'un peuple, comme celle de chaque individu, est absolument nécessaire...

Il cligne des yeux, d'un air gai et espiègle. On dirait qu'il couve un petit feu de joie.

— Mais le plus difficile est de savoir comment lutter. Se battre contre un ennemi est différent de combattre quelqu'un qu'on connaît. Surtout si la personne en question est plus âgée que soi et dans une position que l'on doit respecter.

— Ça veut dire que je dois souffrir en silence ou que je n'ai d'autre choix que de rapporter les événements au professeur principal ?

* Les sœurs Trung sont les premières reines du Viêtnam. Elles ont mené la résistance contre l'envahisseur chinois en l'an 40.

** La patriote Trieu a fomenté un soulèvement en 248 contre l'envahisseur chinois également.

Il me caresse doucement la tête de sa main :

— Il ne faut pas se précipiter. Je dis seulement qu'il faut que tu sois patiente... et prudente.

— Si vous aviez été à ma place, qu'auriez-vous fait ?

— Ah... J'aurais observé encore un moment pour voir ce qui allait se passer, peut-être étais-je parvenu à une conclusion erronée ? Et au contraire, si cela s'avérait juste, peut-être me manquait-il encore des preuves. Les anciens disent qu'il faut « ne déclarer que ce qui est dans les livres, ne dénoncer que ce qui est démontrable », tu ne te souviens pas ?

Ces propos rappellent à ma mémoire le mensonge éhonté de Bôi... En effet, je me suis trop précipitée en rapportant les actes inconvenants de Gia.

Le vieux gardien continue :

— Si on veut réussir, toutes les conditions doivent être réunies. D'après moi, tu aurais dû en parler à ta mère, à ton professeur principal ou à toute personne éclairée, ayant surtout la capacité et le pouvoir de résoudre le problème.

— Oui, mais il me hait, il m'a harcelée très cruellement, m'exclamé-je.

Il me répond d'une voix tranquille :

— Je le sais bien. Cependant, il faut serrer les dents, attendre que la vérité éclate. Dans ta vie, tu peux rencontrer des gens qui te veulent du mal. Si tu leur réponds immédiatement, avec précipitation, sans réfléchir, tu risques de tout rater. Les mauvais tireront leur épingle du jeu, alors que toi, tu te feras avoir. Regarde ton exemple. Toi, tu es exclue, tandis que Gia, lui, est blanchi...

— La vie est injuste !

Je fais un geste de dépit.

Il me caresse doucement les cheveux.

— Ne balance pas ton bras ainsi ! Tu risques de me frapper par mégarde. Je suis âgé, tu sais, tu me ferais très mal... Bon, je sais que tu es triste et révoltée. Mais ne sois pas pessimiste. Effectivement, la vie comporte des injustices, mais elle n'est pas injuste. Ne crois-tu pas que ta mère t'aime beaucoup, sincèrement ? Peut-être, parce qu'elle a l'habitude de réfléchir simplement, parce qu'elle n'a pas appréhendé toute la complexité de la situation, n'a-t-elle pas su trouver la manière de te parler, ce qui t'a poussée à quitter la maison. En tout cas, c'est une femme bien. Ton professeur principal également, n'est-ce pas ? Et ce jeune garçon, fils de l'ivrogne, comment s'appelle-t-il déjà ? Ly, Ly... un joli prénom de fille. Il a un cœur d'or, non ? Et puis la mère du jeune pêcheur de ce village... Ils sont tous généreux ! C'est grâce à eux que cette vie est belle et mérite d'être vécue. Mais n'espère pas trouver que des gens gentils sur terre. Le mal suit le bien, comme l'ombre suit la lumière. Sans la nuit, comment pourrions-nous connaître le jour ? Les bons et les mauvais coexistent dans la société. Ils luttent perpétuellement les uns contre les autres. De toute manière, ce qui est mal aujourd'hui n'a rien à voir en comparaison de ce qui s'est passé avant ! Imagine qu'au lieu de ce professeur vicieux, ce soit un grand colon venant d'Europe, capable de violer ta mère, d'incendier ta maison...

— Je préférerais. Ainsi, je pourrais m'engager dans la résistance pour me venger en le tuant. Alors que là... je ne peux rien faire... C'est rageant.

Il éclate de rire.

— Tssst ! Ne dis pas de bêtises ! Aucune haine n'est plus implacable, plus sacrée que celle d'un peuple à qui on a ravi la liberté. L'injustice à ton égard aujourd'hui n'est qu'une égratignure, à côté. Il faut la dépasser, petite fille. Il faut penser à l'avenir.

— Je n'ai plus d'avenir... La directrice a envoyé un communiqué à toutes les écoles du département. Où vais-je aller maintenant ? C'est le point final.

Il se moque de moi gentiment :

— Point final ? A dix-sept ans, même sous les coups de fouet de la police française, je pensais toujours à l'avenir, jamais au « point final ».

— Mais qu'est-ce que je peux faire ? Aller vendre des glaces au marché ?

Je pensais plaisanter, mais je ne peux empêcher les larmes de me monter aux yeux.

Le vieux gardien se tait un long moment.

— Que la pluie cesse ! Regarde, il fait beau ! Ne pleure plus, petite fille. As-tu lu Gorki ?

— J'ai lu *Le Chant de l'oiseau qui annonce la tempête,* qui est au programme.

— Et *Enfance,* et *Mes universités* ?

Je réponds confuse :

— Non, je ne les ai pas encore lus.

Il hoche la tête :

— Dommage. On apprend beaucoup à la lecture de ces œuvres. Gorki, en russe, veut dire amertume. C'était un orphelin qui a dû mendier dans son enfance. Il a appris à lire à la lumière de la lune réfléchie sur le fond d'une casserole, pas grâce à une lampe de cent watts comme chez toi, me dit-il avec un sourire malicieux. Il a exercé tous les métiers, vécu avec les gens qu'on considère comme la lie de la société. Dans *Mes universités,* il décrit la douloureuse situation sociale de l'ancienne Russie. Jusqu'à la fin de sa vie, il a toujours gardé un caractère généreux, noble. Il est devenu un auteur humaniste aimé du monde entier.

Je garde le silence. Il me regarde droit dans les yeux.

— Je suis certain qu'il n'a jamais, même dans ses moments les plus désespérés, pensé à un « point final ».

Il me répète en baissant la voix :

— Ne pense plus jamais à un « point final », même au terme de la vieillesse.

Son regard se porte au loin, pensif. Je ne dis rien. Je sais qu'il est tout à ses pensées et je ne veux pas le déranger. Les histoires qu'il m'a racontées me troublent profondément. Elles m'entrouvrent un monde remarquable et attrayant. Personne ne m'a encore jamais apporté cette sensation de sacré. Le vieux gardien a envoyé vers moi un souffle magique qui me donne l'impression d'avoir grandi et qui m'accorde des yeux nouveaux, regardant avec confiance et sérénité les dangers qui me guettent. Le malheur que je subis devient minuscule, bénin. Je dois être capable d'affronter des calamités et des écueils au moins cinq fois plus importants...

Le soleil est au zénith. La lumière devient blanche. Le calme plane sur le vert des rizières, seul le murmure du vent s'entend dans la torpeur champêtre. Très loin, là où la terre rejoint le ciel, des nuages blancs s'élèvent. J'ai subitement envie de prendre dans mes bras ces moutons cotonneux, blancs comme le lait, que j'imagine aussi frais que la brise. Quelques rayons traversent le feuillage du kapokier pour me réchauffer la nuque. Je me rappelle soudain qu'il est midi et que Cau est peut-être déjà rentré.

— Je vous prie de m'excuser, je dois partir.

Le gardien de canards semble alors se réveiller.

— Tu rentres au village ?

J'acquiesce, le salue et tourne les talons. Il m'arrête :

— Ma petite !

— Oui, monsieur ?

Il sort de sa poche un stylo plaqué or, fin comme une cigarette.

— Il y a une chose importante que j'ai oublié de te demander. Peux-tu me laisser ton nom, celui de ta mère, ainsi que ton adresse et celle de ton école ? Le nom de ton professeur principal aussi ? Si je peux faire quelque chose, je le ferai...

Il note sur son paquet de cigarettes les informations puis le range avec son stylo dans la poche de sa vieille chemise.

— Courage, petite fille ! J'espère qu'on se reverra. Oui, j'en suis certain, dans des circonstances plus favorables. La terre est ronde, n'est-ce pas ?

Je ne sais quoi lui répondre :

— Oui, monsieur... Adieu, monsieur...

Il lève sa petite main toute ridée :

— Je te salue. Je te souhaite d'avoir de la chance dans la vie. N'oublie pas ce que je t'ai dit. Ce n'est pas très amusant, mais ça peut te servir, même quand tu seras plus grande...

Il se lève, me serre la main comme à un véritable ami. En partant, je le vois qui retourne à sa place. Arrivée au bout du sentier menant au village, j'aperçois encore sa silhouette sous le majestueux kapokier. Avec ses cheveux blancs flottant au vent, petit mais droit, il ressemble à un gentil vieillard tout droit sorti d'un conte de fées.

EN ROUTE VERS L'AVENTURE

J'ARRIVE À LA MAISON en début d'après-midi. Ainsi je suis restée à bavarder avec le vieux gardien de canards pendant trois heures !

Je trouve Cau dans la cuisine.

— Aujourd'hui, nous ne sommes que tous les deux. Ma mère est allée aider tante Nhai pour le mariage. Elle déjeune là-bas.

Il me demande de cueillir des feuilles de lolot dans le jardin.

— Je vais te préparer de la soupe de grenouille. Connais-tu la soupe de grenouille aux feuilles de lolot ?

Je lui tends les feuilles que je viens de laver :

— Je n'ai jamais mangé de grenouille.

— Dommage ! La chair de grenouille est savoureuse. On l'appelle poule des champs. Tiens, écoute :

Je vais cuisiner des pousses de bambou
avec une poule des champs
On verra vers qui va courir cet homme-là !

Nous éclatons de rire. Assis devant une marmite, Cau m'explique que les soupes de poisson, au crabe, à l'anguille, à la grenouille sont meilleures quand elles sont cuites dans une marmite en terre plutôt que dans une en cuivre ou en aluminium, car la terre absorbe toutes les mauvaises odeurs. Dans son village, on adore ces soupes. Pour la soupe à l'anguille, il faut ajouter de la centella* et des oignons. La grenouille, il faut la cuire avec des jeunes pousses de bambou, des feuilles de lolot et un piment de Cayenne. La cuisine villageoise est simple car les paysans ont mille choses à faire. L'essentiel, ce sont les ingrédients, qui doivent être frais. Quand on découvre la marmite, la vapeur doit s'élever et répandre un délicieux fumet. Alors, on peut dire que le plat est réussi.

— Tiens, regarde...

Cau soulève le couvercle. Dans la soupe fumante, je distingue des cuisses de grenouille blanches, mélangées avec des pousses de bambou coupées en fines lamelles. Il y ajoute une cuillère de sauce de soja, une poignée de feuilles de lolot hachées, puis enlève rapidement la marmite du feu, qu'il recouvre ensuite avec le couvercle en terre cuite.

— C'est cuit. Peux-tu l'apporter à table, s'il te plaît ?

Sur la table, il y a déjà une assiette de filets de

* Centella : plante aromatique.

perche sautés à la sauce de soja. Cau sert le riz, et nous verse à chacun de la soupe.

— Allons-y ! Bon appétit.

L'arôme de la soupe à la grenouille se répand. Les morceaux de viande sont savoureux. La sauce de soja rehausse encore plus le goût. Je regrette simplement que la soupe soit très piquante. N'en ayant pas l'habitude, je n'arrête pas de tousser.

Après manger, Cau va à l'école. Je reste seule à la maison, à écouter le bruit des vrillettes et des petits lézards entre les poutres du toit. La rencontre de ce matin avec le vieux gardien de canards me revient à l'esprit. Ses yeux brillants et doux m'encouragent :

— Va ! Courage, en avant, petite fille !

Oui, mais où pourrais-je aller ? Me réfugier dans une autre école du département est impossible. Et rester ici à regarder mes camarades aller à l'école est au-dessus de mes forces. Me rendre au village natal de ma mère ? Non plus. Là-bas, on me donne en exemple à tous les enfants de notre grande famille. Peut-être pourrais-je m'engager comme apprentie dans un atelier de mécanique ou dans une usine ? Mais je n'en ai pas encore l'âge...

Subitement, je pense à mon père. L'homme que j'adore le plus au monde est si loin, je n'ai même pas le réflexe de penser à lui dans mes moments de bonheur ou de détresse. Tout d'un coup, il revient dans mes pensées. Sûrement à cause de ce gamin dehors, battu par ses camarades, qui crie « Papa ! » Son cri est entré en moi, éveillant mes souvenirs. Moi aussi, j'ai un père. J'aurais pu lui dire à cet instant : « Papa, je suis si malheureuse ! Que me conseilles-tu ? Protège-moi, papa, ne me déteste pas ! » Il m'aurait prise dans ses bras : « Ma petite Bê ! Comment pourrais-je te détester ? Je te protégerai, je te guiderai... »

À chaque permission, mon père me serrait dans ses bras affectueusement. Pourtant, je m'en échappais toujours pour filer jouer dans la rue, montrer fièrement à mes camarades le sac brodé des montagnards ou la griffe de tigre qu'il m'avait rapportés. Je fuyais son odeur de tabac et cette forte senteur de la jungle qu'il avait toujours sur lui.

Ma mère me grondait :

— Tu n'as aucun respect !

Lui se contentait de rire, puis me proposait :

— Si on allait se baigner dans la rivière ? Ta mère m'a écrit que tu sais très bien nager maintenant, j'en suis très content ! Toute la garnison le sait ! On va nager ensemble, d'accord ?

Mon Dieu, comme ces minutes de bonheur étaient brèves ! Que fait-il en ce moment dans cette jungle lointaine ? Sait-il que je suis malheureuse, que je pleure en pensant à lui ?

Dehors, le garçon de tout à l'heure hurle plus fort :

— Papa ! Papa !...

Une idée surgit en moi : aller le retrouver à la frontière. Nous resterions ensemble jusqu'à l'été. Puis on aviserait pour la prochaine année scolaire. De toute manière, mon année est gâchée. Il doit beaucoup penser à moi, exilé dans ce poste perdu au loin dans les montagnes. Il sera tellement content de me voir. J'emporterai des aiguilles, du fil pour raccommoder ses vêtements déchirés. Je lui apporterai des cigarettes, du baume d'eucalyptus, du sirop à la réglisse pour la toux, des abricots confits... Je me décide sur-le-champ : j'y vais. Quand même ! Je suis la fille d'un capitaine dont le courage et l'expérience du combat ont suscité l'admiration de tant d'officiers supérieurs. J'ai entendu mes amis le dire à plusieurs reprises, je dois donc être courageuse pour aller le rejoindre là-bas. Je me dresserai devant le poste de garde pour crier :

— Papa ! Ta petite Bê est ici !

Il lèvera sa tête, tout surpris.

— Ciel ! Est-ce un rêve ? Eh, les gars, regardez bien ! Est-ce vraiment ma petite Bê qui est là ?

Cette scène imaginaire me remplit de joie. Je tombe dans un sommeil doux et agréable.

Quand je me réveille, il est déjà cinq heures de l'après-midi. La mère de Cau est rentrée avec un grand paquet de riz gluant.

— Manges-en la moitié, laisse l'autre à Cau ! Ce soir, on n'a pas besoin de cuire le riz. J'ai déjà mangé.

C'est le riz gluant de la noce. Il est cuit avec de la pulpe de momordique, rouge comme le bonheur, délicieusement sucré. Après avoir mangé, je demande l'autorisation d'aller attendre Loan à la rivière. Cette fois-ci, elle arrive presque immédiatement.

Je lui demande :

— Comment va ta mère ? Tu ne m'as pas l'air d'être dans ton assiette.

— Ma mère va mieux. Mais deux de ses frères sont arrivés de la campagne. Ils sont venus réclamer l'argent à chef Cân. Cân les a injuriés et a donné l'ordre à ses enfants de les chasser. Mes oncles sont revenus avec une troupe d'hommes de ma famille dans l'intention de mettre le feu à la maison. La police est intervenue. Ça fait un de ces tintouins dans le bourg ! J'ai honte !

— Allons ! Les adultes se battent entre eux. Tu n'as rien à voir avec ça...

Quand je lui fais part de ma décision de partir, elle crie. Je crois qu'elle s'affole et veut m'en dissuader. Au contraire, elle est tout excitée :

— Je viens avec toi ! C'est sûr, tu dois me laisser t'accompagner. On partira ensemble toutes les deux. Ce sera formidable !

— Non. Ton devoir est de rester ici pour tes études. Il faut que tu sois bonne élève pour m'aider plus tard.

— Je ne veux plus étudier. Toi, tu vagabondes et ma mère est à l'hôpital. À la maison, c'est un vacarme continuel. Je ne peux plus regarder quelqu'un en face. Je dois même éviter père Thê...

— Tu es complètement folle d'abandonner tes études.

Elle est têtue :

— Non. J'ai décidé de partir. Jusqu'à présent, j'ai toujours agi selon tes instructions. Maintenant, je fais ce que je veux.

Je n'ai pas encore trouvé quoi lui dire qu'elle me menace :

— Si tu n'es pas d'accord, je dirai tout à ta mère qui viendra ici pour te ramener à la maison. Alors ?

Je n'ai jamais vu Loan Graine-de-jacquier aussi obstinée, aussi combative. Peut-être devrais-je lui céder. De toute manière, à deux, ce sera plus amusant...

Je fais la paix :

— Bon, d'accord. Mais si, en cours de route, c'est difficile, il ne faudra pas m'en vouloir...

Loan est folle de joie. Elle se radoucit instantanément.

— Je te promets... Je te promets de...

Je la coupe :

— Encore une chose. Cette somme de deux cents dôngs. D'où vient-elle ? Si c'est de l'argent volé, tu dois le rendre tout de suite.

Elle s'arrête, stupéfaite, puis pousse un long soupir.

— Quand ma mère a vendu la maison, mon oncle n'était pas d'accord, disant que le terrain était un héritage de mes grands-parents. Mais ma mère a passé outre, pressée par chef Cân. Mon oncle m'a prise à part, en pleurant :

« Essaie de récupérer une partie de l'argent de la vente pour construire un autel à la mémoire de ton père. Je suis malade et pauvre, je ne peux pas garder la terre que nos ancêtres nous ont léguée. Je prie l'âme de ton père, qu'il soit témoin de mon impuissance... »

J'ai essayé de le faire, mais je n'ai jamais trouvé l'occasion. Un jour, j'étais aux toilettes et j'ai aperçu l'aîné de Cân courir vers la cabine de douche, enlever une tuile et y cacher quelque chose. J'ai deviné qu'il avait volé çà à son père. C'est habituel chez eux. Quand il est parti, j'ai soulevé la tuile et pris le paquet d'argent qui était caché. Le lendemain, je l'ai vu le chercher, mais il n'a osé rien dire. Il est devenu enragé, il est parti en quête de son frère pour le faire parler. Moi, j'ai attendu mon oncle pour lui remettre la somme afin de construire l'autel, mais il n'est pas encore venu. Aujourd'hui, je pense que c'est toi qui en as le plus besoin...

Je l'écoute. Ce qu'elle me raconte me touche profondément. Le père de Loan était mécanicien, grand, beau, d'une extrême gentillesse. Je me souviens de ses bras vigoureux qui nous lançaient en l'air, Loan et moi. De son sourire éclatant. De ces moments où il faisait le cheval et que nous criions :

— Hue ! En avant, marche !

Cet homme si bon est mort subitement. Son frère est le forgeron du village. Il est faible, handicapé, timide jusqu'à l'excès. On dirait que la seule vue d'une jeune fille le fait rougir de la tête aux pieds. Ce frère n'a pas été capable de garder le terrain que le père de Loan avait arrosé de sa sueur.

Me voyant plongée dans mes pensées, Loan me demande :

— Qu'en dis-tu ?

— Bon, d'accord. Considérons que c'est l'argent de ton père. Nous l'utiliserons pour notre voyage. Nous élèverons plus tard un autel à sa mémoire.

Je lui explique ce qu'il faut préparer : des vêtements, surtout des choses chaudes, car en montagne, il fait froid. Il faut retrouver la lettre de mon père où il avait indiqué son adresse et comment y aller. Ma mère avait suivi ces instructions pour lui rendre visite quand j'avais neuf ans. Il faut acheter des brosses à dents, de la crème dentifrice, des bonbons à la menthe, des prunes confites, du tabac, des aiguilles, du fil à coudre, des enveloppes, du papier à lettres et des timbres. En outre, il faut emmener la boîte en aluminium de la maison. Elle nous servira de casserole. Les soldats font ça, souvent.

— Il faut que tout soit prêt en trois heures. À neuf heures pile, je te retrouverai ici, puis nous nous rendrons sur l'île de notre trésor. Nous partirons à l'aube, demain.

Loan retient sa respiration. Ses yeux brillent d'émotion. Je sens mes genoux se dérober sous moi. Mon Dieu, comme cet instant semble sacré, l'instant précédant le premier départ d'une vie. Loan retourne au bourg. Je reviens chez Cau, demande du papier pour écrire à ma mère :

Maman chérie,

Je suis très malheureuse de te causer tant de tristesse. J'espère que tu me pardonneras. Demain, je m'en irai loin. J'avancerai grâce à mes deux petits pieds et mon grand courage. Je m'efforcerai de devenir ta fille aimée, l'élève adorée de père Thê. Ne te fais pas de soucis pour moi. Je garderai toujours une âme droite et limpide. À la maison, prends soin de toi et surtout ne sois pas triste. J'espère que tout le monde ne va pas m'oublier. Avant de partir, je voudrais t'envoyer à toi, à toutes celles et ceux de notre famille, mes vœux les plus beaux.

Ta fille,

Vu Thi Bê

N. B. : *Loan part avec moi Peux-tu le dire à tante Luu, qu'elle se rassure.*

Je plie la lettre, la glisse dans la poche de mon pantalon. Je retire ensuite trente dôngs de la liasse de deux cents pour les glisser sous l'oreiller de Cau. Sans un mot, je me rends au bord de la Verte. S'il faisait jour, je distinguerais les vaguelettes, les buissons d'herbe verte pareille à des feuilles de saule, et le ciel bleu se reflétant sur l'eau. Mais il fait noir, et seul le murmure du vent me permet d'imaginer tout cela. Je trouve la barque de madame An Lac. Dans quelques instants, avec Loan, nous allons nous rendre sur l'île. Demain, à l'aube, nous irons à pied à la gare, qui est à cinq kilomètres d'ici, pour prendre le train. Je posterai la lettre pour ma mère avant le départ. Quand nous serons arrivées à une gare distante de cent kilomètres, ma mère recevra ma lettre.

— Mon Dieu, ma fille ! Pourquoi es-tu si naïve ? Pourquoi m'as-tu quittée ?... Où es-tu maintenant ?

Elle s'écroulera en sanglots sur son bureau encombré des copies de ses élèves.

— Maman, je ne suis pas naïve. Et n'aie crainte, je ne suis pas perdue dans la vie...

Je me dis tout cela dans mon cœur. Mes larmes coulent sans retenue sur mes joues.

Adieu ma rivière adorée, adieu mon île qui a caché le trésor et les secrets de mon enfance. Adieu ma ville. Restez toujours aussi belles, aussi parfaites. Et souhaitez bonne chance à la jeune fille qui entame le premier long voyage de sa vie.

DEUXIÈME PARTIE

LE TRAIN DE L'AVENTURE

Le train de l'aventure est un omnibus qui s'arrête dans toutes les petites gares. Une véritable tortue. Parmi les voyageurs, il y a ceux de la plaine qui vont chercher à la montagne du manioc séché en prévision des mauvaises récoltes. Il y a également des commerçants transportant des cageots de pousses de bambou, de champignons séchés, de paddy de riz gluant, d'ignames des hauts plateaux. Et puis ceux qui transbahutent de la saumure de poisson ou de crevette, de la viande séchée, des rouleaux colorés de fil à broder ou de la teinture pour en approvisionner les marchés de montagne... Bref, des centaines de marchandises de natures diverses montent de la plaine vers les hauteurs. Les colis sont entassés dans les wagons comme des sardines en boîte. C'est la première fois que je prends le train. Je suis abasourdie par la foule, le bruit, les discussions, les disputes, les odeurs : celle du bétel mâché, celle, acide, de la transpiration et celles, nauséabondes, en provenance des toilettes du wagon de tête. Ce sont nos premières minutes loin des basques de nos mères.

Le sifflet du train retentit en guise d'adieu à la petite gare. Nous sommes très excitées. Les wagons se tamponnent, s'entrechoquent, faisant vaciller ceux restés debout. Un panache de fumée s'épanouit dans le ciel, le train se met en branle.

Nous nous serrons l'une contre l'autre. En dépit de nos deux billets en règle, nous sommes reléguées dans un coin par les fesses volumineuses d'une grosse femme.

— Vous êtes des gamines, serrez-vous un peu plus par là.

Sans attendre, elle ouvre son baluchon, s'installe, bavarde bruyamment avec ses voisins, tout en mâchant du bétel.

Dehors, les paysages qui nous sont familiers s'éloignent rapidement. Les plans d'eau où Loan et moi pêchions des poissons de rizière pour préparer une bonne friture défilent sous nos yeux, suivis des canaux d'irrigation dans lesquels nous ramassions des œufs de cane abandonnés. Nous arrivons bientôt à la colline de Dông Na, si verte et si rondouillarde, avec notre petite pagode dont le verger recèle des pêches si juteuses et des papayes si rouges et sucrées. C'est là qu'habitent la bonzesse, une véritable sainte, et son compagnon, le démon qui m'avait enfermée, affamée, dans une cellule sordide toute une nuit... Et voilà le canal creusé au cordeau que j'avais contribué à construire avec les élèves de ma classe. C'est au cours de cette journée sur le chantier que Ly était tombé dans les pommes et que père Thê l'avait conduit à l'hôpital. Les souvenirs s'entremêlent, j'ai mal au ventre. Loan se tait, silencieuse, certainement aussi bouleversée que moi. Quand le train pénètre dans un tunnel, je suis sur le point d'éclater en sanglots. Mais je ne peux laisser Loan croire que je suis faible. Je me détourne vers la vitre, goûtant du bout de ma langue les larmes salées qui roulent sur mes joues.

Le train est sorti du tunnel. Il se faufile au milieu de petites collines rondes pareilles à des oranges vertes, et entourées de villages.

— S'il vous plaît, madame, monsieur. J'ai perdu ma mère depuis ce matin... Maman, où es-tu ? Maman...

Les pleurs d'un gamin se détachent du roulement régulier du train. La grosse commerçante assise à côté de nous dort, bouche ouverte, ronflant comme une forge. Ses voisines dorment également à poings fermés. Nous sommes seules, avec quelques voyageurs, à entendre le gamin pleurer.

— Maman ! Où es tu, maman ? Hou... hou...

Il sanglote comme s'il avait reçu une fessée. C'est un petit garçon maigre et sale, d'environ mon âge. Il a les yeux noirs et brillants d'un vagabond, écarquillés sous d'épais sourcils, comme pour regarder en face son malheur, sa solitude et la calamité qu'il doit subir. Sa chevelure épaisse lui tombe sur la nuque, et il est habillé d'une vieille chemise à carreaux et d'un pantalon qui s'arrête aux genoux. Les voyageurs, des employés, des soldats, des étudiants, ainsi que Loan et moi, sommes étonnés :

— Tu habites où ?

— Je suis du village de Lê Xa, dans la province de Hung Yên... Mes parents sont divorcés. Ma mère me conduit à Lang Son pour retrouver mon oncle. Mais depuis ce matin, elle a disparu... Maman !

Il pleure encore, réclame sa mère d'une voix geignarde.

Un jeune homme vient lui caresser la tête :

— Ta mère n'est sûrement pas loin ! Vous n'êtes que deux et tu ne m'as pas l'air idiot !

Le gamin le regarde du coin de l'œil :

— J'ai dormi. Ma mère aussi. Elle m'a dit que demain, à la gare, on achèterait du pain. Quand je me suis réveillé, elle avait disparu... Maman ! Où es-tu ? Maman...

Et il continue à appeler sa mère d'une voix à fendre le cœur.

Mes voisines chuchotent :

— Eh ! Sa mère ne peut plus le nourrir, elle l'a abandonné.

— Peut-être a-t-elle suivi un amant et l'a-t-elle laissé pour être plus libre ?

— Arrêtez de dire n'importe quoi ! Des femmes aussi atroces n'existent pas ! Même les tigresses aiment leur bébé...

— Et alors pourquoi il est là, tout seul, celui-là ?

Chacune a un avis, les réflexions vont bon train. Le gamin est toujours au milieu des voyageurs avec ses yeux tristes, son visage souillé et ses larmes. Un soldat lui tend un sandwich.

— Tiens ! Tu n'as sans doute rien mangé depuis hier soir. Mange... Ça te fera du bien.

Il secoue la tête.

— Non, merci. Maman ! Maman !

Il refuse de manger, regarde autour de lui, désespéré. Dans la foule, quelqu'un dit :

— Il a l'air bien élevé ! Il a faim, mais il ne veut pas manger... Pauvre petit !

Le garçon ne se soucie pas des commentaires autour de lui. Il me fixe d'un regard surpris, semblant en même temps quémander une consolation et un peu de compassion. Comme nous avons à peu près le même âge, je lui dis :

— Si tu veux, tu peux nous accompagner à Lang Son. Nous avons assez à manger pour trois jusque là-bas.

Des jeunes femmes renchérissent :

— Oui, elle a raison ! Vous avez le même âge, restez ensemble, c'est plus facile. Reste donc avec ces jeunes filles. Arrivés à Lang Son, nous t'accompagnerons au poste de police pour aller chercher ta mère...

Le jeune garçon nous dévisage. Puis il lorgne sur la grosse commerçante qui dort toujours, la bouche ouverte, inconsciente de tout ce qui se passe autour.

Loan, très serviable, lui montre notre sac contenant profusion de gâteaux de riz à la mortadelle, de riz gluant, de boules de pâte de haricots au miel...

— Ne t'inquiète pas ! On a de quoi manger !

Le garçon semble rassuré. Il vient s'asseoir sur le bout de banquette en face de nous. À force d'insistance de la part de Loan, il accepte un gâteau de riz à la mortadelle. Il est si triste que nous n'osons rien lui demander sur la situation misérable de sa famille.

Le train roule régulièrement. Les collines se font plus rares, plus hautes. Des pans de forêts apparaissent. Les petits villages ont désormais disparu pour laisser place à des fermes isolées au creux des vallées ou accrochées au flanc des montagnes. Regarder le paysage finit par devenir monotone. Le bruit régulier du train pèse sur mes paupières, qui ne résistent pas. Adossée à la banquette, je m'assoupis. Dans mon sommeil, une brise légère me court sur la peau, caresse mes cheveux. Une senteur de paddy et de vergers me parvient. Je monte un magnifique cheval alezan. Nous galopons fougueusement dans les montagnes vert foncé qui bordent la frontière. Le cheval pile devant un poste militaire. Son hennissement se répercute dans le ciel bleu. Quelqu'un sort d'une hutte en bambou située à côté de la cour où flotte un drapeau. C'est mon père. Il crie de joie :

— Ma petite Bê ! Ma fille ! Tu es venue jusqu'ici. Eh, les gars, venez voir ma fille ! N'est-elle pas courageuse ? Elle est venue jusqu'ici nous rendre visite !

Je reçois un coup sur l'épaule. Ce n'est pas mon père, mais la grosse commerçante aux lèvres gercées, maculées de bétel.

— On est arrivés à Voi Xô. Vous descendez ?

Je me frotte les yeux :

— Non, nous allons plus loin, madame.

Loan Graine-de-jacquier est réveillée, elle aussi. On voit qu'elle a bien dormi, comme moi. La voix du contrôleur retentit :

— Mesdames, messieurs, nous arrivons à la gare de Voi Xô. Veuillez contrôler vos bagages avant de descendre en ordre, sans bousculade. Soyez vigilants, attention aux pickpockets.

Tout le monde se lève. Les uns cherchent leurs sacs, les autres les chargent sur leurs épaules, se préparant à descendre du train. Je me penche par la fenêtre pour contempler la première gare de montagne.

Soudain, Loan m'appelle :

— Bê ! Où est notre sac de vêtements ?

Je me retourne, regarde en haut, là où nous avions mis nos bagages. Le sac contenant toutes nos affaires a disparu. Le garçon qui a perdu sa mère, assis en face de nous, s'est également volatilisé. Loan éclate en pleurs.

— Toutes nos affaires ! On a perdu toutes nos affaires... Comment faire maintenant ?

Dans ce sac, j'avais rangé nos vêtements d'hiver et d'été. Il y avait aussi un plan pour arriver à Khâu Phai. Toutes les petites affaires que j'avais emmenées pour mon père et ses camarades : bobines de fil, aiguilles à coudre, baume d'eucalyptus, boutons de chemise, timbres, bonbons à la menthe, fruits confits, un kilo de sucre cristallisé, un sachet de borax pour les gâteaux de farine de haricots (j'ai entendu dire que nos soldats raffolent de ces friandises). Et l'intégrale de *L'Épopée des royaumes du monde d'Orient,* un roman historique chinois. Sans compter toutes nos économies et la statue en argent de ma grand-mère. Hélas pour nous, c'était une grosse fortune. Avant de me lancer dans cette aventure, je n'avais pas envisagé un seul instant qu'une aussi terrible catastrophe pourrait nous tomber dessus. Je m'étais imaginée devoir affronter des tigres dans la jungle, des bandits de grands chemins, comme dans les romans de cape et d'épée... J'étais loin de penser que notre malheur pourrait arriver par un gamin maigrichon et miséreux.

Loan continue de sangloter. Moi, j'essaie de me retenir. Si en plus, je me mettais à pleurer, de quoi aurions-nous l'air ?

De toute manière, je suis son guide, je dois assumer mon rôle de chef de groupe.

Nos voisins s'empressent autour de nous.

— Mais c'est incroyable ! Des malfrats qui se mettent à jouer la comédie comme au cinéma maintenant ! Et moi, tout à l'heure, qui voulais lui donner à manger ! Vous vous rendez compte ?

— Et avec cet air gentillet, timide... Quel sale voleur !

Notre grosse voisine fait la moue tout en mâchouillant son bétel :

— Pourquoi ne m'avez-vous pas réveillée ? Moi, je l'aurais bouté hors de ce wagon à coups de pied aux fesses ! Je le vois à chaque voyage, un coup il perd sa mère, un autre coup il est chassé par son beau-père. La dernière fois, il avait perdu toutes ses affaires et mendiait pour acheter un billet de retour... Pour nous, les commerçants, c'est une vieille connaissance. Quand il nous aperçoit, il se fait discret et passe son chemin. C'est parce que vous êtes nouveaux qu'il vous a embobinés. Si jamais je l'attrape, celui-là, je lui tordrai l'oreille jusqu'à lui faire sortir les yeux des orbites...

Elle se penche au-dehors, crache sa chique, revient s'asseoir. Elle se tourne vers nous.

— Les enfants, il faut faire attention. Vous êtes des enfants de bonne famille. Dans la vie, il y a beaucoup de fieffés matous, de vautours avides. Ne vous y fiez jamais.

Désespérée, je considère le sac de victuailles, Continuer ou rentrer ? Comment continuer l'aventure alors que devant nous la route semble infinie et qu'on ne peut se fier à aucun visage connu ? Mais si après ça je rentre à la maison, chez ma mère, comment affronter tous ces regards apitoyés ?... Je sens déjà les mains caressant ma tête :

— Arrête de rêver ! Tu n'es qu'une grenouille

au fond d'un puits. Si tu crois pouvoir faire fi de l'univers, tu te trompes...

Ou alors :

— Reste donc chez toi pour élever des poules pour ta mère. Quand le cordon ombilical n'est pas coupé, il faut éviter de vouloir voler de ses propres ailes.

Rien que d'y penser, mon sang ne fait qu'un tour. Je ne peux pas me comporter ainsi ! Gorki a survécu en fouillant les poubelles, en cirant les chaussures, en servant les autres... Et il est devenu un écrivain renommé. Pourquoi pas moi ? Il ne s'agit pas de devenir écrivain, mais seulement d'avoir assez d'argent pour aller voir mon père, cantonné à la frontière.

Je me tourne vers Loan :

— Arrête de pleurer. Ça ne sert strictement à rien. On est toujours en vie.

Je me penche pour lui dire au creux de l'oreille qu'il nous reste cent soixante-dix dôngs. Sur les deux cents qu'elle m'avait remis, j'en ai offert trente à la mère de Cau, le reste est dans une poche cousue à l'intérieur de mon pantalon. Avec cette somme, nous pouvons envisager d'acheter une tenue complète et une veste ouatée à chacune. Le solde servira à nous nourrir avec économie et à acheter les billets pour Cao Bang. Ensuite, on avisera pour se rendre au poste frontière de Khau Phai. Loan, tranquillisée, arrête de pleurnicher. Elle m'a toujours fait confiance.

Elle a une nature très insouciante. À peine un

quart d'heure après, elle a déjà déballé les gâteaux à la mortadelle, ri et applaudi comme une enfant en voyant un chamois traverser la vallée. Après avoir mangé, je m'adosse à la banquette et réfléchis, inquiète. Que va-t-il se passer dans les prochains jours ? Où notre aventure va-t-elle nous mener ? Dehors, les chaînes de montagnes verdoyantes continuent de défiler. Les rayons dorés illuminant les versants sont progressivement remplacés par l'obscurité qui monte des sombres forêts. La petite lumière rouge au-dessus des filets à bagages s'allume, baignant le compartiment d'une faible clarté. Les voyageurs, repus, fatigués par les conversations, tombent les uns après les autres dans un sommeil chaotique. Loan pose sa tête sur mon épaule et s'endort. Pour ma part, je n'arrive pas à fermer l'œil. Les yeux grands ouverts, j'essaie de deviner une lueur dans les formes fantastiques des montagnes que nous longeons. Ma grand-mère m'avait dit que si dans la nuit, on aperçoit du feu, c'est signe de chance. Quand le train passe derrière un versant de la montagne, je finis par voir une lueur. C'est une lumière rouge qui vacille au milieu de la vallée. Ce pourrait être la torche d'un paysan qui avance, muni de sa pioche. Cet homme ne sait pas que sa torche vient d'allumer en moi, une petite fille inconnue, l'espoir d'une vie heureuse.

UNE VILLE BIEN SINGULIÈRE

Le train entre en gare à deux heures et demie du matin. Les voyageurs sont réveillés en sursaut par l'annonce :

— Nous arrivons en gare. Veuillez contrôler vos bagages avant de descendre en ordre, sans bousculade. Soyez vigilants, attention aux pickpockets.

La voix est forte, comme si le contrôleur venait de se réveiller. Le train ralentit, les freins crissent. Les voyageurs debout dans l'allée tombent les uns sur les autres comme des quilles. Les injures jaillissent, puis les files se forment pour descendre. Nous attendons qu'une bonne partie des gens soit descendue pour nous lever. Un jeune homme du wagon s'avance vers nous :

— Venez donc avec moi. Vous ne connaissez personne ici, n'est-ce pas ?

— Non, merci beaucoup.

Je ne sais quoi dire. Pendant toute la durée du voyage, il ne s'était pourtant pas manifesté, ni pendant le numéro du petit voleur, ni quand nous avons découvert le pot aux roses. Ses yeux sont un peu rêveurs. Sa chevelure, balayée par le courant d'air, tombe sur son front. Il était assis deux banquettes plus loin, nous ne l'avions pas remarqué.

Les voyageurs sont presque tous sur le quai. Nous le suivons. Les marches sont hautes, et il nous prend chacune par la taille pour nous aider à descendre. Puis, soulevant notre sac de victuailles, il plaisante :

— Votre fortune est devenue légère d'un seul coup, n'est-ce pas ? Moi aussi, j'ai été volé quand j'étais enfant. Ce n'était pas un gamin mais une femme très bavarde. Elle m'avait entraîné pour aller acheter des bonbons et des gâteaux, et elle en a profité pour me délester du collier en argent que ma mère m'avait donné.

— Et alors ?

— J'ai reçu la fessée de ma vie. Bon, arrêtons de bavarder, faites attention de ne pas tomber dans les trous.

Le chemin depuis la gare est en effet périlleux. Large de deux mètres environ, il est pavé de rares cailloux blancs délavés par les pluies. Les racines des arbres séculaires qui le bordent affleurent. Aucune lumière dans la gare. Le gardien lève une lanterne carrée verte et rouge pour donner le signal du départ au train puis il revient dans sa guérite, claquant la porte derrière lui, C'est le noir total. On distingue à peine les contours grâce aux étoiles et à un feu provenant d'une échoppe en contrebas, sur la nationale. Nous nous tenons par un pan de notre chemise pour suivre le jeune homme. Des marchands ambulants marchent à côté de nous. Ils connaissent le chemin, ils sont sûrement du coin. Ils discutent dans un dialecte incompréhensible.

— Ce sont des Chinois. Sentez-vous cette odeur agréable ? C'est la senteur des médicaments qu'ils ramènent de la gare de Dông Mo.

Dans la nuit, l'odeur des plantes médicinales se mélange à la transpiration des hommes et à celle des chevaux qui trottent sur le bas-côté. Les lumières des premières échoppes apparaissent. Devant les plus grandes, il y a même des lampes à pétrole. Les petites arborent des lumignons. Les vendeurs sont tous habillés de noir, à la chinoise. Ils racolent le client en plusieurs langues :

— Entrez mesdames, messieurs, vous devez avoir faim après le voyage. Nous avons du pho, très bon...

— Ici, nous proposons du riz avec du porc au caramel, du tofu frit et des cornichons, entrez, s'il vous plaît...

Après les invites en kinh*, c'est en chinois, en tay et en nung** qu'ils parlent. Le jeune homme nous dit :

* Kinh : langue la plus répandue au Vietnam, parlée par les gens de la plaine.

** Dialectes des tribus montagnardes.

— Non seulement ils parlent ces langues mais également le lô lô, le san diu, le san chi... Tous les dialectes de la région. Ces vendeurs sont les plus doués du monde pour les langues.

Notre compagnon nous fait entrer dans une échoppe éclairée par deux lumignons. La jeune patronne aux cheveux courts est habillée d'un costume bleu avec un col chinois et des boutons tressés. Elle a l'air gentille.

— Mademoiselle Mui, pouvez-vous nous donner à manger ?

Elle lui fait un grand sourire en répondant :

— Bonsoir, monsieur Cao. Cela fait si longtemps qu'on ne vous a vu. Vous avez deux filles déjà ?

Il rit :

— Ma sœur accouche souvent. Avez-vous des fruits noirs de l'aiélé aujourd'hui ?

— Oui. Vous vous souvenez encore de nos fruits de l'aiélé après ces deux ou trois années ? Voulez-vous aussi du porc au caramel et des cornichons ?

— Bien sûr ! Donnez-nous également deux parts de tofu frit et farci à la viande. Aujourd'hui, je régale la jeunesse.

Un groupe de clients arrive et occupe trois bancs entiers. La patronne s'empresse d'apporter notre commande avant de servir les nouveaux venus.

Cao nous donne les baguettes.

— Mangez sans façon. Faites comme chez vous. On a plus d'appétit quand on voyage...

C'est pourquoi les voyages sont plaisants, n'est-ce pas ?

Il nous fait un clin d'œil plein de malice. Entraînée par sa joie de vivre, j'oublie rapidement nos mésaventures, nos soucis. Nous nous régalons. Les fruits noirs farcis de l'aiélé ont un goût très particulier et très savoureux. Les clients assis à côté de nous mangent bruyamment. Ils boivent tout en dînant. Les désagréables effluves du vin arrivent à nos narines. Quand ils rient, on découvre leurs dentitions plaquées or ou argent. Les femmes font le geste de se recoiffer, les hommes grattent leur tête aux cheveux coupés très court. Après dîner, nous restons pour boire un verre. D'autres clients continuent à arriver. Cao règle le repas.

— Cherchons un autre endroit où nous installer, laissons-leur la place pour qu'ils vendent leurs marchandises.

Nous sortons dans la rue avec notre bagage. Où nous asseoir ? La rue est longue, obscure, déserte. De temps à autre, un chariot passe, tiré par un cheval. Seul le quartier des échoppes est éclairé. Les grands restaurants affichent des pancartes :

Chambres à louer
Cinq dôngs par personne et par nuit

Cinq dôngs est une trop grosse somme pour notre portefeuille. Surtout depuis que nous avons tout perdu. Cao nous dit :

— Moi non plus, je ne suis pas riche. On ne peut gaspiller quinze dôngs pour quelques heures en attendant l'aube. Et puis, les lits de ces auberges sont infestés de punaises. On pourrait y attraper une maladie. Je vais étendre une bâche sous cet auvent. On s'y adossera tous les trois pour dormir un peu, vous êtes d'accord ?

Bien évidemment nous sommes d'accord. Il nous conduit dans l'ombre d'une échoppe, assez claire pour distinguer les visages. La maison possède une véranda à l'ancienne couverte de tuiles rondes.

C'est le refuge idéal. Cao sort de son sac une bâche en nylon qu'il étale par terre. Il enlève sa ceinture, s'en sert pour attacher le sac de voyage à son pied. Puis il nous couvre tous les trois de son grand pardessus. Nous nous adossons au mur de la maison pour dormir. Le sommeil arrive rapidement, mais à peine une heure plus tard, je me réveille, transie de froid. Le manteau de Cao ne garde pas la chaleur. Loan, coincée entre nous deux, dort à poings fermés. Cao aussi. Peut-être a-t-il sous sa chemise un sous-vêtement en coton épais. Je grelotte. Le froid de la montagne me pénètre. Les restaurants sont tous fermés et leurs lumières sont éteintes. Il fait un noir d'encre. Les silhouettes des maisons me font penser aux dents d'un crocodile. Derrière les habitations se dressent des montagnes mystérieuses et menaçantes. Le vent se faufile entre les versants, siffle, gémit... De temps en temps, le cri rauque d'un oiseau me fait dresser les cheveux sur la tête. Les yeux grands ouverts, je scrute la nuit, m'attendant à voir surgir devant moi un monstre avec une énorme gueule rouge béante. Dans mon angoisse, je me rappelle le dinosaure de la salle de travaux pratiques de mon école. Il descend du tableau, s'avance lourdement vers moi en balançant son long cou à gauche et à droite. Puis des troupeaux de singes de Neandertal et des hommes de Cro-Magnon sortent des grottes, s'approchent et dirigent vers moi leurs bras velus :

— Que viens-tu faire ici ? Veux-tu nous suivre ? Allez, debout !

Mes membres se tétanisent, comme s'ils étaient pris dans la glace. À ce moment précis, une véritable ombre s'approche. Mon cœur est sur le point de jaillir hors de ma poitrine. Je veux crier, appeler Cao, mais ma langue reste figée dans ma bouche. L'ombre est grande, filiforme, un peu courbée. Elle marche comme un ivrogne, mais sans baragouiner ou empester l'alcool. On dirait un fantôme qui avance, un pas après l'autre, les bras ballants comme deux branches de chaque côté de son corps.

Il faudrait que je hurle pour la chasser. Mais je reste là, silencieuse, les yeux écarquillés. La puanteur parvient jusqu'à mon nez. À la faveur des étoiles, j'aperçois des lambeaux de tissu flottant sous ses bras. L'homme s'approche de nous, s'arrête et nous fixe un long moment, Puis il entonne :

J'ai un chat très mignon
Et une maison aux volets peints en bleu, en bleu...

Tout en chantonnant, il se dirige vers la rue. C'est un fou. Je pose ma main sur mon cœur qui continue de battre la chamade.

Mon imagination est en train d'obscurcir ma raison.

Je me tance intérieurement. C'est ce que me disait ma grand-mère à chaque fois que je voulais qu'elle m'amène le pot, sous prétexte que j'avais trop peur d'aller seule aux toilettes dans la cour à cause du figuier planté à côté.

Les coqs de la ville se réveillent. Il est probablement cinq heures. Ayant repris mes esprits, je regarde plus confiante la nuit opaque. Les effrayantes dents de scie qui se découpent dans le ciel ne me terrifient plus comme dans les premières minutes où j'ai mis les pieds ici. J'en déduis que l'homme s'habitue à tout, y compris à l'angoisse et à la peur. Je remonte mes jambes contre ma poitrine pour avoir moins froid, puis tombe dans un sommeil inespéré. Un sommeil court, sans rêve ni cauchemar.

Quand Cao me réveille, le soleil est déjà au-dessus des montagnes, à l'est. La brume est encore présente, mais tout est baigné de lumière. La nature s'éveille telle une fleur qui s'épanouit. Les formes fantastiques et menaçantes de la nuit dernière deviennent rassurantes et franches sous les rayons du soleil. Les maisons de part et d'autre de la rue s'animent. Les marchands nettoient leur échoppe, interpellent les passants. Des lanternes en papier rouge translucide, datant sans doute de la dernière fête de l'automne, forment des notes joyeuses et colorées dans la rue. Des statuettes de couleur verte et rouge, représentant des génies, montent la garde devant les étalages de friandises, de tabac et de thé. Les gens se bousculent au marché. Les habits des Chinois sont très colorés. Mais les costumes les plus spectaculaires sont ceux des tribus montagnardes des Tay et des Nung, qui sont descendues des hauteurs.

Les sentiers de montagne brillent de la rosée matinale déposée sur l'herbe, des fleurs sauvages violettes éclosent partout dans le paysage, même les arbres les plus sombres semblent resplendir au soleil. Cao nous amène vers une échoppe pour acheter trois tourtes à la viande. Après le petit déjeuner, il nous quitte un moment pour aller à la gare routière. En revenant il nous dit :

— J'ai un car qui part dans une demi-heure. Vous, vous devez attendre ici encore trois jours avant le prochain départ pour Cao Bang. Pendant ce temps, retournez au restaurant d'hier et demandez à mademoiselle Mui de vous héberger pour la nuit. Elle est très gentille.

Il sort de son portefeuille quelques billets qu'il nous tend :

— Vous n'avez pas de chance. Je ne suis pas bien riche. Gardez ces trente dôngs pour vos menues dépenses. Quand vous aurez le temps, écrivez-moi un petit mot à l'adresse suivante : Pham Van Cao, promotion... faculté de géologie.

Voyant la minceur de son portefeuille, je lui réponds :

— Non merci, mais nous ne pouvons accepter. Tu es encore plus pauvre que nous.

— Je serai arrivé demain, dit-il en riant. Vous avez encore un long voyage devant vous. Tiens, prends-les. Encore petite fille et déjà si fière, n'est-ce pas ?

Il me caresse les cheveux, puis sort un papier de son portefeuille, y écrit quelques mots. J'ai cru qu'il notait son adresse, mais c'est destiné à mademoiselle Mui.

— Remettez-lui cette recommandation de ma part. Elle vous aidera... Bonne chance à vous deux. Au revoir...

Sans attendre nos remerciements, le voilà déjà parti avec son sac vers la gare routière. Nous restons indécises, regardant sa silhouette s'éloigner, cheveux et chemise flottants dans le vent. Nous ne le reverrons jamais. Personne n'a noté son adresse pendant cette rapide séparation qui nous a désemparées. Mais je me souviendrai toujours de son visage au sourire rayonnant.

Je reste dans mes pensées jusqu'à ce que Loan me rappelle à la réalité.

— Bê, allons au restaurant de mademoiselle Mui. Il lui a écrit ce mot.

Je me penche pour lire la lettre, d'une écriture ronde et appliquée :

Chère mademoiselle Mui,

Je ne peux pas rester plus longtemps. Mais j'ai toujours des sentiments d'affection pour vous, mademoiselle Mui. Nous sommes de grands amis, n'est-ce pas ? J'ai un service à vous demander. Ces deux jeunes filles, que j'ai rencontrées dans le train, se sont fait voler tout leur argent. Et elles doivent aller jusqu'à Cao Bang. Pouvez-vous les aider pendant quelques jours ? J'espère que vous accepterez. Merci infiniment et à très bientôt.

Je serre le bout de papier dans ma main comme une amulette. Nous retournons dans le quartier de la gare. C'est un lieu très animé. En cours de route, Loan me dit qu'elle a faim. Elle a déjà mangé, mais je sais que sa gourmandise a ses raisons : les tourtes à la viande d'ici sont délicieuses, contrairement aux bouts de carton qu'on vend dans notre ville. J'en achète une pour Loan. Je n'en prends pas pour moi car il faut qu'on économise, la route est encore longue. Loan se sent gênée. Elle m'en donne la moitié, mais je refuse. Elle me supplie et j'en accepte enfin un petit bout.

Nous arrivons devant le restaurant de mademoiselle Mui. Elle est en plein nettoyage. Je la salue respectueusement, lui tends le mot de Cao. Elle abandonne son balai, tire une chaise pour s'asseoir devant nous.

— Vous avez tout perdu ? Vous n'êtes donc pas les nièces de Cao ? Vous allez rendre visite à votre famille à Cao Bang ?

Elle nous pose une série de questions. Je réponds à chacune. Enfin, elle dit :

— C'est bon. Vous pouvez rester ici tant que vous voudrez. Mais il faut me promettre d'être honnêtes, surtout de ne pas voler, d'accord ?

Une boule amère me bloque soudain la gorge. Je n'ai jamais entendu quelqu'un proférer à mon encontre des paroles aussi brutales. Le sang bat contre mes tempes, faisant bourdonner mes oreilles. Au bout d'un long moment, je parviens enfin à articuler :

— Je ne suis pas une voleuse. Au revoir, mademoiselle...

Je prends mon sac et je m'en vais.

Mademoiselle Mui, comprenant qu'elle a été blessante, me court après :

— Je disais ça comme ça... Reviens, ne te fâche pas...

Je ne m'arrête pas, mais Loan Graine-de-jacquier me supplie de revenir :

— Bê ! Bê, s'il te plaît...

Elle a peur de la solitude. Elle a peur des situations précaires comme celle d'hier soir. D'autant que nous n'avons plus quelqu'un de solide comme Cao à nos côtés. J'ai pitié d'elle, je compatis à son angoisse de l'abandon. Je reviens sur mes pas.

Mademoiselle Mui nous dit :

— Vous avez l'air de filles de bonne famille.

Je peine à retenir mon indignation. « Non seulement je suis une fille de bonne famille mais je suis surtout la fille de maîtresse Hanh et pas celle d'une patronne d'auberge de gare... » Mais je ravale ma salive comme une pilule amère et entre dans l'échoppe en silence.

Ce jour-là ainsi que les suivants, nous aidons Mui à faire le ménage, la cuisine, la plonge... En échange, elle nous sert trois repas copieux par jour et nous autorise à coucher dans l'annexe à l'arrière du restaurant. Mui vit seule. Je suis étonnée car à son âge, les jeunes femmes vivent avec leurs parents, ou avec leur mari et leurs enfants. Nous ne sommes pas assez intimes pour que je lui pose la question. Une seule fois, un homme est arrivé à moto avec une grosse valise. Il est allé directement dans la chambre de Mui, qui nous a alors donné deux dôngs :

— Allez vous acheter des fruits au marché, Ne rentrez pas avant ce soir.

Nous sommes rentrées à six heures pour servir les voyageurs du train du soir. L'homme était déjà parti. Nous n'en saurons pas plus. Je ne peux imaginer que Mui puisse être l'amie de Cao, même si elle se comporte correctement avec nous.

Il n'y a un car pour Cao Bang que tous les

trois jours. Par malheur, la route a été endommagée par la crue et il y a eu des accidents. Aussi les services de police ont-ils interrompu la circulation jusqu'à la fin des travaux. Cela fait déjà sept jours que nous attendons. Impatiente, je vais aux nouvelles, chaque matin, à la gare routière. Toujours aucune lueur d'espoir et l'automne approche à grands pas. L'automne ici, dans les montagnes, est comparable à l'hiver en plaine, surtout la nuit, il fait un froid glacial. Plusieurs fois, Loan m'a demandé d'acheter des vêtements chauds, mais j'ai toujours différé cet achat de peur de manquer d'argent pour le trajet jusqu'à Khâu Phai. Je nous ai déjà achetés à chacune une veste simple. Ainsi notre fortune de cent soixante-dix dôngs, plus les trente de Cao, est-elle descendue à cent cinquante-quatre dôngs. Si nous avions acheté deux vestes ouatées, d'une valeur de trente-six dôngs chacune, nous aurions dépensé soixante-douze dôngs de plus. Nous ne pouvons jeûner en attendant d'atteindre Cao Bang, ni, ensuite, manger des racines et boire de l'eau de source en allant à Khâu Phai. Tarzan y arriverait peut-être, nous non. Pour la simple raison que nous sommes des paysannes du bitume, incapables de faire la différence entre un fruit de morelle et un datura, pourtant les fruits les plus courants de la terre vietnamienne. Et même si j'ai un tempérament d'aventurière, je ne peux pas réaliser ce qui dépasse mes capacités.

Le huitième jour, le vent se lève. Gelée, Loan n'arrête pas de pleurnicher. Moi aussi, je sens que je vais tomber malade. Je me résous à acheter deux vestes ouatées. Elles sont bleues avec des pois rouges. Habillées ainsi, nous ressemblons parfaitement à des petites filles de la région. Si en plus, je me faisais couper une frange, je pourrais sans problème passer pour une Chinoise du coin. Mui nous fait des compliments sur nos nouveaux habits. Moi, je me morfonds sur l'état de notre fortune, qui a tellement fondu que nous n'avons plus les moyens de poursuivre notre aventure. Nous faudra-t-il donc tester ici pour toujours, à être les domestiques non rémunérées de la patronne ?

Jour après jour, le rythme morne du restaurant commence à me miner. Mui, au contraire, est très contente. Elle peut l'être : depuis que nous sommes à son service, le restaurant a triplé sa clientèle. Loan, insouciante, ne se pose pas de questions. Être avec moi, loin de chef Cân, est un bonheur suffisant pour elle. Parfois, quand elle pense à sa mère, elle verse quelques larmes, puis les distractions quotidiennes lui font vite tout oublier. Ici, les jeux ne manquent pas. Les enfants des propriétaires de restaurants sont riches. Ils jouent au jeu des cent vingt cartes, ils achètent même des singes pour s'amuser ou dressent des chats et des chiens à faire des numéros de cirque. Loan adore ces occupations, alors que moi, j'essaie de réfléchir au moyen de nous sortir de cette situation. J'ai bien pensé demander à Mui de nous payer pour nos services. Une fois nos économies restaurées, nous pourrions ainsi repartir. Mais après mûre réflexion, gênée, je ne suis pas arrivée à lui en parler. Les autres enfants parviennent bien à gagner un peu d'argent en allant cueillir dans la montagne des myrtes et des goyaves, ou en vendant de l'eau aux voyageurs du train. Mais nous, occupées par les travaux du restaurant, nous ne pouvons rien faire d'autre. Nous sommes bel et bien dans une impasse...

Au cœur de cette situation inextricable, la vie va pourtant nous faire bifurquer vers une autre voie. L'adage des anciens, une nouvelle fois, se vérifie. Aucun malheur ne prévient, aucune chance ne s'annonce.

UN SAINT HOMME

Ce matin-là, il fait un froid de canard. Je me réveille, je mets ma veste ouatée et je commence à balayer. Mui dort encore. Elle s'est donné le droit de se réveiller tard, car nous sommes là pour les menus travaux. Loan aussi est réveillée. Elle prépare les pousses de bambou. Les pousses de bambou sautées aux œufs ou à la viande de bœuf sont un plat très demandé. Tout en travaillant, nous parlons de la dispute d'hier soir entre Mui et la voisine. À ce moment-là entre un vieillard habillé de bleu indigo, avec sur l'épaule un sac de la même couleur que ses vêtements.

— Ah ! Où est donc passée Mui pour laisser la boutique à deux petites filles ?

Je réponds :

— Mademoiselle Mui est encore au lit, monsieur. Je vous sers un gâteau ou du thé ? Le repas n'est pas encore prêt. Mademoiselle Mui ne fait la cuisine que pour accueillir les voyageurs du train de neuf heures et demie.

L'homme pose son sac sur la chaise, me fixe du regard :

— Servez-moi un thé avec deux gâteaux à la mélasse.

Je range le balai, me lave les mains pour le servir. Ensuite je décroche une paire de gâteaux à la mélasse suspendue dans la cuisine, que je dispose dans une assiette pour les lui apporter.

— Les gâteaux sont d'hier, monsieur. Ils sont tout frais.

Le vieillard a l'air content. Il mange lentement tout en dégustant son thé.

— Tiens, petite fille ! J'ai mangé ici le mois dernier, il n'y avait que mademoiselle Mui. Vous êtes venues de la plaine ?

— Oui, monsieur, répond Loan. Nous n'avions pas l'intention de rester ici, nous devions aller jusqu'au poste de Khâu Phai, à presque cent kilomètres au-delà de Cao Bang. Mais on nous a tout volé, affaires, argent... Du coup, nous sommes coincées ici.

— Le poste de Khâu Phai, répète, pensif, le vieillard, en fronçant ses sourcils épais et blancs. Pourquoi allez-vous là-bas ?

— Nous allons rendre visite à oncle Tung, le père de mon amie Bê, répond Loan en me désignant du doigt. Il est capitaine et commande le poste-frontière de Khâu Phai. Vous y êtes déjà allé ?

— Non, jamais...

L'homme secoue la tête. Une fois les gâteaux terminés, le thé bu, il demande :

— Êtes-vous de la famille de mademoiselle Mui ?

— Non, monsieur.

— Vous travaillez donc ici. Quel salaire recevez-vous ?

— Nous n'avons pas de salaire, monsieur. Mademoiselle Mui nous nourrit et nous héberge.

— Ah bon ?

Il hausse ses sourcils blancs et plonge la main dans sa poche, il en ressort un sachet de tabac, bourre sa pipe, l'allume. La fumée plonge soudain le restaurant dans le brouillard. C'est alors que Mui se lève et va derrière la maison pour faire sa toilette.

Le vieillard nous regarde avec bienveillance :

— Je n'y suis jamais allé, mais j'ai un neveu qui est garde-frontière non loin de là. Khâu Phai, Khâu Phat, Nuong Le, Phia Khoang sont tous des postes-frontières implantés dans des endroits escarpés, difficiles d'accès. Vous ne pouvez y aller toutes seules. Par ailleurs, rester ici comme domestiques sans salaire pour servir Mui n'est pas non plus une solution. Je vis seul. Vous êtes des jeunes filles respectueuses, intelligentes. Votre situation me touche. Venez vivre avec moi. À trois, on cultivera la terre, on ira à la chasse, à la pêche. J'écrirai à mon neveu pour qu'il vienne en permission. En repartant, il pourra vous emmener. Ça vous dit ?

Je regarde Loan. Loan me regarde. Toutes les deux, nous avions, dès les premières minutes, eu confiance en ce vieil homme. Nous sommes transportées de joie à l'entendre nous proposer cela si simplement.

Mui arrive de la cour, serviette sur l'épaule. Le vieillard lui dit deux mots de sa proposition. Nous attendons en silence, inquiètes. Nous représentons un vrai bénéfice pour elle. Je l'entends refuser tout net :

— Non, non, c'est impossible. Cao me les a confiées. Je ne les rendrai que quand Cao sera de retour.

Le vieillard pianote avec ses doigts sur la table :

— Confiées ? Vous les faites travailler dès l'aube pendant que vous êtes bien au chaud dans votre lit. Pire, pas un centime de rémunération mensuelle. Surveiller les enfants de cette manière, ça s'appelle de l'exploitation.

Mui, surprise, ne sait quoi répondre. Son visage, rouge de colère, révèle ses sentiments vis-à-vis du vieil homme. Ce dernier se tourne vers nous :

— Allez chercher vos affaires.

Depuis quelque temps, j'ai appris beaucoup. Comme un renard qui flaire sa piste, je sais discerner assez précisément qui est bon et qui est mauvais. Rien qu'à ses yeux, je distingue en cet homme l'arbre fort et solide sur lequel je pourrai m'appuyer. Je me lève, pose le balai dans la cour, vais plier nos vêtements pour les ranger dans le sac qui nous a servi à transporter nos vivres. Il n'y a que deux tenues à empaqueter. Nous portons les deux autres, avec les vestes ouatées. Je vérifie que notre argent est toujours dans la couture de mon pantalon. Nous nous présentons ensuite devant Mui :

— Merci pour tout, mademoiselle. Au revoir, mademoiselle...

Elle nous a quand même été d'un grand secours, même si elle n'a agi que dans son intérêt.

Écumant de rage, elle ne répond pas. Je répète mon salut. Cette fois-ci, elle se force à acquiescer de la tête. Après avoir réglé les gâteaux et le thé, le vieil homme saisit son sac.

— Allons-y.

Nous sortons du quartier des restaurants et pénétrons dans le centre de la ville. Les lampions de la fête de l'automne, ainsi que les statuettes des génies de toutes les couleurs, me paraissent tellement gais. Même les feuilles rouges des badamiers semblent danser devant nous pour nous saluer. Je pense : « Finalement, nous avons beaucoup de chance, nous rencontrons toujours des gens généreux. »

Le vieil homme marche vite. Tous les dix pas, il s'arrête pour nous attendre :

— On va faire un tour sur la place du marché. On partira à midi pour le village. Aujourd'hui, c'est la foire. Les jeunes chantent dans les rues, c'est très animé.

Nous avons beau habiter la ville de Lang

depuis quelque temps déjà, nous étions tellement occupées au restaurant de Mui que nous ne savons pas encore à quoi ressemble une foire de montagne. Nous sommes ravies. Loan sautille de joie comme une gamine de trois ans. Le vieil homme nous pose des questions. Nous lui racontons tout. Je lui donne même les billets cachés dans la couture de mon pantalon, ce que Mui ignorait. Il rit, me caressant la tête :

— Ma pauvre petite ! Avec ça, tu n'iras pas loin. Tu n'as même pas de quoi acheter une bûche de riz gluant, alors, de là à aller jusqu'à Khâu Phai...

Il met les billets dans sa poche. À la foire, il dépensera trois fois plus que nos économies. Nous commençons par un marchand renommé de pho à la chinoise. Puis nous nous régalons chacune d'une tourte au porc laqué. Nous entrons alors dans la foire. Les garçons et les filles de toutes les tribus montagnardes jouent de la flûte de Pan, dansent en couple, chantent en se répondant, comme dans les chants alternés* des régions de Bac Ninh ou de Vinh Phu. Les mélodies sont graves, tristes, un peu monotones, et leurs dialectes nous sont incompréhensibles. Le vieillard nous amène vers les stands qui servent de la cuisine locale. Il y a des dizaines de grosses marmites, remplies à ras bord d'eau bouillante, où des quar-

* Chants alternés : chants traditionnels de la plaine, entre garçons et filles.

tiers de viande de bœuf, de buffle, de cheval mijotent joyeusement sous une écume grasse. Il nous explique :

— Dans le fond des marmites, il y a beaucoup d'os. Ce sont les os qui donnent le bon goût au bouillon.

Les montagnards sont assis par terre autour des marmites. L'eau bout vivement, soulevant une belle vapeur blanche épaisse. Les vendeurs coupent un morceau de viande, remplissent un bol avec du bouillon, avant de le tendre aux clients qui aspirent la soupe bruyamment et mordent dans la viande, heureux. Sentant l'odeur saturée de la graisse, je commence à craindre le pire. Je dis à notre compagnon :

— Je ne suis pas capable de manger ça.

— Moi non plus, dit-il en riant. Ne crains rien, je ne te force pas !

Puis nous allons nous promener devant les stands de fruits et légumes : kakis, pamplemousses, fruits de l'aiélé, marrons, ignames, taros, champignons parfumés, champignons noirs... Nous passons devant un stand qui vend de la viande rôtie au sophora avec du boudin coupé en dés. On appelle ça du ngâu pin. On ne voit que des hommes ici. Ils boivent de l'alcool dans des petits bols. Je demande au vieil homme s'il en a déjà mangé. Il secoue la tête. Je suis curieuse :

— Monsieur, vous êtes d'ici, pourquoi n'avez-vous jamais mangé ce plat ?

Il rit :

— Je m'appelle Môc. Cela veut dire menuisier. Je suis orphelin de père et de mère. Mon oncle, qui était menuisier, m'a élevé. Je l'ai suivi partout dans le pays pour travailler. On m'appelait le menuisier, puis avec le temps, on m'a donné ce prénom : Môc. Arrivé ici, j'ai épousé une femme de la tribu des Nung. Elle était mignonne et c'était la meilleure tisserande du village. Nous avons eu deux enfants. Deux ans après, durant l'opération de nettoyage à la frontière, les troupes françaises sont venues éliminer tous les montagnards. Je chassais alors dans la forêt. J'ai survécu au massacre. Depuis, je vis seul. Depuis l'indépendance, je ne suis pas retourné dans mon village natal de Ke Sat. Tu ne le connais sûrement pas...

— Non, monsieur. Je ne suis jamais sortie du bourg où je suis née. Le plus loin où je sois allée, c'est au village natal de ma mère, distant de chez nous d'environ quinze kilomètres.

— J'habite ici depuis longtemps, mais je n'arrive pas à m'habituer à la cuisine locale. Les spécialités sont celles que tu vois là, de la viande bouillie et du ngâu pin. En revanche, le gibier, si on sait le préparer, est délicieux. On ira chasser et je vous ferai la cuisine, vous verrez.

Nous allons ensuite dans des magasins pour acheter des aiguilles à coudre, des bobines de fil de couleur, de la craie, du papier et des stylos. Il achète aussi deux cadres à broder ronds, en aluminium ainsi qu'un lot de bracelets de toutes les couleurs.

Je m'étonne :

— Vous allez les revendre au village ?

— Oui ! Je vais vous les revendre à vous deux ! me répond-il avec un grand sourire.

Il nous achète aussi deux ensembles à fleurs. Même si les coutures sont grossières, le tissu est très beau, épais et raffiné. Enfin, nous allons du côté des salaisons de poissons, des crevettes séchées... Nous prenons une livre de chaque, remplissant la besace en jonc qu'il a sortie de son sac en bandoulière. À ce moment, je comprends enfin. Le vieux Môc est un vrai paysan de la plaine. Loin de son pays natal, il n'a pas oublié les habitudes culinaires de son enfance.

— Allons ! Voulez-vous autre chose à manger ?

Nous quittons le marché bruyant et poussiéreux.

— Non merci. Nous avons trop mangé.

Il nous fait pourtant entrer dans un café, commande des sambolongs*, avant de reprendre la route vers son village.

— Vous habitez loin d'ici ? demande Loan. Combien de temps mettrons-nous ?

— Ce n'est pas très loin. Mais je pense que pour vos petites jambes, ce n'est pas si près. Marchons lentement. On s'arrêtera quand on sera fatigués. Si on n'est pas arrivés avant la

* Sambolong : entremets chinois composé de prunes, de graines de lotus et d'algues dans un sirop glacé.

nuit, on dormira chez des amis. J'ai beaucoup d'amis dans les villages tout au long de la route.

Je m'énerve contre Loan :

— Tu es sans cesse en train de te plaindre. Tu n'avais qu'à rester au restaurant de Mui !

Le vieil homme intervient :

— Chut ! Ne parle pas ainsi à ton amie ! Loan n'a fait que demander. Allons, marchons. Après cette rue, on prendra un raccourci.

À midi, le soleil tape fort. Comme il n'y a pas de vent, nous avons très chaud, même après avoir enlevé nos vestes. Le climat en montagne est capricieux. Je marche néanmoins à grands pas. Les cimes au loin semblent se rapprocher, l'horizon devient familier. Des sentiers se faufilent entre les montagnes, traversent des vallées profondes. On dirait des rouleaux de soie. La nature paraît magnifique dans cette atmosphère affectueuse et confiante. Le vieux Môc, chargé des victuailles, marche devant nous. Ses pas sont solides, réguliers, décidés, sans effort apparent. Je l'imagine tel un saint apparaissant dans notre vie, comme dans le conte de la jeune Tâm et du bouddha*. N'est-ce pas merveilleux de rencontrer des personnages mythiques qui vivent comme nous, marchent sur la même herbe, sous le même soleil ? Ce sont des saints en chair et en os.

* *La Jeune Tâm* : conte vietnamien pour enfants.

DES JOURS ENCHANTÉS

Je voudrais tant vous décrire le chemin que nous avons suivi en compagnie du vieux Môc, de la ville de Lang au village montagnard de Muôn : les ruisseaux que nous avons traversés, les cascades d'eau limpide qui jaillissent entre les rochers, les papillons si grands, si colorés que nous avons découverts... Mais j'aurais beaucoup trop à dire, ce serait fastidieux. Aussi, je ne parlerai que de la période merveilleuse que j'ai vécue avec le vieil homme au village de Muôn.

C'est un petit village niché au creux de la vallée, entouré de versants montagneux. La vie y est paisible et agréable. Ceux qui n'y sont jamais venus en rêvent et ceux qui y sont souhaiteraient y rester pour toujours. Il y a, dans ce village, une vingtaine de cases, distantes les unes des autres d'une centaine de mètres, ce qui correspond, selon les villageois, à la longueur d'un lancer de couteau. Quand on a envie de se parler, on peut s'appeler d'une terrasse à l'autre. Peut-être est-ce grâce au silence qui règne ici et à l'écho des montagnes qui amplifie les sons. Ce sont des cases sur pilotis, solides, construites avec de grandes poutres, deux fois plus longues que celles des temples de nos bourgades en plaine. À l'intérieur de leur case, les gens ont l'air petits par rapport aux dimensions de l'habitation. Le vieux Môc pourrait monter un atelier de menuiserie dans la sienne. Le sol est un plancher en bois épais Sur le devant de la case, en surplomb, il y a une terrasse en bois d'une largeur de deux, voire de trois nattes étalées. Derrière le bâtiment se trouve une petite cour, large d'environ un mètre, où descend l'échelle de service. On y dépose la jarre d'eau de pluie, le manioc fraîchement déterré des champs, ou les bûches destinées au foyer. L'échelle de service arrive directement dans la cuisine. Une étagère en bois à hauteur d'homme permet le rangement des pots de riz, de paddy, de manioc séché pour les cochons, de maïs, de graines diverses. Au milieu de la pièce trône un foyer carré entouré de fer ou de terre afin d'empêcher le feu d'entamer le plancher. Durant l'automne et l'hiver, des branches d'arbres de deux mètres s'arc-boutent au-dessus. Le feu y brûle sans discontinuer, élevant sa flamme vive, faisant craquer les braises. À tout moment du jour, on peut y faire griller des patates douces, des taros, du maïs ou d'autres bonnes choses à manger. Entre la cuisine et la terrasse de devant, où on accède avec l'échelle de montée, c'est la pièce principale. Cette pièce est aussi grande que cinq pièces réunies d'une maison en ville. La première fois, Loan et moi, déboussolées, l'avons arpentée de long en large, pensant que nous étions égarées dans le palais d'une tribu inconnue. À gauche de la pièce, il y a une série de quatre chambres fermées par d'épaisses portes en bois. Monsieur Môc indique que ces chambres étaient réservées aux femmes et aux jeunes filles. Depuis que sa femme et ses enfants ont été massacrés par les Français, il a conservé toutes leurs affaires dans le même état. Chaque été, il va laver les draps, les couvertures au ruisseau. Quand nous arrivons, il nous demande de secouer les couvertures brodées et les matelas sur la terrasse. Il s'en dégage une odeur de moisissure.

À la dureté de ses traits, je vois bien qu'il a connu la souffrance et la solitude. Je sais qu'il nous aime d'une affection sincère, avec le cœur d'un vieillard solitaire, un cœur qui ne demande qu'à donner.

Après avoir chauffé l'eau pour notre toilette, nous faisons les lits dans les chambres. Il a appelé un voisin, un vieux montagnard barbu avec qui il parle un long moment en dialecte nung. Peu après, le vieux montagnard revient avec un grand couteau à la lame acérée. Rien qu'à le voir, j'en ai la chair de poule. C'est un pays étrange, tout nous rend perplexes. Les deux hommes palabrent, montrant du doigt les cochons qui courent en contrebas. Puis, semblant s'être mis d'accord, ils descendent joyeusement l'échelle de service. Hurlements, cris. Ils attrapent enfin une bête d'une centaine de kilos. Nous comprenons alors que le vieux Môc a demandé au montagnard de venir l'aider à tuer le cochon.

Je ne m'attendais pas à un accueil aussi fastueux. Ce jour-là, le montagnard devenu boucher pour l'occasion débite la bête comme les bouchers de la ville : viande, graisse, tripes, jambonneau. Il fait bouillir la tête et les pattes puis les dispose sur un grand panier plat en jonc tressé.

Au coucher du soleil, le vieux Môc se met devant la case, les mains en porte-voix pour appeler ses amis d'un long hululement. La première à arriver est une femme d'une cinquantaine d'années, habillée d'une longue robe indigo avec une ceinture bleue également. Elle se tourne vers la montagne, émet l'appel à son tour. Les uns après les autres, les voisins s'interpellent et pendant une demi-heure, la vallée retentit de sons graves et modulés. Puis ils arrivent, chacun tenant à la main un faisceau en bambou. Môc m'explique que ce sont des torches qui leur permettront de rentrer chez eux après la fête.

Les invités se lavent les pieds en bas de l'échelle de service. L'eau est acheminée par de longs tronçons de bambou qui forment une gouttière depuis la source. Après ces ablutions, les invités laissent leurs sandales en bas de l'échelle, traversent pieds nus la cuisine puis la pièce principale pour ressortir sur la terrasse de devant. Le vieux Môc nous explique : « Les amis intimes entrent par la porte de derrière, les invités d'honneur, les étrangers entrent par la porte de devant. »

Une fois que tous se sont installés :

— Aujourd'hui, j'ai fait la rencontre de deux jeunes filles de la plaine. J'ai tué un cochon pour vous inviter, vous, mes voisins du village, à partager mon bonheur. Mon riz n'est pas assez bon pour les hommes, ma viande pas assez tendre pour les femmes, mais ma joie est sincère. Buvons ensemble.

Il parle en kinh. Il redit la même chose en dialecte nung. Les gens, souriants, nous regardent d'un air bienveillant, certains nous caressent les cheveux, d'autres nous prennent la main. Devenant subitement le centre de l'attention, je rougis de confusion. Loan, elle, est très naturelle. Elle est hilare. Dans le groupe, la femme mûre connaît assez bien le kinh.

— Vous êtes très mignonnes. Quel âge avez-vous ? Treize ans ? Vous êtes grandes pour cet âge ! Habiter au village de Muôn, c'est pareil à une cure de beauté. Votre peau sera rose comme la fleur de pêcher. Vous ne voudrez plus retourner chez vous, en ville...

Pendant ce discours plein d'allant, le vieux Môc verse le vin dans des tasses. Sa collection de douze tasses en porcelaine de Chine est magnifique. On ne sait pas comment elle a pu traverser toutes ces années de guerre sans une seule fêlure...

— Je vous souhaite à toutes deux santé et sagesse. Aux autres, un corps vigoureux, des chasses fructueuses, des moissons généreuses.

Chacun porte un toast à son tour. Le repas est servi. On apporte les beaux plateaux en osier garnis de viande et d'abats, avec trois grands couteaux disposés sur le côté. Au début, les conversations vont bon train. Au milieu du repas, l'alcool aidant, le vieux Môc sort une cithare. Le boucher barbu de tout à l'heure échange son couteau contre l'instrument de musique. Ses yeux noirs se voilent...

Le son de la cithare s'élève en même temps que sa voix grave, se mêlant au bruissement de la source et au ruissellement de l'eau dans la gouttière en bambou. La mélodie, accompagnée par le martèlement sourd et régulier des pignons des roues à eau, est inoubliable. Le temps semble s'étirer en ce lieu, une année ici équivaut à un siècle dans la plaine.

Le soleil s'est couché depuis longtemps. Nous ne distinguons plus que des silhouettes noires, assises à côté de nous. Tout le monde a arrêté de manger et de boire pour chanter. Une chanson suit l'autre, elles se ressemblent toutes. Les chants populaires d'ici sont très différents des chants alternés de mon village natal, dans la plaine. Ils sont mélancoliques, secrets comme le paysage des montagnes environnantes. Quand il fait un noir d'encre et que la première étoile scintille en haut de la montagne, le vieux Môc allume enfin ses lumignons. La lumière tire de leur torpeur les convives bercés par la musique. Ils recommencent à bavarder, à boire, à manger et à rire aux plaisanteries du vieux Môc. Les montagnards ne rient pas souvent. Si Môc n'était pas là, sans doute se seraient-ils contentés de chuchoter et de chanter toute la nuit. Les lumignons éclairent un grand pan de la terrasse. Au loin, c'est l'obscurité noire des montagnes. Quelques bêtes s'appellent dans la nuit. Sont-ce des cerfs ou des chevreuils ? Ce repas nocturne est véritablement extraordinaire. J'inspire une grande bouffée d'air frais chargé de rosée, m'allonge sur le dos dans un coin et contemple le ciel parsemé d'étoiles. La fête se termine tard. Les voisins allument leurs torches pour rentrer. Depuis la terrasse, on dirait un serpent de feu se faufilant dans la montagne noire.

— N'est-ce pas beau ?

Je montre la scène à Loan qui se serre contre moi.

— C'est magnifique ! Je n'ai jamais vu un spectacle pareil, même au cinéma.

Nous regardons les torches s'enfoncer dans la nuit jusqu'à ce qu'elles disparaissent, peut-être derrière un verger de pamplemoussiers, un jardin potager ou une case sur pilotis. Nous rentrons dans la case.

— Les filles, pouvez-vous m'aider ? demande le vieux Môc.

À notre arrivée, il ne nous a pas permis de contribuer aux préparatifs de la fête. Je m'empresse :

— D'accord, je vais faire la vaisselle.

— Non... On la fera demain avec de l'eau chaude. En revanche, on va préparer la viande tant qu'elle est fraîche.

— D'accord. Je sais très bien cuisiner la viande.

Je m'apprête à couper la viande pour faire un plat au caramel ou des rillettes sèches, comme on en a l'habitude chez moi.

— Non, ce n'est pas comme ça. Il secoue la tête.

Il m'explique :

— Viens ici. Chaque fois que je te ferai signe, tu saupoudreras lentement et régulièrement un bol de sel.

Puis à Loan :

— Et toi, tu jetteras les morceaux de viande dans le mortier, d'accord ? Je te dirai quand arrêter.

Nous le suivons dans la cuisine. Il roule un énorme mortier, aussi gros qu'une meule à paddy dans les campagnes de la plaine. En fait, il est même encore plus haut et les parois plus épaisses. Le pilon fait un mètre de hauteur. Après avoir installé le matériel, il apporte un panier rempli à ras bord de viande de porc, déjà découpée en morceaux réguliers de cinq à six cents grammes. Il sort ensuite un cageot en bambou à fond étroit et une brassée de paille encore gorgée de soleil. Loan doit jeter les morceaux de viande un à un dans le mortier. Je saupoudre de sel chaque morceau et lui le pilonne pour que le sel pénètre bien dans la viande. Quand le morceau est entièrement salé, il le retire du mortier et le pose dans le cageot dont le fond est tapissé de paille. Une couche de viande, une couche de paille. Lorsque nous avons fini de préparer la viande, la botte de paille a été entièrement utilisée et le cageot est rempli. Il le pousse pour le ranger dans un endroit frais et ventilé.

— De cette manière, nous aurons de la bonne viande pendant deux ou trois mois.

Nous faisons notre toilette avant d'aller nous coucher. Loan et moi partageons la même chambre. Nous avons un matelas et une couverture. Une fois au lit, nous nous confions nos préoccupations, inquiètes que nous sommes du tour imprévisible qu'a pris notre destin. La joie, la tristesse, la nostalgie et l'espoir se mêlent. Cet état ne dure, heureusement, que peu de temps. Nous ne tardons pas à nous serrer l'une contre l'autre pour un bon somme.

Le lendemain, je me réveille tard dans la matinée. Le soleil est sorti bien au-dessus des montagnes. Loan dort encore comme un bébé. Je la laisse, sors doucement de la chambre.

— Viens prendre une boisson chaude !

Le vieux Môc m'appelle. Je vois qu'il a déjà

fait la vaisselle de la veille. Sur le feu, une marmite de riz gluant fume, dégageant son parfum. Il me tend une grande bouilloire :

— Voilà l'eau chaude, tu peux te laver.

Je vais à l'arrière, me dirige vers l'échelle et recueille dans une bassine de l'eau froide à la gouttière pour la mélanger à l'eau chaude. C'est agréable de se laver avec de l'eau tiède quand il fait froid dehors. De retour dans la cuisine, je reproche au vieux Môc de ne pas m'avoir réveillée plus tôt pour la vaisselle.

— C'est gentil à toi. Mais comme je dors très peu, travailler m'occupe. Vous, vous êtes à un âge où il faut bien manger, bien dormir. Sinon, vous ne serez pas en forme... Viens ici boire un thé chaud avec moi en attendant ton amie. Nous prendrons un petit déjeuner de riz gluant après.

— Le soleil est levé. Vous n'allez pas aux champs ?

Il rit :

— Je suis seul. Rien qu'avec mes cochons, mes vaches, mes travaux de menuiserie, je gagne déjà bien ma vie. Qu'ai-je besoin en plus de mettre des champs en culture ? Tu as vu mon troupeau de vaches ?

Il me désigne le plancher. En dessous, en effet, il y a quinze vaches. Sans compter la trentaine de cochons, les poules, les coqs en quantité, juchés sur des perchoirs installés un peu partout. En vérité, si on la compare à celle des paysans de la plaine, sa fortune est immense.

L'odeur du fumier, du lisier, de l'urine qui monte du sol m'indispose beaucoup en revanche. Surtout le matin, quand le vent de la vallée ne s'est pas encore levé pour chasser ces exhalaisons stagnantes.

— Pourquoi ne construisez-vous pas à part des enclos pour les animaux ? Ce n'est pas idéal de vivre ainsi. On finit par tomber malade.

Je voulais dire que ce n'était pas très hygiénique, mais j'ai eu peur de le froisser. Le vieux Môc opine de la tête :

— Je sais. En plaine, on n'élève jamais les bêtes juste en dessous de sa case. Je suis en train de militer pour que les villageois construisent à part des enclos pour les animaux. Mais il faut du temps. On ne peut pas aller plus vite que la musique. Les gens d'ici sont habitués à vivre ainsi. Ils disent que les hommes en haut, les bêtes en bas, ça empêche les fauves de venir chasser. Un enclos à part, c'est trop risqué. Ils ont reçu une formation au niveau du district depuis bientôt un an, pourtant rien n'y fait. Madame Kin (la femme mûre habillée de bleu, hier) avait bien construit un enclos à côté de sa case pour son bétail. Mais un jour, un vieux tigre s'est aventuré jusque-là et il a enlevé une vache grosse d'un petit veau. Depuis lors, les gens, définitivement effrayés, ont abandonné l'idée des enclos séparés. Aujourd'hui, je suis le seul à encore vouloir construire un enclos pour les bêtes. Tu as vu les pieux stockés derrière la case ? Ce sont des piquets pour l'enclos, mais il manque encore beaucoup de planches.

— Oui, j'ai vu. Je vous aiderai à faire un enclos. Je suis aussi forte qu'un garçon. À la maison, je me battais souvent avec eux...

Le vieux Môc me regarde, sourire aux lèvres. Une lueur de joie brille dans ses yeux.

— Tu es adorable ! Tu me donnes du courage pour traîner toutes ces planches et construire l'enclos.

Il fait mine de soupeser mes bras.

— Il en faudra, du riz et de la viande, afin qu'ils deviennent assez forts pour soulever le bois de la forêt !

Loan, les cheveux ébouriffes, sort de la chambre. Je la presse de se laver. J'ai une de ces faims ! C'est étrange, on dirait qu'ici on digère plus vite qu'en ville. Je n'ai jamais eu autant d'appétit.

Après le petit déjeuner, le vieux Môc nous propose d'aller déterrer du manioc dans les champs. Mais ce n'est pas pour notre consommation. Ici, on le fait bouillir pour nourrir les cochons. C'est seulement en cas de disette que les montagnards mélangent le manioc avec le riz pour s'en nourrir. Le chemin vers les champs n'est pas très long, mais très escarpé. Nous suivons le vieil homme. Il nous fait découvrir, sur le chemin, les sources qui jaillissent des roches. Les montagnards y posent des gouttières pour recueillir l'eau. Chaque case a sa source. Certaines, proches les unes des autres, partagent la même. Grâce au débit rapide et important du torrent, les gens du village ont pu installer une dizaine de petites roues à eau pour piler le riz. Le riz pilé est blanc comme du sel. Chaque famille vient recueillir son propre riz. Personne ne vole celui des autres. Seuls quelques rats de montagne téméraires, aussi gros que des chatons, viennent visiter les roues. Ils sont si peu farouches qu'ils mangent à même la meule, qui leur coince parfois les moustaches. Ces rats sont des voleurs qu'aucune police ne peut arrêter. Ils sont très malins, déjouant des pièges totalement inutiles. Tout le long du ruisseau, entre les roues à eau, se dressent quelques arbres séculaires et des petites cabanes qui servent de refuge aux paysans sur le chemin des champs. D'en haut, on dirait de minuscules boîtes d'allumettes. En aval, quand le cours d'eau retrouve son calme et s'étale sur les plages de galets, les arbres sont remplacés par des jardins potagers d'un vert tendre, qui envahissent les deux rives, ainsi que par des champs de fleurs sauvages multicolores. Malgré le soleil déjà haut, la rosée encore accrochée aux herbes scintille, pareille à des perles de cristal. Les alouettes des champs descendent vers le sol en piqué puis remontent vers le ciel en gazouillant joyeusement.

Debout au milieu des champs, Loan et moi contemplons le paysage, écoutons les chants des oiseaux. Nous avons l'impression de planer.

J'aimerais tant être comme cet oiseau, pouvoir voler toute l'année sous le soleil éclatant, dans ce ciel bleu immense, et chanter pour faire honneur à ce magnifique site... Si seulement nous avions des ailes...

Mes pensées sont interrompues par le vieil homme qui se redresse en fixant l'horizon.

— Hé ! Les filles ! Rentrons. Il va pleuvoir.

Je regarde alentour. Le ciel est toujours bleu. Même pas un bout de nuage menaçant. Seule une trace dans le ciel barre le haut de la montagne à l'est. Mais l'atmosphère s'est rafraîchie. Le vieil homme dépose le fléau en bambou, aux extrémités duquel sont accrochés deux paniers de manioc, et nous appelle de nouveau :

— Rentrons vite, les enfants. Ça va tomber bientôt. L'air est lourd comme la viande qu'on a laissé faisander pendant la nuit... On y va !

Il rebrousse chemin tout en parlant. Nous lui emboîtons le pas, chacune un panier de manioc au bras.

— Laissez tout par terre. On les reprendra demain. On en a assez pour nourrir les cochons pendant trois jours.

C'est une pitié de devoir jeter ces tubercules de manioc si frais. J'avais l'habitude, avant, de bouillir le manioc pour le manger pendant la récréation.

— Je peux les porter !

— Non, jetez-les pour pouvoir courir.

— Mais cette nuit, les sangliers vont les manger...

— Ce n'est pas grave ! Pas de regret. Vite !

Il nous presse. Nous jetons le manioc pour le suivre. La descente est encore plus risquée que la montée, on glisse facilement. Un moment d'inattention et on se casse la figure sur les cailloux, ou on tombe dans une crevasse. Nous transpirons à grosses gouttes, bien que nous ne soyons pas chargées. Nous ne sommes pas encore arrivés en bas de la côte que les nuages noirs s'amassent déjà là-haut, comme si les démons les avaient fait apparaître d'un coup. Le vent, venant de la forêt, souffle par rafales en hurlant. Les arbres s'agitent dans tous les sens. Quand nous arrivons à l'échelle de service, la pluie s'abat à verse.

— Quelle chance !

Si nous n'avions pas écouté le vieux Môc, nous aurions été trempées comme des soupes. Nous nous lavons les pieds avant de nous serrer au coin du feu dans la cuisine, transies de froid. L'eau dans la gouttière ne vient plus chichement mais coule à flots, faisant déborder la jarre. L'humidité du dehors envahit la cuisine comme un brouillard, elle encercle le feu dansant qui réchauffe notre cœur. Je pense à l'alouette de tout à l'heure, qui voletait en chantant à tue-tête. Où est-elle maintenant ? Dans le creux d'un arbre ou dans une grotte ? Elle a dû replier ses ailes mouillées pour bien garder la chaleur dans cette pluie glaciale. Il n'y a pas si longtemps, je l'enviais. À présent, je sais. Être dans la peau d'un humain est bien plus appréciable. Il a un cerveau et des mains pour se construire un abri. Je tends ma main au-dessus des braises, contemple le paysage tourmenté dans la tempête et consacre une pensée à ma petite alouette.

RETROUVAILLES AVEC DUNG LE MAIGRICHON GRÂCE À UN CHEVAL ALBINOS

Le vieux Môc n'exerce pas seulement le métier de menuisier. Il plante bien sûr le manioc, il récolte le paddy, il élève des cochons et des vaches, comme tous les gens du village. Mais il est également chasseur, ce qui lui permet de recueillir les os des animaux et de les faire bouillir pour élaborer des gélatines traditionnelles*. Il n'exhibe pas de peaux de léopard dans sa case, ne porte pas avec ostentation des colliers de griffes ou de dents de tigre à l'instar de nombre de chasseurs présomptueux. Les gens du village respectent pourtant beaucoup ses talents de chasseur et sa science de la fabrication des médicaments, des activités si éloignées de celles des gens de la plaine.

Un soir, comme d'habitude, je suis dans la cuisine. Le vieux Môc est occupé à remplacer

* Gélatine : elle est obtenue à partir d'os d'animaux (tigre, ours, cerf...) bouillis. D'après les croyances locales, elle sert de médicament et soigne différentes pathologies. Chaque animal produit une « gélatine » aux effets particuliers.

les marches vermoulues de l'échelle de service. Dans la journée, Loan et moi avons attrapé des escargots au bord du ruisseau. Nous avons cueilli des feuilles de lolot et sorti le curcuma afin de préparer une recette spéciale. Subitement, quelqu'un appelle dehors :

— Monsieur Môc, êtes-vous là ?

La voix parle en kinh, sans accent montagnard. Je lâche ma cuillère dans la marmite pour aller voir.

— Monsieur Môc est-il là ?

Un homme, maigre, à la peau sombre, me fait signe comme s'il me connaissait.

— Oui, monsieur. Entrez, je vous en prie. Je vous sers un thé en attendant qu'il arrive.

Je fais signe à Loan :

— Va le chercher.

Le vieux Môc a tout entendu, mais continue son travail, indifférent, comme si de rien n'était. Son attitude est totalement différente de celle, chaleureuse, qu'il adopte d'habitude avec ses visiteurs montagnards.

Le visiteur boit son thé en silence, roule une cigarette, fume patiemment. Une demi-heure plus tard, après s'être lavé les pieds, le vieux Môc entre dans la pièce.

— Vous êtes venu me voir tel le hibou pour m'annoncer malheur ou tel le renard pour déployer une de vos ruses ? Vous voulez sans doute que je vous livre des gélatines de tigre ou de singe comme à l'époque ?

Le vieil homme le questionne froidement. Le

visiteur baisse les yeux, gratte avec ses mains sèches et ridées ses pieds encore maculés de terre.

— Voyons, monsieur Môc, c'est de l'histoire ancienne...

— Si on doit se souvenir pendant mille ans d'un bienfait, la rancœur doit durer au moins cent ans...

L'homme reste silencieux, l'air accablé. Ses épaules s'affaissent sous sa chemise bleue crasseuse, salie par le voyage. Son visage se ratatine, faisant pointer son menton. Ses oreilles minuscules évoquent deux champignons collés de chaque côté de sa tête. Ses sourcils clairsemés sont mobiles, malgré la tristesse de son regard rivé sur une latte du plancher.

Le vieux Môc allume une cigarette. Personne ne dit mot. Une fois sa cigarette entièrement consumée, Môc se lève :

— Bon, de toute manière, vous avez traversé montagnes et rivières pour arriver ici. Vous êtes mon invité. Allez vous laver derrière la cuisine. Nous allons manger et boire... Bê, Loan, la soupe aux escargots est-elle prête ? J'ai très faim.

Nous disposons le repas sur un grand plateau laqué, d'un noir brillant, pourvu de pieds, bien commode pour manger autour. Aujourd'hui, nous n'avons pas fait du riz gluant mais du riz ordinaire. La soupe d'escargots avec du curcuma et des feuilles de lolot ressemble à celle qu'on cuisine en plaine. Elle est accompagnée de viande de porc sautée aux champignons parfumés.

— Bravo les filles ! Vous avez fait merveille ! Ce soir, je boirai bien trois verres de vin.

Le vieux Môc coupe une tranche de gélatine d'os de tigre et la place dans une coupe. L'odeur est désagréable. Il pose la coupe sur les braises, attend que la gélatine fonde et rajoute du vin. Il m'autorise à goûter au vin avec un peu de sucre à la place de la gélatine.

— Avant quarante ans, tu ne peux pas boire de gélatine fabriquée avec des os de tigre ou des ramures de cerf. Ta chair se déchirerait si tu le faisais. Si tu ne mourais pas, tu resterais handicapée à vie.

Le visiteur, après s'être lavé, s'assoit à table. Monsieur Môc lui verse un verre de vin.

— Vous avez fait un long voyage. Mangez, buvez à satiété, puis allez vous coucher. Si vous avez quelque chose à me dire, cela attendra demain.

Le dîner se déroule dans un silence total. Les mets sont délicieux, mais le cœur n'y est pas. D'habitude, le vieux Môc raconte des histoires. Une fois, il a raconté l'histoire d'un vieux singe dont les os, conservés dans sa dépouille, reposaient dans une grotte en bordure des champs de manioc.

« Un jour, un troupeau de singes se balançait dans les branches. Un vieux singe a fait un geste maladroit et il est tombé. Un singe de la bande a réussi à le rattraper par la patte, mais il n'avait pas assez de force pour le soulever. Les deux singes sont restés suspendus ainsi, en criant et en gémissant pitoyablement. Tout le troupeau, apeuré, s'est mis à hurler. Le singe mâle qui avait attrapé le vieux était sur le point de lâcher la branche et de tomber dans le précipice. C'est alors que le vieux singe a levé les yeux et fait signe au jeune de le lâcher. Le jeune singe hésitait. Le vieux, rassemblant toutes ses forces, a lancé un cri terrible et le jeune l'a lâché, de surprise. Le vieux est tombé dans le précipice, il est mort sur le coup. Le troupeau de singes est descendu jusqu'en bas pour pleurer le corps sans vie du vieux, puis l'a transporté dans une grotte. »

Monsieur Môc avait assisté à la scène. Il l'a commentée en disant que, parfois, la solidarité des animaux entre eux devrait nous faire réfléchir. Ou alors il nous raconte ses chasses au porc-épic ou au renard. Chaque repas est pour nous un divertissement. Aujourd'hui, c'est différent et je ne peux m'empêcher d'éprouver du ressentiment envers ce visiteur étranger.

Môc nous envoie au lit tout de suite après le dîner. Il fait dormir le visiteur dans un coin de la grande pièce, puis va lui-même se coucher. Le feu brûle au milieu de la case, ravivé de temps à autre par un coup de vent qui s'engouffre. Nous prêtons l'oreille pour entendre si les deux hommes discutent. Pas un seul bruit, quelques braises crépitent. Je m'endors.

À mon réveil, le vieux Môc et le visiteur sont

déjà à côté du feu, dans la cuisine. Il fait encore nuit et le vent est glacial. La brume laiteuse pénètre dans la case. Les flammes éclatent par moments, éclairant le visage dur du vieux Môc. Il fume. Le visiteur, que j'aperçois de dos, est recroquevillé sur lui-même. Il chuchote :

— Je vous l'ai dit. Je ne veux pas manquer à ma parole. Aidez-moi, sinon ma femme va mourir. Cette fois, je ne revendrai pas la gélatine. Ma femme morte, je ne pourrai jamais nourrir nos cinq enfants.

Le vieux Môc répond calmement :

— La dernière fois, votre épouse allait mourir aussi.

— Je vous avais menti. L'homme est suppliant. J'ai vendu toute la gélatine que vous m'aviez donnée. Je voulais faire du commerce de bois afin de vous rembourser. Malheureusement, j'ai été contrôlé et l'office de contrôle forestier m'a saisi deux lots de planches... Cette fois-ci, je n'oserai plus agir de la sorte. Ma femme est vraiment très malade. Si elle meurt, je n'aurai plus qu'à mendier avec mes cinq gosses...

Il s'effondre, l'air misérable. Les vertèbres pointent sous sa nuque. Le vieux Môc fume toujours sans un mot. L'homme, désespéré, lève la main :

— Je le jure... Sa voix s'étrangle. Je le jure sur la tête de mes cinq enfants. Si je trahis ma parole, ils mourront tous. Ils mourront...

Les derniers mots s'achèvent dans un sanglot. Il agite ses longs cheveux crasseux. On dirait un mendiant au bord de la route.

Le vieux Môc jette sa cigarette dans le feu, soupire :

— Bon, d'accord ! J'ai pitié de vos enfants innocents. Je vous aiderai.

Il se lève, va chercher quelque chose dans l'énorme armoire de la pièce principale, là où sont, entre autres, rangés ses vêtements. Après un bon moment, il revient s'asseoir de l'autre côté du feu.

— La gélatine d'os de tigre ne peut guérir la maladie de votre femme. Seule celle d'un cheval albinos le peut.

— La gélatine d'un cheval albinos ? Je n'ai jamais entendu aucun médecin m'en parler...

Le vieux Môc ne répond pas. Il réfléchit tout haut :

— Il faut aller jusqu'au village de Noi. Peut-être y en a-t-il là-bas. La gélatine de tigre est déjà rare, celle de cheval albinos l'est mille fois plus. Les possesseurs d'un cheval albinos ne s'en séparent jamais, car on dit que si un cheval albinos s'en va, il emmène avec lui une partie de l'âme des habitants. Les montagnards y croient dur comme fer. Je vous aiderai, mais je ne suis pas sûr d'y arriver, le ciel en décidera.

Le visiteur se prosterne, les deux mains jointes, devant le vieux Môc.

— Je vous en supplie. Ayez pitié de mes cinq enfants. Je suis un misérable, mais eux, ils sont innocents. Sauvez leur mère.

Le vieux Môc n'a pas l'air d'apprécier cette attitude. Il se détourne :

— Arrêtez ! Rasseyez-vous. Je resterai inébranlable, comme un couteau planté dans un bois dur.

L'homme se redresse. Le soleil s'est levé entre-temps. La brume se dissipe comme du lait dans l'eau, on aperçoit des nuages qui passent devant la porte de la case. Loan est levée.

— Tu es réveillée depuis longtemps ?

— Oui.

Je réponds tout en lui faisant signe d'être discrète. Dans la cuisine, le vieux Môc continue :

— Allez gagner un peu d'argent pour nourrir vos enfants. Je vous ai promis de vous aider. Revenez me voir dans un mois.

L'homme balbutie quelques remerciements. Le vieux Môc le raccompagne. Nous restons silencieuses. Après le départ du visiteur, Môc vient nous chercher. Pendant le petit déjeuner, je lui demande d'où vient l'étranger d'hier soir.

— Il est de mon village natal de Ke Sat. Un homme infréquentable : concupiscent, avide d'argent, déloyal. Mais sa femme et ses enfants sont des innocents, je me dois de les aider... Vous êtes encore petites, n'écoutez pas ces histoires misérables. Demain, nous irons au village de Noi. Nous essaierons de nous procurer un cheval albinos pour élaborer de la gélatine.

Le lendemain, nous nous levons tôt. Nous emballons du riz gluant dans des feuilles de bananier brûlées et grillons des tranches de viande séchée de porc et de cerf pour la route. Je suis ravie : depuis que nous sommes arrivées au village de Muôn, c'est la première fois que nous partons en excursion. La route pour le village de Noi passe par le nord-ouest, à travers la vallée. Il faut dépasser les collines derrière notre village, descendre un sentier qui traverse des clairières de goyaviers le long d'un ruisseau à sec. Après les goyaviers, nous arrivons à une vallée déserte. Il n'y a pas l'ombre d'une hutte, seules des parcelles de rizières d'un vert tendre occupent le terrain. Au sortir de la vallée, nous empruntons un chemin qui s'enfonce entre deux hautes montagnes. Les plantes qui poussent sur les versants abrupts font penser à des nids de corbeaux. De temps à autre, nous apercevons une bande de singes sautillant d'une des montagnes, criant à tue-tête. Tout en haut il y a une grotte dont l'entrée peut laisser passer deux personnes de front. Monsieur Môc nous explique que cette grotte est assez vaste pour abriter cinquante familles et qu'elle s'ouvre aussi de l'autre côté de la montagne. Pendant la résistance anti-coloniale, les gens des villages alentour s'y sont souvent réfugiés.

À midi, nous faisons une halte au pied d'un vieil arbre au bord du sentier et déballons nos provisions pour le déjeuner. Loan a apporté une gourde avec du thé vert. Après avoir bu notre thé, nous nous lavons les mains dans un petit ruisseau derrière l'arbre. L'eau y est fraîche et claire comme du cristal. Les deux paysans Nung qui nous suivaient viennent aussi se rafraîchir. J'ai envie de boire son eau, mais Môc m'arrête :

— Tu n'as pas l'habitude. Si tu bois l'eau qui sort des roches, tu perdras tous tes cheveux.

Il étale une bâche en nylon, où nous étendre un moment. Lui se contente de s'adosser à l'arbre pour faire la sieste. À peine quinze minutes plus tard, il nous réveille et nous poursuivons notre route :

— Nous n'avons ni torches ni fusils de chasse. Nous ne pourrons pas marcher la nuit. Dépêchons-nous, les enfants.

Il parle de façon très imagée, comme tous les gens de la région. La marche est pénible l'après-midi, le soleil tape et il n'y a pas un souffle d'air. Bien que nous ayons enlevé nos vestes ouatées, nous souffrons terriblement de la chaleur. En traversant un ruisseau, nous faisons une pause pour nous amuser un peu avec l'eau.

Enfin, nous arrivons au village de Noi au coucher du soleil, quand la brume commence sa lente invasion des forêts. C'est un petit village commerçant, qui est le point de rencontre des gens de la plaine et des tribus montagnardes Meo et Lô Lô. Il est composé de cases sur pilotis, mais qui sont contiguës, au contraire des constructions de Muôn. On peut se prêter des ustensiles ou des ingrédients de cuisine d'une habitation à l'autre. En dessous de chacune d'elles, le lisier et le fumier s'amoncellent. Les hommes vivent serrés les uns contre les autres, les bêtes également, agressant nos narines d'une odeur nauséabonde. Au milieu du village se trouve un groupe de maisons construites sur le modèle de celles de la plaine, en brique, avec un sol carrelé. Ce sont des restaurants de pho, des épiceries, des fabriques de tofu, de sauces, de salaisons. Le marché du village est juste à côté. Quand nous arrivons, le marché est déjà terminé. Seules quelques bâches sont encore tendues, soutenues par de vieux poteaux. Le sol est jonché de quantité de détritus en tout genre : fruits de kaki écrasés, restes de canne à sucre, feuilles de bananier...

— Trouvons d'abord un bon restaurant de pho !

Nous suivons notre guide vers la plus grande des maisons sans étage, celle qui a une véranda, comme dans la plaine. Son toit, en revanche, est fait de tuiles rondes qui viennent des fabriques implantées en montagne. Les piliers supportant la véranda sont ornés de dragons et de phénix spectaculaires. Une grande pancarte en tôle indique « pho » en lettres rouge écarlate. En dessous, en bleu et en plus petit : « Délicieux, parfumé, nourrissant, le véritable pho de Hanoi. Bienvenue. »

Nous entrons. Un grand feu brûle dans la cheminée. La vapeur, s'échappant à gros bouillons de l'énorme marmite, envoie des effluves gras de viande de bœuf. À l'odeur, ce n'est pas le même bouillon qu'en plaine. D'ailleurs, la viande cuite qui est suspendue dans la pièce est totalement sèche, noirâtre. Il n'y a dans l'assiette ni ciboulette ni purée de piment, et les pâtes de riz sont coriaces. En compensation, le cuisinier a ajouté une quantité énorme de gingembre et de piment de Cayenne. Nous pleurons, tellement c'est fort.

— Ça fait longtemps qu'on ne vous a pas vu manger un pho au village. Vous cherchez à acheter des os de tigre ou de singe pour faire de la gélatine, n'est-ce pas ? demande la patronne en nous servant.

Elle a le même âge que tante Luu, petite, la peau claire, les cheveux attachés en chignon, habillée comme une jeune femme de la plaine.

— En effet ! Ça fait longtemps, mais je voudrais en refaire. Vous allez bien ?

— Merci, nous sommes en bonne santé. Avez-vous besoin de quelque chose ?

— Je voudrais demander à votre mari s'il peut me trouver un cheval albinos.

La femme pousse un long soupir :

— C'est très rare. Le mois dernier, un client, un petit homme tout noir, est déjà venu demander ça à mon mari. Il a refusé.

Le vieux Môc pose sa main aux veines apparentes sur la table :

— Je connais cet homme. Mais si c'est moi qui demande, votre mari ne refusera pas ?

— Posez-lui toujours la question, à son retour...

Elle sourit.

— Où est-il ?

— Il est parti au village voisin chercher un brûle-parfum en bronze pour l'autel des ancêtres. Il va revenir tout à l'heure, à la fin du service.

Le vieux Môc semble satisfait. Il mange la soupe avec appétit, nous presse de le faire tant que c'est chaud. Malgré un goût très différent du pho que nous connaissons, nous trouvons ça bon, tellement nous avons faim. Après le pho, le vieux Môc appelle la patronne :

— Avez-vous du tofu frit encore chaud ? Amenez-en-nous avec de la sauce de soja. Et servez aux enfants des beignets sucrés.

— Bien sûr, madame Mên, notre voisine, a toujours du tofu. Voulez-vous aussi un peu de vin ? Mais pour les beignets, il faut que j'aille jusque chez le vieux San. Dans tout le village, il ne reste plus que lui qui continue à en faire. À chaque marché, il en vend trois grosses poêles.

Sitôt dit, elle s'en va, un panier sous le bras.

La nuit tombe. Sur la route éclairée par le foyer du restaurant, on ne distingue plus que les cailloux. La fraîcheur de la rosée monte soudain, ça change de la chaleur de l'après-midi. Loan enfile sa veste. Le vieux Môc fume une cigarette en attendant. Au bout de deux cigarettes, la patronne est de retour. Dans le panier, le tofu chaud est encore fumant. Une grande feuille de latanier enveloppe les beignets brûlants.

— Prenez du vin avec le tofu, c'est délicieux.

Elle pose le petit bol de sauce de soja devant le vieil homme, et revient avec une cruche de vin qu'elle verse dans un verre.

— Les filles, mangez un peu de tofu avant les beignets. Le tofu d'ici est excellent, dit le vieux Môc.

Nous lui obéissons. Le tofu est en effet savoureux, fin, parfumé et bien gras. Le vieil homme alterne vin et tofu, croquant aussi un peu de piment. La patronne est retournée près du feu pour le raviver. Subitement un petit garçon entre, un panier sous le bras :

— Ma tante ! Voilà la viande toute fraîche de cet après-midi !

Sa voix m'est familière. Loan et moi nous retournons. Le garçon pose son panier, nous dévisage avec surprise.

Dung ! Dung le Maigrichon !

Je crie d'étonnement et de joie en même temps.

Nous nous levons. Dung court vers nous :

— Oh ! Bê ! Loan Graine-de-jacquier ! Comment avez-vous fait pour venir jusqu'ici ?

Les yeux écarquillés, humides de joie, il est toujours aussi maigre, même s'il a un peu grandi. Ses cheveux coupés très court lui donnent un air un peu sauvage.

Le vieux Môc nous regarde avec l'air généreux des gens d'expérience. La patronne s'étonne :

— Vous vous connaissez ? C'est vrai que vous vous connaissez ?

Je lui explique que nous sommes des amis d'enfance, que nous habitions le même bourg et allions à la même école.

Le vieux Môc tape sur l'épaule de Dung le Maigrichon :

— Viens t'asseoir ici avec nous, fiston ! Retrouver ses amies est une grande joie dans la vie. Bois un peu de vin avec moi, régale-toi de tofu et de beignets.

Dung s'assoit, très intimidé, lorgnant vers sa tante en train de disposer les quartiers de viande du panier sur la planche à découper. Comprenant sa gêne, celle-ci lui dit :

— Va ! Monsieur est généreux. Bois et mange mon enfant.

Dung s'empare du verre, lève le coude, avale cul sec. Façon de boire des véritables montagnards. Le vieux Môc demande :

— Tu es là depuis quand ?

— Depuis un an, monsieur.

Le vieil homme hoche la tête en connaisseur.

— Un an loin des parents et l'expérience de la vie grandit d'un empan. Quand elle atteint la taille d'un arbre qui pousse sur les cimes des montagnes, alors on peut dire qu'on connaît la vie. Allez, bois encore un verre...

Dung n'ose pas boire un deuxième verre. Il prend un beignet, se tourne vers nous. Je lui raconte tout... Sa disparition, notre aventure sur l'île aux fleurs jaunes, le méchant professeur

Gia, le comportement exécrable de chef Cân envers tante Luu. Il écoute, silencieux, puis nous dit :

— Chef Cân n'aime pas les enfants. Il n'aime que l'argent. Je ne l'ai jamais considéré comme un père. Je n'ai pas de père. Ma mère est décédée. Quand je serai grand, que je serai chef de famille et que je serai riche, j'organiserai une fête pour commémorer l'anniversaire de sa mort, une fête plus somptueuse que la fête du Têt.

Nous écoutons Dung parler. Soudain, un homme apparaît à la porte du restaurant. Je reconnais l'étrange étranger qui était là quand le cirque se produisait dans notre ville. Il est toujours aussi grand, le visage rouge, habillé d'un costume noir avec des boutons tressés. Il ne porte plus la vieille casquette crasseuse mais un béret bleu marine. Ses yeux, sous des sourcils épais, sont toujours aussi perçants. Il doit faire froid dehors car de la buée s'échappe de sa bouche. Après avoir écrasé sous son pied l'extrémité de sa torche, pour l'éteindre, il entre dans le restaurant.

— Oh ! Bonsoir, bienvenue. Ça fait tellement longtemps que vous n'êtes pas venu nous voir !

Il lâche la torche, saisit chaleureusement des deux mains celles du vieux Môc.

— Vous avez du courage, répond celui-ci. Avez-vous trouvé votre brûle-parfum en bronze ?

— Oui, je l'ai payé, mais je ne le recevrai que dans une lune, dit-il joyeusement. Alors, avec le temps qui passe, vous pouvez encore supporter deux ou trois verres de vin ?

— Bien sûr ! J'ai encore la force de porter un tronc pour remplacer la poutre de ma case. Je voudrais que vous m'aidiez à acheter un cheval albinos.

— Quoi ?

L'homme hausse les sourcils.

— Vous ne faites plus de gélatine de cheval albinos depuis très longtemps. C'est très cher, très laborieux.

— Je sais. Mais c'est une affaire de vie ou de mort.

— Quelqu'un de votre famille ?

— Non. Quelqu'un de mon village natal. C'est une femme qui a cinq enfants. Ils seront orphelins si elle meurt.

Le patron acquiesce.

— Je la connais. C'est la deuxième femme de l'homme qui vous avait trompé pour avoir de la gélatine de tigre et de singe. À la dernière lune, il est venu me supplier de lui en trouver, mais j'ai refusé.

— Oui, c'est lui, en effet.

— C'est un homme mauvais. Pourquoi l'aidez-vous ? Vous lui aviez fourni de la gélatine pour une fortune. Il ne vous a pas payé un seul centime.

— Je ne l'aide pas, lui. Je veux seulement sauver les cinq gosses innocents. Alors, c'est d'accord ? Vous m'aiderez ?

Môc pose sa main sur la table. Le patron tape sa main contre la sienne.

— Je n'ai besoin que d'un mot de vous. Je gravirai sept ou huit montagnes, mais je vous ramènerai un cheval albinos.

La patronne nous sert un plat de bœuf sauté au piment et aux jeunes feuilles de citronnelle. Le mari attrape une serviette pour s'essuyer le visage puis se verse à boire. Il demande à sa femme de griller des cacahuètes et des crevettes séchées, avant de s'attabler pour boire avec le vieux Môc. Nous partons nous coucher dans la pièce d'à côté, où la patronne nous a dressé un petit lit d'appoint. Demain, c'est la grande foire. On envoie Dung le Maigrichon faire les courses pour préparer le pho qui y sera vendu. Le marché a lieu quotidiennement, mais tous les trois jours il y a une petite foire et tous les dix jours une grande.

J'écoute la conversation entre les deux hommes. Le vieux Môc demande :

— Le petit, c'est votre neveu ?

— Oh ! C'est une si longue histoire...

— Le feu n'est pas éteint. La nuit est encore longue. Racontez-la-moi. Quand je l'ai aperçu, je l'ai tout de suite aimé. En outre, il s'est avéré que c'est l'ami des deux petites filles qui m'accompagnent.

— L'histoire n'est pas très reluisante. Si ce n'était pas vous, je ne la raconterais pas. Enfin ! C'est le fils de ma sœur de sang. Elle et moi, nous nous étions perdus de vue au moment où nous avons fui les Français pendant la résistance. Par la suite, ma sœur s'est installée comme commerçante, elle a bien réussi et elle est devenue riche. En plus de sa nouvelle fortune, elle possédait les anneaux et les bracelets en or, les pendentifs en jade de notre mère ainsi que les objets du culte : brûle-parfums, chandeliers, plateaux d'argent... Elle avait tenté de me retrouver à plusieurs reprises pour me transmettre l'héritage familial et les bijoux de notre mère, car je suis l'aîné de la famille et de ce fait chargé du culte, mais malheureusement elle est morte trop tôt, des suites d'une occlusion intestinale. Quand j'ai retrouvé sa trace, j'ai fait la rencontre de mon beau-frère, son mari, qui a tout nié. Le comble, il m'a même chassé de sa maison à coups de bâton. Furieux, j'ai kidnappé son fils dans l'espoir de négocier avec lui, car je pensais qu'il devait aimer son enfant. Seulement, le brigand préfère garder la fortune plutôt que de récupérer son fils et il n'a même pas donné signe de vie... L'histoire s'arrête là et je suis bien embarrassé désormais...

L'homme pousse un gros soupir. Le vieux Môc tapote la table avec son doigt un long moment :

— Le garçon n'a pas vraiment l'air d'aimer beaucoup son père... Pauvre petit.

— Il paraît que mon beau-frère possède beaucoup d'or. On dit même qu'il est à la tête d'une filière de contrebande qui convoie l'opium de la plaine vers Meo Vac. Il y a quelques jours, un ami m'a dit l'avoir aperçu là-bas.

— Et le petit. Qu'allez-vous en faire ?

— Nous n'avons pas d'enfant, ma femme et moi. Je pense le garder.

— Il faut que l'enfant soit d'accord. S'il ne l'est pas, il se flétrira comme une plante qu'on aurait arrachée à sa terre nourricière. Réfléchissez bien à ce que je dis...

Le patron soupire, reste silencieux. J'entends Dung rentrer et dire qu'il a acheté le gingembre et les piments pour le pho de demain.

Le patron, son oncle, lui dit :

— Va te laver et ensuite au lit, fiston.

— Oui, répond Dung, qui passe devant notre lit comme une ombre.

J'entends l'eau couler dans la cour. Des bruits de sabots puis Dung le Maigrichon se glisse sous sa couverture dans le coin de la pièce. Je ne l'ai pas entendu dresser la moustiquaire. Je me rends compte, à ce moment précis, de la chance que nous avons eue toutes les deux, après avoir quitté nos mères, de rencontrer un homme aussi généreux que le vieux Môc. Je manque d'appeler Dung mais me retiens, de peur de déranger les adultes. De toute manière, il est tard. Le couple ainsi que le vieux Môc s'apprêtent eux aussi à aller se coucher. Je me tais. Le lit ne m'est pas familier et je mets un peu de temps avant de m'endormir. Le premier chant du coq retentit.

Le lendemain, je me réveille la dernière. Loan, qui a fini son petit déjeuner depuis longtemps, discute avec Dung le Maigrichon devant la porte d'entrée. La cuisine est en pleine effervescence. L'odeur grasse du bouillon de bœuf est écœurante. Les clients sont nombreux à table. Juste devant le restaurant, des montagnards ont disposé leurs marchandises : ignames, anis étoilé, champignons, pousses de bambou... La forte odeur du crottin de cheval agresse mes narines. Des silhouettes vêtues de bleu, de noir, de blanc passent. La rosée de la nuit, encore présente, empêche la poussière de s'élever. La foire bat son plein. La vendeuse de tofu fait une incursion dans le restaurant, remet à la patronne un panier entier de tofu fumant. Nous avons la chance de goûter encore une fois de ce plat fameux.

Ensuite, le vieux Môc nous dit :

— Allons faire un tour au marché.

Nous allons saluer le couple avant de partir. Dung, debout dans un coin, l'air triste, nous regarde avec envie. Le vieux Môc entraîne le mari vers l'arbre devant l'entrée. Ils discutent un long moment. Le patron revient dire deux mots à sa femme puis appelle Dung :

— Viens ici, Dung !

Le garçon se présente devant son oncle, il attend les instructions sagement. Le patron nous désigne du doigt :

— Veux-tu aller te promener avec tes amies ?

Surpris, Dung ouvre la bouche, désorienté. Il

regarde son oncle, puis la patronne, puis nous. Il semble inquiet, hésitant. Son oncle répète, d'une voix plus douce :

— Si tu veux partir en vacances pendant quelque temps avec tes amies, je te donne la permission.

La langue de Dung reste collée contre son palais. Il essaie d'articuler, y arrive au bout d'un moment, et dit d'une petite voix :

— Si vous me le permettez...

La patronne est directe :

— Si tu pars, je demanderai à la petite Dinh de venir nous aider. Si tu restes, tu ne vas pas arrêter de tirer une mine de déterré, ça ne sera pas gai.

Dung baisse la tête, chuchote :

— Oui, ma tante.

— Va donc faire ton sac ! dit le patron.

Dung le Maigrichon souffle un « oui » de joie, fonce dans la chambre préparer ses rares effets, qui ne remplissent pas une musette. Il salue ensuite son oncle et sa tante et nous emboîte le pas, tout excité. Notre « famille » se compose, à partir de ce jour, de quatre personnes.

UN VIEUX TIGRE ESTROPIÉ NOUS CONDUIT À UN LÉPREUX

Deux semaines après notre retour au village de Muôn, l'oncle de Dung le Maigrichon arrive un après-midi avec un cheval albinos. C'est un cheval robuste, tout blanc, sans une seule tache noire. Il a une longue queue. Sa crinière, abondante, semble n'avoir jamais été coupée. Puissant, sauvage, on dirait un animal des cavernes. Ses yeux rouges d'albinos, deux vrais rubis, sont perçants la nuit, mais ils pleurent le jour. S'il est livré à lui-même pendant la journée, il risque de foncer droit sur un bosquet ou de tomber dans un ravin. Môc est extrêmement satisfait de la trouvaille.

— Je vous suis très reconnaissant. Vous êtes vraiment un homme de ressources.

— Je vous dois encore beaucoup, vénérable Môc.

Ils se mettent à table pour boire un verre.

Le lendemain matin, le vieux Môc remet à l'oncle de Dung une liasse de billets empaquetée avant de le raccompagner au pied de l'échelle.

— Bonne chance. Dans quelques lunes, je reviendrai et séjournerai quelque temps avec vous. Au fait, comment se comporte le petit ?

Le vieux Môc rit :

— Les jeunes qui se retrouvent sont comme des plantes qui retrouvent la pluie. Regardez-les donc !

L'oncle semble satisfait. Dung est venu le saluer, et il reste sur la terrasse jusqu'à ce que sa silhouette disparaisse au bout de la route.

Dans les jours qui suivent, Môc commence la fabrication de la gélatine. Il nous explique l'origine de cette activité dans les tribus montagnardes. Il connaît les meilleurs producteurs... À l'époque, dans chaque village, une ou deux familles de nobliaux faisaient fortune grâce à la gélatine. Ils la fabriquaient puis descendaient la vendre dans la plaine. Là, ils en tiraient un bon prix dans les pharmacies. Les montagnards du village estiment qu'ils gagnaient dix à vingt fois la mise avec ce commerce. Les nobliaux employaient les villageois pour la chasse aux singes, aux tigres, aux chamois... Des vieillards expérimentés les dépeçaient et faisaient ensuite bouillir leurs os afin d'obtenir de la gélatine, été comme hiver. Ils travaillaient tellement qu'ils devenaient maigres comme des clous à force de respirer les vapeurs de bouillon de viande et d'os avariés. Les nobliaux les faisaient trimer comme des bêtes, les payaient quelques bols de sel ou quelques sacs de riz. Les bouilleurs de gélatine étaient misérables, leurs salaires minables ne suffisaient même pas à nourrir femmes et enfants. Et pendant qu'ils étaient postés devant les marmites, leurs champs étaient totalement abandonnés aux mauvaises herbes.

— Ils ne se sont pas révoltés ?

— Non. À l'époque, au-dessus de leurs têtes trônait le colon français. Sur leurs épaules pesaient les nobliaux et la soldatesque... Qui aurait osé se révolter ? L'injustice est pourtant mère de la rébellion. Les bouilleurs commencèrent par voler les rotules des tigres. En matière de gélatine, cet os est essentiel. Le squelette composé de ses centaines d'os devient immédiatement inutile s'il manque la rotule. La gélatine ainsi produite étant inefficace, il s'en est suivi une mévente pour les nobliaux. Quand les patrons s'en aperçurent, ils firent compter les os et surveiller les bouilleurs jusqu'à ce que tout fût totalement dissous. Les ouvriers trouvèrent un autre moyen. Ils enlevèrent l'écume durant la cuisson. L'écume contient toute la matière grasse et les éléments nutritifs. Ils procédèrent de la manière suivante : les vieillards se mirent à utiliser la tige centrale de la feuille de bananier pour remuer et tester la densité du bouillon. Cette tige est poreuse, elle absorbe l'écume. À raison de cinq, six tiges par marmite, ils parvenaient à la récupérer entièrement. Quand le bouillon devenait gélatineux, pendant que d'autres le versaient dans les moules, ils cachaient les tiges pour les rapporter chez eux. Là, ils en exprimaient la substance, récupéraient l'écume et l'ajoutaient à une cuisson d'os de singe. Ainsi ils obtenaient une gélatine mélangée de singe et de tigre d'une qualité redoutable.

— Y en a-t-il qui fabriquent de la fausse gélatine ?

— Oui, bien sûr. Jadis, les gens fabriquaient de la gélatine pour leur propre usage. Mais dès que les nobliaux des villages et les commerçants commencèrent à en vendre en plaine, la fausse gélatine est apparue. La vraie, ils la vendent très cher aux pharmacies. La fausse, fabriquée à partir d'os de buffles ou de vaches, est vendue partout, sur tous les marchés... Quand l'homme est cupide, il devient malhonnête.

L'année dernière je me suis fâché avec un ami chasseur car il a trompé des gens pour leur soutirer de l'argent. Il faisait très froid, tous les arbres étaient dépouillés de leurs feuilles. Mon ami était triste, sa femme l'avait quitté pour repartir chez sa mère. Elle se plaignait de lui depuis longtemps déjà. Deux jours durant, nous n'avons trouvé que des oiseaux, un porc-épic, juste de quoi faire une grillade. Le troisième jour, nous avons abattu un ours à collier d'un quintal environ. J'étais très content, je m'apprêtais à l'ouvrir pour prélever sa bile. Il faut le faire tout de suite, dès que la bête est morte, sinon la bile se répand dans le corps. C'est la raison pour laquelle d'ailleurs l'ours n'a jamais mal, même s'il tombe du sommet d'un arbre où il est allé chercher le miel d'une ruche. Un autre animal souffrirait de sa patte brisée ou de ses blessures. L'ours, non. Il reste là, les yeux fermés. La bile fait son travail en régénérant les blessures. Quand il ouvre de nouveau les yeux, il se relève, cahin-caha mais indemne, et rentre dans sa grotte.

Le vieux Môc s'arrête de parler, jette une poignée de sel gris dans le feu sous la marmite de gélatine. Le sel crépite, des étincelles vertes jaillissent comme dans une légende d'antan, pareilles à un arc de soudure. Nous retenons notre souffle. Il continue :

— J'en étais au moment où nous avions abattu l'ours à collier. J'étais sur le point de prendre la bile quand un groupe de géologues en randonnée, attiré par le coup de feu, est arrivé sur les lieux. Ils étaient dix, d'allure affable, des citadins. Le plus âgé a insisté pour nous acheter la bile pour son père âgé de quatre-vingts ans et arthritique. Nous étions d'accord. Le géologue était tout heureux, et il nous a remerciés chaleureusement, malgré le prix exorbitant que lui avait réclamé mon ami chasseur. Sur le moment, je n'avais rien dit afin de sauver la face de mon ami, mais je grondais d'une colère rentrée. J'ai sorti mon couteau, mais mon ami a arrêté mon geste, s'adressant au géologue : « Payez-nous d'abord la somme convenue, nous vous remettrons ensuite la bile. N'ayez crainte, nous ne partirons pas avec la bête... »

Ils nous ont laissé un acompte avant de repartir au village le plus proche pour chercher le solde. Après leur départ, j'ai dit à mon ami :

— Tu as vendu cette bile très cher, c'est du vol !

— Il va payer parce qu'il en a besoin. Tu ne vois pas à quel point il est content, même à ce prix ?

Dépité, je me suis assis pour faire la sieste, je n'avais aucune envie de me disputer avec lui. En me réveillant quelques instants plus tard, j'ai vu mon ami faire une chose étrange. Il avait sorti de sa besace une seringue munie d'une aiguille et il s'approchait du cadavre encore chaud de l'ours. Il l'a palpé pour trouver l'emplacement du foie, puis il a planté l'aiguille profondément. Très vite la seringue a été pleine d'un liquide vert sombre.

Je me suis levé, dès que j'ai eu compris son comportement de pirate.

— Ton esprit n'est pas droit comme le pin de la montagne. Il est tordu comme cette racine de lierre au fond du ravin. Tranche-toi l'index.

— Les gens de la plaine n'ont d'yeux que pour le plant de riz, ils ne savent pas voir la feuille de fougère. Laisse-moi faire. Dans un instant, le temps de fumer une cigarette, le foie va se remplir. J'ai déjà expérimenté ça, ne t'inquiète pas.

Le truand avait raison. En effet quand nous avons ouvert le ventre de l'ours quelques instants plus tard, le foie était plein, comme si personne n'avait jamais ponctionné la bile.

Loan, interrompant le vieux Môc, s'exclame :

— Je sais pourquoi, je sais pourquoi !

Devant nos mines ahuries, elle explique :

— Ce sont des cellules macrophages ! Elles sont contenues dans les organes des corps humains et d'animaux. Quand le liquide biliaire a été retiré, les cellules macrophages le remplacent.

Le vieux Môc acquiesce :

— Comme l'eau de l'étang qui déborde et remplit le trou creusé à côté, n'est-ce pas ?

Il continue :

— Nous étions en train de nous disputer quand les géologues sont revenus. Ils nous ont remis la somme exacte et je leur ai donné la bile de l'ours. Mon ami chasseur a pris l'argent. D'habitude, je ne réclame ma part qu'une fois de retour au village, après avoir partagé la viande et vendu les os. Cette fois-ci, j'ai demandé ma part tout de suite, et je l'ai aussitôt donnée au géologue.

Ce dernier, ne comprenant rien, a refusé, je lui ai dit : « Je vis seul. Je n'ai pas besoin de tant d'argent. Je vous trouve sympathique, vraiment ! Je vous offre ma part. » Craignant sans doute que je ne dévoile la vérité, mon ami chasseur s'est empressé d'abonder dans mon sens : « C'est vrai. Sa femme et ses enfants sont morts pendant la guerre. Seul maintenant, il ne sait pas quoi faire de tout son argent... » Les géologues nous ont chaleureusement remerciés avant de retourner à leurs travaux d'exploration. J'ai abandonné l'ours sur place et je suis rentré chez moi. De ce jour, j'ai décidé de ne plus jamais revoir cet homme à l'âme tordue qui avait été mon ami.

Le vent ravive les flammes dans l'âtre. Le vieux Môc jette encore une poignée de sel mélangé à de la terre noire dans le feu, faisant épanouir de nouvelles fleurs vertes, bleues, incandescentes.

Il nous propose de déguster du manioc grillé avant d'aller dormir. Loan invente sur-le-champ une autre façon de le préparer. Elle empile des bûchettes sur du charbon, et y dispose les tranches de tubercules de manioc coupées dans le sens de la longueur. Elle les retourne quand la première face est bien grillée. Ainsi, le manioc a un autre goût que d'habitude, pareil à la croûte d'un pain sortant du four. On peut le badigeonner d'un peu d'eau salée, ou alors le tartiner d'une couche de mélasse de canne, c'est délicieux.

Nous allons nous coucher tôt. Demain, avec le vieux Môc, nous avons décidé d'aller chercher les derniers troncs d'arbre au bas de la colline pour construire l'enclos. Depuis qu'il est avec nous, Dung le Maigrichon se montre très débrouillard, prenant toujours l'initiative de nouveaux travaux, même des plus pénibles, pour améliorer notre ordinaire. C'est un garçon, et d'être loin de chez lui depuis une année déjà lui a donné une véritable expérience de la vie. Loan et moi, nous ne sommes en fin de compte que deux petits oiseaux qui, sachant à peine voler, se sont retrouvés sous l'aile protectrice du vieux Môc.

— Vu sous cet angle, tu nous dépasses bien d'une tête.

En lui disant cela je pensais lui faire plaisir, mais il fait la moue, l'air de dire :

— Tu es bien une fille ! Futilités que tout ça !

Son attitude me fait enrager, mais je me retiens. Me lancer dans une querelle avec lui maintenant est risqué, nous n'aurions plus le temps de nous rabibocher avant de partir au travail et au travail, il se trouve que ce garnement devient notre chef...

Trois jours seulement après qu'on a inauguré l'enclos, le tigre estropié a emporté un veau tout juste né. Alertée, madame Kin arrive immédiatement pour voir le vieux Môc. :

— Vous êtes incroyable ! Le vent vous déracine un arbre et vous n'avez toujours pas peur ? Sans l'odeur humaine, le tigre n'en fait qu'à sa tête. Un veau aujourd'hui, demain un deuxième, puis ce sera le troupeau entier...

Môc ne dit rien. La nouvelle fait le tour du village. Les villageois lui conseillent de détruire l'enclos et de rapatrier vaches et cochons sous la case pour être tranquille.

Dung, Loan et moi n'osons rien dire. Cet enclos est le fruit de notre labeur, à nous quatre. Nous restons convaincus que les bêtes doivent vivre à l'écart des humains, c'est évidemment plus hygiénique. Mais nous nous heurtons à une vraie difficulté, une difficulté qui nous semble insurmontable. Je ne sais même pas à quoi ressemble un tigre, de là à imaginer le moyen de le détruire pour protéger le troupeau de vaches...

Nous avalons le repas de midi en silence. Au dîner, monsieur Môc nous remonte le moral :

— Courage. On a perdu une bataille, pas la guerre. Occupons-nous l'esprit. Dung, prends un livre, et vous les filles, faites donc un peu de broderie...

Avant notre départ de Lang, nous avions acheté beaucoup de fil à broder de toutes les couleurs ainsi que des stylos et des cahiers. Au début de notre séjour ici, je tenais mon journal intime. Puis je l'ai délaissé au fur et à mesure, lui préférant nos jeux. Nous avions bien essayé de faire de la broderie, deux fois exactement, mais nous avions abandonné la fleur à peine commencée. Nous étions plus attirées par la pêche dans le ruisseau, nous aimions mieux poser des pièges à porcs-épics, déterrer le taro sauvage, cueillir des figues en forêt... Nous étions devenues de véritables Robinsons, pas comme naguère sur l'île aux fleurs jaunes. À cause de toutes ces activités, le soir, après la toilette, nous étions immanquablement mortes de fatigue. Surtout après un bon dîner au coin du feu, nous n'avions plus qu'une envie, nous réfugier sous les couvertures et piquer un bon somme.

Depuis que Dung le Maigrichon est avec nous au village de Muôn, j'ai repris mon journal. Loan, plus paresseuse, continue de s'amuser. Dung, lui, avait emmené dans son sac un vieux bouquin appartenant à son oncle, *Les Trois Royaumes*. Le soir, on se fait la lecture à haute voix. On a tellement lu et relu cette histoire qu'on la connaît presque par cœur. À court d'idées ce soir, Môc nous envoie broder. Pour lui faire plaisir, nous enfilons quelques aiguillées. Mais le feu est intermittent, on y voit mal et les broderies sont de plus en plus approximatives. Finalement, nous nous mettons à griller des patates pour les déguster avec du miel. Dung relit pour la nième fois son livre, l'ombre de sa grosse tête se détachant sur le mur. Le vieux Môc fouille dans son armoire grande ouverte depuis tout à l'heure. Au bout d'un moment, je le vois en sortir une housse de fusil, des cartouches et quelques accessoires.

Les yeux de Dung brillent instantanément à la vue du fusil. Il délaisse son livre, vient s'asseoir à côté du vieux Môc qui nettoie les pièces tout en lui expliquant à quoi elles servent. Ils restent ainsi, côte à côte, à discuter. Quand nous allons nous coucher, les deux ombres, la grande et la petite, s'inscrivent toujours là, sur le mur.

Le lendemain Dung, l'air important, nous annonce :

— Grand-père Môc va inviter les chasseurs

qu'il connaît. Il veut abattre le vieux tigre estropié. Si ce tigre continue à sévir, personne ne construira d'enclos séparé pour les bêtes. Il va en parler au chef du village.

— Il va t'emmener le voir avec lui ?

— Bien sûr, je l'accompagnerai. Vous, non. Vous restez à la maison. Vous êtes des filles, vous n'avez pas à vous mêler de ces affaires importantes.

Il répond très naturellement, comme si c'était l'évidence même : le soleil se lève à l'est, se couche à l'ouest, la main est composée de cinq doigts, les oreilles se trouvent des deux côtés de la tête. Sans daigner donner plus d'explications, il ajoute :

— Pouvez-vous nous préparer le repas pour que grand-père Môc et moi puissions manger tôt ? Nous ne devrions pas tarder.

Je suis furieuse et ne lui réponds même pas. Loan, qui n'a rien compris, s'active pour mettre la table, préparer le repas. J'ai les yeux exorbités à force de tenter d'attirer son attention, elle ne saisit toujours pas. À vrai dire, je ne décolère pas de devoir vivre avec une amie aussi stupide, j'en ai presque la nausée.

Le vieux Môc arrive à ce moment-là, ajustant la courroie du fusil sur son épaule.

— Vous pouvez nourrir les cochons ? Je vais chez le chef du village avec Dung pour régler quelques affaires.

Loan dit :

— Oui grand-père Môc.

Je me tais. Le vieux Môc remarque mon silence. Il me demande :

— Bê ! Tu es déjà allée avec moi chez le chef du village... Tu veux venir ?

Je réponds très clairement.

— Non, grand-père Môc. Chez le chef du village, il n'y a que le verger de baccaurées et deux pamplemoussiers. Cela ne m'intéresse pas, prenez Dung avec vous. Mais quand vous irez avec vos amis à la chasse au tigre, je viendrai.

Loan, surprise par le ton brutal et acerbe de ma voix, me regarde, les yeux ronds. Dung se tait. Le vieux Môc fait un grand sourire, me caresse la tête :

— Oh là là ! Tu as un sacré caractère ! Dur comme du vieux bois de lim.

Il se penche, boit son vin du matin. J'aperçois un pansement à l'un de ses doigts. Oubliant immédiatement ma bouderie, je m'inquiète :

— Pourquoi avez-vous un pansement à ce doigt ? Vous êtes blessé ?

— Non, ce n'est pas grave.

— Alors pourquoi ce pansement ? Faites-moi voir. Si ça saigne encore, je vais vous mettre mon penghawar*. Il est beaucoup plus efficace que ceux de Loan et de Dung.

Embarrassé, le vieux Môc ne sait quoi dire, mais il semble touché par ma sollicitude :

* Penghawar (mot hindi) : poils jaunâtres et soyeux d'usage hémostatique provenant de la tige de diverses fougères arborescentes.

— Oh, ce n'est rien de grave, j'ai coupé des plantes médicinales ce matin et me suis simplement égratigné.

Il me montre le sachet de plantes pour me tranquilliser, puis demande à tout le monde de se dépêcher. Sur le moment, je l'ai cru. Ce n'est que bien plus tard, des années après, quand je suis revenue à Muôn pour lui rendre visite, que j'ai su la vérité. Il s'était coupé lui-même le doigt pour ajouter sept gouttes de son sang au verre de vin qu'il avait bu le jour même, faisant le serment de tuer le vieux tigre. Trente-deux ans auparavant, il avait juré ainsi à son oncle agonisant qu'il élèverait ses enfants jusqu'à leur maturité. Dix ans avant notre séjour chez lui, il avait juré sur l'âme de sa femme et de ses enfants qu'il ne se remarierait jamais pour continuer à cultiver leur mémoire... Je me souviendrai toujours de l'histoire de son doigt. Elle m'a fait comprendre que chaque être humain était un mystère dont on parvient rarement à lever le voile et qu'on n'a souvent pas assez de toute une vie pour saisir un seul aspect de la personnalité de quelqu'un.

Le vieux Môc part avec Dung chez le chef du village puis il fait le tour de Muôn pour rameuter ses amis chasseurs. Une semaine après, la chasse commence. La veille, les chasseurs ont organisé un repas pour invoquer la chance. Chez nous, Môc a tué deux poulets pour les offrandes aux anciens, conformément à la coutume des villes de la plaine. Il a prié un long moment devant l'autel, ensuite, une fois les bâtonnets d'encens entièrement consumés, il a appelé les voisins pour le dîner. Le repas s'est déroulé dans le calme. On a parlé de moissons, de champs. Personne n'a abordé la question du tigre, l'ennemi qui sème la terreur dans le village. Personne n'a chanté ni joué de la musique. Après dîner, chacun avant de regagner sa case a serré la main du vieux Môc pour lui souhaiter bonne chance.

Je tourne en rond. Quand le dernier convive est enfin parti, je m'approche de lui. Il m'attire dans ses bras affectueusement :

— La chasse n'est pas une occupation de femme. D'autant que tu es encore jeune, comme ces pousses de bambou. Obéis-moi. Reste à la maison. Je te rapporterai la griffe du vieux tigre pour que tu en fasses un collier. C'est un vieux tigre, estropié naguère par une chasse, il est rusé, sa griffe n'en est que plus sacrée. Elle te protégera de toutes les maladies.

Sa voix est si calme, si grave que je ne trouve rien à répondre. Avec Loan, on se retire dans notre chambre en silence. Dung dort déjà. Pour la première fois de ma vie, je me surprends à prier mes ancêtres de protéger le vieux Môc et de lui donner la victoire. Je n'ai jamais prié, je ne sais pas comment m'y prendre, mais dans mon cœur, je sais formuler ce que je veux. Et je crois que si on est sincère, si le vœu qu'on émet est juste, on est entendu.

La nuit est calme, immense. On entend les

cerfs bramer dans la montagne. Le feu se consume patiemment. Il veille, solitaire dans la nuit interminable, retenant mes prières dans sa chaleur douillette afin qu'elles ne s'envolent pas dans le vent glacial.

Quand nous nous réveillons, les chasseurs sont déjà partis depuis longtemps. Aucune trace de leur passage. Dans la cuisine, le foyer somnolent couve sous la cendre blanche des grosses bûches consumées.

Nous courons devant la case. La vallée est silencieuse, recouverte par la brume laiteuse. Au-dessus de la chaîne de montagnes, des nuages, semblables à des queues de renard, flottent paisiblement, ces mêmes nuages qui nous font frissonner de froid quand ils descendent sur les maisons.

— Quand est-ce qu'il est parti ? Il ne nous a même pas réveillés, s'étonne Loan.

— Les chasseurs doivent être discrets comme l'ombre dans la nuit, légers comme la fumée. S'ils préviennent tout le monde, ils ne rapporteront que la merde du tigre.

Dung s'exprime en homme d'expérience. Je retourne dans la grande pièce, pose la marmite de riz gluant sur la table et demande à Loan de donner aux cochons le paddy que nous avons cuit hier. Les deux truies le réclament bruyamment dehors. Malgré la perte du veau, le vieux Môc continue à isoler les vaches et les cochons dans l'enclos. Il défie le vieux tigre estropié. Aujourd'hui il peut gagner. Nous aussi, nous aurons gagné car les villageois suivront notre exemple, ils construiront des enclos séparés et la vie ici sera plus civilisée.

Dung et Loan ont la même pensée que moi. Nous attendons le retour des chasseurs avec impatience.

Aucun coup de feu ne nous est encore parvenu de la vallée. Pas un appel, pas un cri. Même pas un grand coup de vent. Les pamplemoussiers, les baccaurées, les aréquiers du verger sont immobiles. La brume s'est dissipée, un soleil tout blanc émerge de la couverture cotonneuse à l'orient. On dirait qu'il a été trempé dans du lait. Mais à mesure qu'il s'élève, ses rayons gagnent en éclat, réchauffent le sol.

Il est maintenant midi. Nous déjeunons sur le pouce, d'un peu de viande salée. Chacun évite de parler de la chasse afin de tempérer son agitation intérieure.

— Dung ! Lis-nous un passage des *Trois Royaumes* !

— Lequel ?

— Celui où ils se lient d'amitié dans le verger de pêchers.

Il prend le livre, commence à lire. Je l'écoute sans écouter. Après un chapitre :

— J'en ai assez... Qu'est-ce qu'on peut faire pour oublier cette chasse au tigre ?

Dung pose son livre et pousse un grand soupir :

— Moi aussi, j'en ai assez. Je n'ai pas la tête à lire...

— Et si on allait ramasser des escargots dans le ruisseau ? propose Loan.

Dung se tourne vers elle :

— Et si pendant qu'on ramasse les escargots, le tigre venait et attrapait un cochon ? Il a déjà pris un veau, il connaît le chemin. Les vaches sont sorties, il reste les cochons...

Loan écarquille les yeux, terrifiée :

— Il oserait venir en plein jour ? C'est effrayant ! Allons vite retirer les échelles, sinon il pourrait aussi bien monter.

Dung regarde en direction de l'enclos des animaux :

— Que diriez-vous s'il était là, assis en bas de la case ?

Loan hurle :

— Ciel, c'est horrible ! J'ai trop peur, s'il vient, je vais m'enfermer dans ma chambre.

Dung lui jette un regard torve :

— N'importe quoi ! S'il était ici, tu ne serais pas là pour discuter...

La voyant pâle comme une agonisante, il ajoute :

— Et tu crois qu'en enlevant les échelles tu l'empêcherais de monter ? Il ne lui faudrait qu'un bond pour être à côté de toi, ici même.

— Du calme, Loan. Il essaie de te faire peur. Il ne faut pas le croire. Ce garçon a des petites lèvres, c'est un menteur.

Dung, furieux, se tourne vers moi pour me disputer :

— Sachez que je vis dans les montagnes depuis un an déjà. Vous, vous n'êtes là que depuis quelques semaines. Et mon oncle vend des os de tigre, de singe et d'ours aux gens de la plaine pour fabriquer les gélatines. Toutes les histoires de chasse racontées à mon oncle et à ma tante, je les connais.

— Mais un tigre qui vient au village en plein jour, on n'a jamais entendu ça. Un animal, même le roi des animaux, a toujours peur de l'homme, dis-je.

Il fait la moue, siffle dédaigneusement. C'est vrai qu'il a des petites lèvres, à ce moment-là je le déteste...

— Tais-toi ! Tu dis n'importe quoi. S'il est acculé, un tigre peut s'introduire dans un enclos de vaches pour se cacher... Mais ça encore, c'est ce que ferait un tigre normal. Un tigre estropié, c'est un tigre qui devient un démon. Il croquerait même la tête des hommes, sans parler des vaches... S'il avait si peur des hommes, il ne serait pas revenu plusieurs fois au village pour se ravitailler !

Loan gémit, jette un regard angoissé au-dehors. Elle me dit :

— Bê ! Fermons la porte d'entrée...

Je la coupe :

— Non ! On ne ferme rien. Ne sois pas aussi lâche !

J'ai peur aussi. Mais je ne sais pas pourquoi

je m'emporte contre elle. Parce que Dung m'a énervée ? Ou parce que je considère qu'au moment où le vieux Môc et ses amis chasseurs courent de grands dangers, ne s'occuper que de sa propre sécurité est indigne d'êtres humains pourvus d'un minimum de sens moral et respectueux d'eux-mêmes ?

Dung et Loan se taisent. Le silence s'installe, se prolonge. Soudain, un hurlement. Je fonce vers la porte d'entrée, suivie par Dung et Loan. Un jeune homme traverse le village en courant, ses mains en porte-voix, poussant un cri en direction de la montagne. Le cri se répète, pressant, angoissant.

— Hé ! Où est grand-père Rôc ? Où est-il ?

— Vous avez trouvé le tigre ? Le tigre estropié ?

Nous l'appelons. Il nous jette à peine un regard et continue sa course vers la montagne à l'est.

Nous le suivons des yeux, angoissés. Le jeune homme est arrivé au pied du sentier. Dung le Maigrichon crie :

— Il va chercher le vieux Rôc. Je comprends, les chasseurs l'ont envoyé chercher Rôc.

— Qui est le vieux Rôc ? lui demandé-je.

Dung me regarde comme si j'étais une extraterrestre.

— Tu habites à Muôn et tu ne connais pas le vieux Rôc ?

Loan et moi nous regardons. En vérité, aucune de nous n'a encore entendu parler de cet homme. Devant notre air égaré, Dung explique :

— Ce village compte plus de vingt cases dans la vallée. Une seule habitation est isolée là-haut, dans la montagne.

Il pointe son doigt à l'est, désignant la montagne la plus haute, qui se dresse contre le ciel comme la pointe d'une flèche.

— C'est là qu'habite Rôc, le meilleur chasseur de la région. Il a commencé à chasser à onze ans. Ses parents sont morts quand il était petit. Il a été élevé par son grand-père qui lui a enseigné l'art de la chasse. Toute l'année, on peut lui acheter des peaux de tigre ou de panthère, des biles d'ours, des pythons, de la gélatine, des os... Il a tellement de clients que le sentier qui conduit du village vers chez lui est complètement aplati. À l'époque, il habitait dans la vallée. Sa case était voisine de celle du chef du village, derrière le flanc de la montagne, là-bas. Il montre du doigt l'endroit. C'était la plus grande case du village. Même les nobliaux craignaient Rôc car il était capable de viser l'œil gauche ou l'œil droit d'un chamois à quatre lancers de couteaux.

Il s'arrête, ses yeux suivent toujours l'homme qui court au pied de la montagne. Apercevant sa chemise verte entre les arbres, il dit :

— Il lui faut encore quinze minutes pour arriver chez le vieux Rôc, en passant par les goyaviers au bord du ruisseau.

Il marmonne. Je le presse.

— Et alors ? Continue !

— Il était si réputé que des gens proposaient de se mettre à son service pour apprendre le métier. Un an à son service leur coûtait une grande quantité de riz et de viande. Et aujourd'hui encore, ils viennent le voir, lui offrent des cadeaux. Surtout depuis l'accident.

— Quel accident ?

— Doucement... Il grimace. Le vieux Rôc avait beaucoup de disciples. Grâce à son enseignement, ils devenaient bons chasseurs. Afin de pouvoir servir les clients, sa femme n'allait plus aux champs. Le vieux Rôc avait beaucoup d'amis mais un seul fils. Il lui avait appris à chasser dès ses onze ans, comme son grand-père. Sa femme le suppliait de le laisser cultiver la terre et élever un troupeau. L'agriculture est moins risquée et même si on reste pauvre, on vit vieux. De toute façon, même sans rien faire, leur fils avait largement de quoi vivre avec la fortune de ses parents. Malgré les supplications de sa femme, Rôc était déterminé à former son fils à devenir un chasseur hors pair. Le garçon était intelligent, adroit, courageux. À seize ans, il avait déjà des ours et des sangliers à son tableau de chasse. Les disciples du vieux Rôc l'admiraient. Pour ses seize ans, Rôc décida d'organiser une cérémonie pour l'introniser dans la corporation des chasseurs. La veille de la cérémonie, le vieux Rôc organisa une chasse. Il dit à son fils de rester à la maison pour se présenter frais et dispos le lendemain aux membres de la corporation. Il partit avec deux disciples. Ce jour-là le brouillard était épais, on n'y voyait pas à vingt centimètres. Rôc était pourtant décidé à ramener du gros gibier. Un maître comme lui se devait de ne jamais rentrer bredouille. Il se mit sur la trace d'un ours à collier dont il avait repéré la grotte lors d'une chasse précédente. Cette fois-là, lourdement chargé, il avait abandonné la traque. Mais à présent, il pensait pouvoir l'abattre facilement. Comme un fermier qui rentre dans l'enclos pour tuer son cochon. Les chasseurs arrivèrent devant la grotte de l'ours et virent, dans le brouillard, une silhouette massive derrière un rocher. Le vieux Rôc leva son arme, tira. Son tir était celui d'un maître chasseur, la bête tomba à peine la balle sortie du canon. Mais ce ne fut pas le hurlement d'une bête touchée qu'il entendit, ce fut le cri d'agonie de son fils.

— Père ! C'est moi ! Tu t'es trompé !

Son fils lui avait désobéi. Il voulait rapporter un trophée pour son intronisation dans la corporation des chasseurs. Après le départ de son père, il était parti en forêt avec un camarade. Malheureusement, pour chasser le même ours à collier, car il était avec son père quand celui-ci avait repéré sa grotte.

Dung s'arrête de parler. Je me tais. Le récit est dramatique. Nous écoutons la suite :

— Après cet accident, la femme de Rôc est morte de chagrin. Lui a déménagé dans une case construite à l'endroit où son fils était tombé. Il y a érigé un autel à la mémoire de sa femme et de son enfant. Depuis, il reste là, sans rien faire, il ne va plus nulle part, il ne voit plus personne. Il a déposé son fusil devant l'autel, canon pointé vers le sol, et s'est juré de ne plus jamais chasser.

Je lui demande :

— Alors pourquoi ce chasseur court-il chez lui ?

— Depuis la mort de son fils, il a abandonné la chasse. Il vit du restant de sa fortune et des récoltes du petit lopin de terre qu'il cultive devant sa case. Mais son talent est resté intact et respecté. Peut-être les chasseurs sont-ils face à des difficultés que lui seul pourrait résoudre.

— D'après toi, est-ce qu'il va les aider ?

— Je ne sais pas, me répond Dung, l'air pensif.

— Comment sais-tu tout ça ? Tu viens à peine d'arriver au village de Muôn. Il y a moins d'une lune.

— Depuis que je suis là, tu n'as pas remarqué que je suis le seul à aller ramasser le bois ? Vous, les filles, vous déterrez le manioc, vous faites la cuisine et vous vous occupez de nourrir les cochons. Moi, chaque jour, en rentrant le bois, je passe déposer un fagot chez le vieux Rôc. Je l'ai vu une fois tout triste dans son jardin, il m'a fait pitié. Je croyais qu'il vivait seul, malade et pauvre, d'où ma compassion. J'étais loin de penser...

Nous restons silencieux, chacun poursuivant le fil de ses pensées. Le soir est tombé sans que nous nous en apercevions. Les derniers rayons de soleil rampent dans la vallée, pareils à des écharpes de soie blanche. Les feuilles ont troqué leur couleur verte pour le ton sourd du jeune plant de riz. Et soudain les rayons s'évanouissent. Les vaches, au son de la cloche en bois, sont revenues de leurs pâturages. Dung descend en vitesse pour les faire rentrer dans l'étable. Il nous presse de verser le son dans les mangeoires des cochons puis ferme l'enclos. Nous nous activons pour finir et regagner l'échelle avant que la nuit ne tombe complètement. L'image du vieux tigre estropié transformé en démon rusé nous fait frémir, tout comme l'histoire du vieux Rôc.

Pourquoi le crépuscule est-il si bref dans cette région ? Le soleil est à peine couché que la nuit envahit tout, sans une seconde de répit. Avec elle s'invitent le vent froid et l'humidité glaciale. C'est le moment où la vallée, les vergers, la forêt, la montagne, si beaux et si colorés le jour, deviennent des ombres fantastiques et menaçantes.

Après nous être lavés, nous chauffons l'eau et nous mettons à la cuisine. Nous avons faim.

— Faisons un grand feu. Cette nuit, on veillera, dis-je.

Dung et Loan sont d'accord. Mais après le repas, nous ne pouvons pas résister au sommeil. Je laisse Dung et Loan aller se coucher pour rester seule, au coin du feu. Malgré mes tentatives désespérées pour rester éveillée – je me tire les cheveux, je me pince, je me tords l'oreille –, je sombre rapidement. Le lendemain, je me retrouve couchée en chien de fusil à côté du foyer. Le feu couve encore, je l'avais alimenté avec des petites branches avant de m'endormir.

Dehors, les vaches s'impatientent, donnant des coups de cornes sur les parois de l'enclos. Les cochons, petits et grands, grognent, crient famine. Le jour est déjà bien avancé. En vitesse, je réveille Dung et Loan. Nous nous précipitons pour donner à manger aux cochons, lâcher les vaches dans la montagne. Pressées, elles se bousculent, montent les unes sur les autres en fonçant vers leurs prairies. Loan jette aux poulets un boisseau entier de grains de maïs. Avec un bâton de bois, elle essaie d'écarter les vieux coqs et les vieilles poules pour laisser picorer les poussins. Les coqs, une vingtaine, font les fiers, battent des ailes, haussent la tête pour chanter une dernière fois avant de se disperser dans le jardin.

Nous retournons dans la case. Loan met la marmite de riz sur le feu. Dung et moi, nous nous asseyons chacun dans un coin. La maison me paraît immense. Une vague de mélancolie me submerge. Deux jours seulement sans grand-père Môc et la case est déjà si vide. Sa figure rassurante au coin du feu où chauffe la marmite de riz nous accueille tous les jours au saut du lit, alors qu'il fume sa cigarette du matin. Sans lui, tout a l'air dépourvu de sens et abandonné... Dans quelques mois, quand nous serons reparties avec son neveu, grand-père Môc ressentira-t-il la même chose que moi en ce moment ?

Soudain, des hululements et des cris retentissent, venant de toutes parts. L'agitation est totale. C'est comme si tous les rochers, tous les arbres, répercutaient ces cris dans le ciel, formant un concert terrifiant. La foule des villageois se déverse dans la vallée. Les vieillards, les enfants, tous sont sortis de leur case pour regarder ce qui se passe à l'orée du bois. On attend.

L'instant s'éternise...

Un coup de vent agite les branches des arbres. La forêt s'ouvre pour laisser le passage aux hommes. Le premier est un chasseur d'une cinquantaine d'années, gibecière autour des hanches, fusil à la main. Il marche vite. Deux hommes le suivent. Puis quatre, courbés en avant comme pour haler une embarcation. On ne voit pas la bête. On ne voit pas non plus la silhouette familière de notre vieux Môc bien-aimé. Je saisis la main de Dung, je la serre. Dung prend la main de Loan. Personne ne dit mot. Nous sommes hypnotisés par le spectacle de ces hommes marchant sur le sentier de la montagne. Nos cœurs palpitent d'angoisse à la pensée des malheurs qu'aucun n'ose formuler.

Nous respirons avec peine.

Les hommes avancent vers le village. Le cortège disparaît parfois derrière des buissons, derrière des rochers, pour enfin apparaître dans son ensemble sur la route venant de la vallée. Je reconnais chaque visage. Le vieux chasseur en tête est un voisin de madame Kin. Les deux suivants habitent à côté de la case du chef du village. Quatre jeunes hommes, venant d'un village voisin, tirent le cadavre du tigre à l'aide d'une palanche semblable à celle à laquelle on attelle les buffles pour tirer la charrue. C'est une bête gigantesque, probablement très lourde, qu'on ne peut porter suspendue à un bâton. Un tigre qui ne ressemble pas aux peintures des temples. Il a une fourrure de couleur cendre, ses rayures pâles sont à peine discernables sur ses flancs et son échine. Avec les touffes de poils qui lui manquent par endroits, il a l'air misérable et sale. Son corps dégage une odeur forte et écœurante. Même mort, il donne la chair de poule. Mais nous sommes quand même un peu déçus par son aspect répugnant, il n'a rien de la prestance qu'on imaginait.

Un villageois donne un coup de pied au ventre de l'animal :

— Voyez-vous ça ! C'est ce ventre qui a englouti des dizaines de nos vaches et de nos cochons. Aujourd'hui, grâce au ciel, ce tigre démoniaque connaît enfin le même sort que ses victimes.

Délaissant le tigre, nous nous frayons un chemin pour demander aux chasseurs des nouvelles du vieux Môc. Les jeunes qui ont tracté la bête reprennent leur souffle péniblement. Le vieux chasseur tenant le fusil nous dit :

— Un jeune homme a été attaqué par le tigre. Il est mort. Votre grand-père est encore dans la forêt, à côté du corps.

— C'est lui qui a tiré ?

— Non. Le vieux Môc s'est fait une entorse au bras hier, durant la battue. C'est le vieux Rôc qui a abattu le tigre, Personne d'autre que lui n'aurait osé le faire.

— Où est Rôc ?

— Il est encore sur place, avec le vieux Môc.

— Quand est-ce qu'ils vont rentrer ?

— Ils reviendront quand la famille du jeune homme sera venue récupérer le corps.

Puis, à notre air inquiet :

— Cela ne devrait plus tarder. Quelqu'un est parti les prévenir.

Dung, silencieux depuis tout à l'heure, demande :

— Dans quel endroit de la forêt sont-ils, monsieur ? Est-ce près de la grotte du Singe Blanc ?

Le vieux chasseur hausse les sourcils :

— Tiens donc ! Tu connais la grotte du Singe Blanc ? Bravo ! En effet, ils sont à côté, à environ la moitié d'un lancer de couteau.

Dung se retourne vers nous :

— Restez ici ! J'y vais.

Il allait partir quand je le rattrape par le col :

— Attends ! Je viens avec toi, Loan ! Rentre à

la maison, Dung et moi, on s'absente juste un moment.

— Non ! Non, attendez...

Nous avons déjà disparu. Je pense que Loan n'osera pas nous suivre, elle est très peureuse. De toute manière, elle m'a toujours obéi. Et même si elle l'avait voulu, elle n'aurait pas pu nous emboîter le pas, elle est potelée comme une cane dodue. En effet, arrivée au bout de la route, je me retourne et je la vois en train de gravir sagement l'échelle de la case.

De notre côté, nous courons comme le vent, fonçant à travers les buissons d'épineux, trébuchant sur les cailloux, nous tailladant les mains sur les feuilles dentelées. Dung est un sacré garçon. Il connaît le chemin comme s'il avait vécu ici depuis des dizaines d'années. Je reconnais avoir beaucoup de mal pour le suivre.

— Bê ! Ma petite Bê ! Arrête-toi !

Le cri du vieux Môc parvient à mes oreilles, assourdi par le vent. Dans mon élan, je fais encore quelques pas.

— Bê ! Dung ! Qui vous a dit de venir ici ?

Le vieux Môc sort des buissons.

— Personne. Nous sommes venus vous chercher...

Je saute dans ses bras en haletant. Nous l'avons enfin retrouvé.

Grand-père Môc nous serre tous les deux sur sa poitrine de son seul bras valide. Son bras gauche est entièrement immobilisé.

— Vous avez une entorse ? Vous avez mal ?

— Non, il secoue la tête. Une entorse est chose courante. Quelques bonnes feuilles pour me frictionner et tout rentrera dans l'ordre.

À ce moment, le vieux Rôc s'approche lentement. C'est un homme grand, assez maigre, on le croirait fait d'un assemblage de racines d'arbres. Son visage est régulier mais marqué. Ses yeux sont brillants, durs, avec des reflets mélancoliques. Il serre la main de Dung. Ils se connaissent.

Grand-père Môc me fait asseoir sur une branche. Je sens immédiatement une odeur de pourriture. Je me rappelle que les deux chasseurs veillent le cadavre du jeune homme tué par le tigre. Je frémis.

— Il y a un mort pas très loin, n'est-ce pas ?

— Oui. Mais n'y pense pas.

— Pourquoi est-il mort ? N'est-ce pas un des chasseurs ?

— Non. Ce garçon était allé chercher du miel dans des ruches qu'il avait repérées. Il est tombé en pleine battue du tigre. Je lui ai dit de sortir du périmètre, de rentrer chez lui. Curieux, il ne m'a pas écouté, il voulait rester pour assister à la prise. Quand le tigre est arrivé, tout le monde a grimpé dans un arbre. Par malheur, moi qui ai le plus l'habitude de la chasse au tigre, j'avais mon entorse. Les autres n'ont pas osé tirer. Ce tigre était un vieux fauve, plein d'expérience. Il a goûté à la chair humaine, et il était capable de dévorer un homme comme une vache ou un porc. Il avait fui au son des gongs et des cloches, mais quand il a senti les hommes, il a fait le siège au pied des arbres. Tout le monde avait peur de lâcher prise, personne n'a tiré. Ça a duré toute la matinée, puis le tigre a rugi. Effrayé, le garçon venu récolter du miel est tombé évanoui par terre. Le tigre a aussitôt sauté sur le malheureux. Un des chasseurs, juché sur l'arbre le plus éloigné, a pu en profiter pour descendre et courir chercher le vieux Rôc au village. Le tigre, absorbé par sa proie, n'a pas remarqué sa fuite.

— Je l'ai effectivement vu courir dans le village à la recherche du vieux Rôc, dis-je.

— Oui. Sans le vieux Rôc, on ne sait pas ce qui se serait passé. Ce jeune chasseur a eu la bonne idée. Personne sauf Rôc n'aurait pu abattre ce monstre.

Je me tourne vers le vieux Rôc. Cet homme respectable a le regard fixé dans le vague, totalement indifférent à la conversation à son sujet.

— Comment l'a-t-il abattu ?

— Face à face, les yeux dans les yeux, continue le vieux Môc. Cette façon de tirer est très risquée. Le chasseur n'a que deux issues : tuer le fauve ou être tué. Le vieux tigre estropié se pourléchait les babines de sa langue rouge. Il venait de goûter à la viande humaine. Le vieux Rôc l'a mis en joue en marchant vers lui. Le tigre l'a regardé. La distance les séparant diminuait au fur et à mesure. Au moment précis où le tigre a fouetté l'air de sa queue pour bondir,

Rôc a tiré. En général, quand le tigre abat sa queue, c'est qu'il va bondir, tous les chasseurs le savent. Mais il faut le toucher immédiatement. Le coup ne doit pas dévier, l'arme ne doit pas s'enrayer. J'étais sur l'arbre, je n'avais rien d'autre en tête.

Il s'arrête, se frotte les yeux, exténué après deux jours de tension.

— Heureusement pour nous tous, le vieux Rôc a fait mouche au premier tir. La balle s'est logée entre les deux yeux du fauve. Il a sauté en l'air d'un bon mètre avant de retomber. Il a eu quelques soubresauts avant de mourir. Vous avez vu sa dépouille au village ?

— Oui grand-père Môc, mais je suis déçue. Il est sale et il sent mauvais. Ça ne donne pas envie de le regarder.

Le vieux Môc me caresse la tête, souriant.

Je commence à avoir faim. J'allais proposer de rentrer à la maison quand un homme sort du bois. Il me fait peur en arrivant soudainement et je me jette dans les bras de grand-père Môc. Une fois que j'ai repris mes esprits, le spectacle me laisse sans voix. Cet homme a la lèpre. Son visage est boursouflé, lui donnant une tête de lion, ses oreilles sont nécrosées et ses deux mains tordues, avec des doigts manquants. Il semble deviner l'effroi qu'il éveille en moi ainsi qu'en Dung le Maigrichon. Il reste à distance. Ses deux pieds, chaussés de souliers déchirés, s'immobilisent à environ vingt pas de nous.

— S'il vous plaît, donnez-moi le cadavre de cet homme, implore-t-il d'une voix rauque.

Les vieux Môc et Rôc restent assis, impassibles. Nous deux, nous sommes agrippés à eux comme le lierre à l'arbre. Cet homme misérable continue :

— Qu'en faites-vous de ce corps ? Donnez-le-moi, il me sauvera. Depuis des dizaines d'années je vis dans la montagne comme un singe sur un arbre, un serpent dans son trou...

Il s'arrête, comme si l'humiliation de devoir nous parler ainsi l'étranglait. Il reprend, avalant sa salive difficilement, pointant ses quelques doigts restants vers les arbres :

— Voyez par vous-mêmes. Même un singe a des doigts pour grimper, pour cueillir des fruits. Même un serpent parvient à ramper. Alors que moi... combien de fois ai-je ramassé des feuilles empoisonnées, mais le Ciel n'a pas voulu me donner le courage de les avaler... S'il vous plaît, donnez-moi ce cadavre... Grâce à lui, je pourrai redevenir un être humain !

Il désigne le corps déchiqueté du jeune homme tué par le tigre. Je n'ose pas suivre la direction qu'indiquent ses doigts ni le regarder. Je me détourne. Le vieux Môc reste silencieux. Le vieux Rôc pose son fusil sur l'épaule et lui répond avec calme :

— Cet homme est du village. Il faut demander aux gens de sa famille qui vont venir le chercher.

Le lépreux supplie, pitoyable :

— Je vous jure que je l'enterrerai correctement après avoir fait ce que j'ai à faire. De toute manière, il est mort. Donnez-moi la possibilité de retrouver une vie humaine. Ne me laissez pas pourrir dans cette existence d'insecte, de ver de terre. Ou alors j'en viendrai vraiment à manger des feuilles empoisonnées pour en finir.

La voix s'éraille comme s'il pleurait.

Les deux chasseurs se regardent. Monsieur Môc dit :

— Bon ! Vas-y ! Mais il faudrait l'enterrer dans le respect des traditions. Tu sais bien que si un lépreux touche le corps d'un mort, il ne peut plus avoir de funérailles.

Le lépreux se prosterne :

— Oui ! Je sais.

Il disparaît. J'entends ses pas qui s'éloignent, puis des bruits de course. Dung et moi ne comprenons rien.

Le vieux Rôc s'adresse à son ami :

— Raccompagne donc les enfants au village. Regarde comme ils sont pâles. Je resterai ici à attendre la famille de ce malheureux.

— Tu vas dire...

Le vieux Môc hésite, mais son ami l'arrête.

— Je sais. Sois tranquille. Rentrez devant.

Sitôt dit, il s'allume une cigarette. Le bruit des pas de course continue à résonner dans la forêt. On dirait que quelque chose se passe à une centaine de mètres de là où nous sommes.

Sur le chemin du retour, personne ne dit un

mot. Nous nous dépêchons. Au village, on a découpé la viande du tigre pour la distribuer à chaque famille. La peau, le squelette et les griffes nous attendent devant chez nous, sur la terrasse. Le plancher en bois est maculé de sang séché.

Loan nous montre aussi un panier de viande, notre part. La viande dégage une odeur forte, étrange. Je dis à grand-père Môc :

— Ne mangeons pas cette viande. J'ai très peur.

— D'accord. On va tout donner au vieux Rôc. La peau également. Gardons les griffes pour en faire un collier à chacune. Et nous ferons bouillir le squelette pour fabriquer une gélatine qu'on partagera avec les gens du village.

Nous nous lavons à la gouttière. Monsieur Môc se prépare un bain chaud. Il jette dans l'eau chaude quelques feuilles sèches. En quelques instants, elles se gonflent, dégageant un très agréable parfum de basilic sacré. Après sa toilette, il appelle madame Kin. Elle enlève le garrot en bambou, malaxe des feuilles avec une gélatine noire comme des graines de pommes-cannelles puis en fait une compresse sur son bras. Elle enveloppe ensuite le bras blessé avec un tissu léger, sans l'immobiliser complètement.

— Pas de travaux lourds. Trois jours et tout sera redevenu comme avant.

Le vieux Môc lui demande :

— Vous étiez là quand ils ont partagé la viande ?

— Oui.

— Ont-ils brûlé les moustaches de la bête ?

— Oui. Ils ont d'abord brûlé les moustaches avant de la découper.

Elle s'en va. Monsieur Môc semble satisfait :

— C'est bien.

Il parle tout seul. Puis il entre dans la cuisine pour manger avec nous. Il est midi tout juste.

Le vieux Rôc monte l'échelle alors que nous en sommes au milieu du repas. Il a l'air fatigué, la mine hagarde. Posant son fusil contre le mur, il attrape une bassine pour aller se laver.

Le vieux Môc se lève, va prendre de l'eau chaude et mettre des feuilles parfumées dans la bassine de son ami. Le vieux chasseur enlève son chapeau et secoue ses cheveux blancs avant de faire sa toilette. Puis il vient s'asseoir à côté de Dung.

— Bon appétit, grand-père Rôc.

— Merci, continuez à manger.

Son visage est mélancolique, très secret.

Le vieux Môc va chercher une gélatine de tigre dont il coupe deux tranches dans deux bols. Il la fait fondre au-dessus du feu avant d'y verser de l'alcool de riz. Le parfum de l'alcool s'épanouit, enivrant. Rien qu'à le respirer je me sens un peu ivre, comme le jour où j'avais trop mangé de riz fermenté à la fête de mai.

Le vieux Môc lève son bol :

— Je bois en ton honneur, Rôc. La souffrance ne peut abolir la volonté. La tristesse ne peut émousser le réflexe du chasseur. À partir d'aujourd'hui, le fusil retourne à la forêt. Le tigre et le sanglier doivent mourir pour la paix du village.

Le vieux Rôc ne dit rien. Il lève son verre, boit d'un trait.

— Le premier verre, c'est pour se congratuler. Le deuxième, c'est pour se réchauffer le ventre.

Le vieux Môc verse à chacun un autre verre tout en parlant. Après avoir bu, ils entament le riz accompagné de viande grillée. Loan a fait une soupe avec les petits poissons-chats à la tête aussi grosse qu'une boîte d'allumettes que nous avions pêchés dans le ruisseau quelques jours auparavant. La soupe, pimentée et parfumée aux herbes, les rend visiblement heureux.

— C'est bien de vivre avec des enfants !

— Oui ! Ils sont gentils et intelligents.

Le vieux Môc hoche la tête puis demande :

— La famille du malheureux a-t-elle posé des questions ?

— Je leur ai dit que le tigre avait dévoré tout le corps. Je leur ai suggéré de faire une cérémonie funéraire à la lisière de la forêt.

— Et le lépreux ?

— Il a pris le cadavre dans ses bras pour que son sang coule sur ses vêtements et sur son propre corps. Il croit que le virus de la lèpre va le délaisser pour se loger dans le sang de la victime... Tu sais où il habite ?

— Il habitait dans la forêt des aiélés noirs. Puis les gens du village l'ont chassé de là. Mais il a un cousin qui lui apporte à manger en bordure du bois.

Le vieux Rôc hoche la tête :

— Je le connais, ce cousin. Il a pitié de son aîné, mais il a peur de l'approcher. Une fois par lune, il lui apporte du riz, du sel, du pétrole et des menus accessoires qu'il dépose dans une grotte... Tu sais où il se terre ? Dans la grotte aux Chauves-Souris derrière la grotte du Singe Blanc. C'est un vaste et confortable repaire où les paysans viennent se reposer parfois durant leurs travaux aux champs. Le lépreux a très peur de les rencontrer, il a déménagé dans la grotte du fond, qui est sombre, étroite, jonchée d'excréments de chauves-souris. Quelle vie ! On se demande comment il fait pour ne pas crever.

— Le lépreux n'a pas d'autres parents, pas de famille ?

— Quand j'étais enfant, sa famille était très riche, répond le vieux Rôc. À cette époque il n'avait que deux ou trois ans. Le troupeau de vaches de sa famille se chiffrait à plus de trois cents têtes. Sans compter les cochons en dessous de leur case. À vingt ans, le jeune homme a malheureusement attrapé la lèpre. Ses patents ont fait venir des cohortes de médecins. Mais sa maladie n'a cessé de s'aggraver. Les gens du village ont pris peur. Ses parents ont dépensé des sommes folles en offrandes aux nobliaux pour que leur fils ne soit pas mis à l'écart. Son père a fait venir de la plaine des chariots entiers de tabac pour qu'il s'y étende. On a ensuite tenté de le guérir par la méthode de la vache : on enferme le malade dans le ventre d'une vache qu'on a évidée de ses viscères. Il n'y a plus que la tête qui dépasse pour respirer et manger. Le virus de la lèpre est supposé laisser le corps de l'homme pour s'attaquer à la viande de vache. L'opération, répétée une centaine de fois, est censée être efficace. Tout le troupeau familial y est passé sans résultat. Les orteils sont tombés les uns après les autres. Les villageois, terrifiés, ont fini par chasser la famille entière dans la forêt. Et les parents se sont suicidés en s'empoisonnant. Lui, il tente de survivre... Il a presque quarante ans, n'est-ce pas Môc ?

— Oui, ça doit être ça.

Nous avons fini de manger. Je dis aux deux vieux chasseurs :

— Les villageois n'ont pas le droit d'expulser les lépreux dans la forêt. Ils n'ont rien fait de mal.

— C'est vrai. Mais tout le monde a peur de la contagion. Tout à l'heure, dans la forêt, toi-même, tu n'as pas osé le regarder, me dit Môc.

— Oui. On a toujours peur quand on regarde un malade. Mais je suis sûre que sa maladie peut être guérie. Dans notre pays, il y a des établissements pour les lépreux. Là-bas, ils guérissent, ils se marient, ont des enfants, cultivent leur jardin, vont à la pêche. Vous n'êtes pas au courant parce que vous ne lisez pas les journaux.

Les deux vieillards me fixent d'un air incrédule. J'insiste :

— Je vous jure que c'est la vérité. Dites au chef du village d'écrire un courrier au service départemental de la santé. Ils nous enverront des infirmiers qui le conduiront dans un établissement pour lépreux.

Le vieux Rôc dit calmement :

— Si c'était vrai, ce serait bien. Dans l'autre montagne, il y a aussi un couple de lépreux. Sur l'ensemble de la commune, on peut en recenser quatre ou cinq. Et il y en a aussi dans le district. Même s'ils vivent dans la forêt, ils boivent l'eau du ruisseau et se lavent dans le ruisseau. Ils sont en amont des villages. Les gens peuvent être contaminés sans le savoir. Tu as raison. Cet après-midi, passons en parler au chef du village.

Le vieux Rôc est un homme d'action. L'après-midi même, il entraîne le vieux Môc chez le chef du village. Les fonctionnaires de la commune ou du district sont souvent embarrassés dans ces affaires. De temps en temps, une délégation de villageois vient leur demander d'expulser des lépreux vers la forêt. Quand les malades ne sont pas victimes d'incendies volontaires ou de lapidations cruelles. Aussi le village envoie-t-il immédiatement une note au service départemental de la santé. Quelques semaines après, la réponse arrive. Mais il faudra attendre trois mois, bien après la fête du Têt, quand Loan et moi serons arrivées au poste de Khâu Phai, pour que des infirmiers de la ville viennent chercher les lépreux et les emmènent se faire soigner. C'est en tout cas un beau souvenir que nous gardons du village de Muôn. Comme la construction des enclos séparés pour les vaches.

RENCONTRE INOPINÉE SUR LE CHEMIN DE LA FRONTIÈRE

NOTRE FAMILLE DE QUATRE PERSONNES vit dans le bonheur total. Pour le vieux Môc, nous sommes ses petits-enfants. Quant à nous, nous l'aimons et le respectons comme un grand-père. Dans le village de Muôn, Dung le Maigrichon se sent comme un poisson dans l'eau. Depuis que le vieux Rôc est retourné chasser, ils sont inséparables. Il fait la navette nuit et jour entre chez nous et le vieux chasseur, de l'autre côté de la montagne. L'image de chef Cân, ce père calamiteux, a probablement disparu de sa mémoire. Il s'est intégré comme par enchantement à la vie du coin. À la façon de s'habiller, de parler ou de marcher, on ne saurait faire la différence entre lui et un garçon du village. Les deux vieillards l'adorent. Et il est devenu un véritable chasseur. Également doué pour ramasser le bois et cultiver le manioc, il se révèle intelligent et habile de ses mains. Il bricole et répare tout avec soin : le mortier, la gouttière, la jarre d'eau. Le vieux Môc a acheté un poney de deux ans. Quand lui et Dung caracolent le temps d'une promenade, ils sont beaux et fiers comme les généraux des *Trois Royaumes*.

Loan Graine-de-jacquier s'est elle aussi bien installée dans le confort de cette nouvelle vie. Cela convient à son manque d'initiative. En général, c'est moi qui lui dis quoi faire.

Pour ma part, malgré l'amour de grand-père Môc et ma gratitude envers lui, je n'ai pas oublié l'objectif que je m'étais fixé. L'image de mon père est toujours présente dans mon esprit et si je pouvais être là-bas, avec lui, il serait certainement très heureux.

Un soir d'hiver, je dis à grand-père Môc :

— Je veux aller à Khâu Phai pour revoir mon père. Quand est-ce que je pourrai partir ?

— Je connais ton cœur, dit-il en hochant la tête.

Un voile de tristesse passe devant ses yeux.

— Je viens de recevoir une lettre de mon neveu de Nuong Le. Il me promet de venir pour le Têt. Après les fêtes, il pourra t'emmener là-bas.

— Merci grand-père Môc, chuchoté-je.

Le vieux Môc sera certainement triste quand nous aurons quitté le village de Muôn. Il se retrouvera seul dans son immense case sur pilotis, avec pour unique compagnon le feu qui brûle dans la cuisine. Mais je ne peux pas rester ici avec lui pour toujours. Je dois partir.

Je lui dis :

— Je ne vous oublierai jamais. Quand je serai grande, je reviendrai vous rendre visite.

— Je sais que tu es une bonne fille. Une enfant qui aime aussi fort ses parents sera une adulte fidèle.

— On a encore deux mois devant nous !

— Oui. Je t'emmènerai visiter toutes les montagnes alentour. Je te ferai découvrir tous les petits et grands ruisseaux de la région...

Il tiendra parole. Chaque semaine il nous emmène sur son poney alezan, Loan et moi, pour explorer la montagne, d'est en ouest. Nous découvrons alors des cascades plus belles encore que celles des cartes postales. Le vieux Môc nous fait goûter des figues mûres au cœur de miel confit. Il nous enseigne l'art de s'orienter en forêt la nuit et le jour, il nous apprend à distinguer les fruits toxiques et les fruits comestibles. Il nous dévoile la traîtrise de ces fleurs somptueuses ou de ces jolis champignons qui vous brûlent la peau, vous aveuglent ou vous empoisonnent.

Les jours sont courts en hiver. On dit qu'au mois d'octobre, ils ne durent que le temps d'un sourire. Les semaines s'écoulent rapidement elles aussi, comme les balades avec notre poney alezan dans la vallée.

Une lune passe ainsi et les gens s'activent déjà aux préparatifs du Têt. Ici personne ne vénère les génies du Tao comme dans la plaine. Dès le quinze on a commencé à aller cueillir dans les montagnes de gros paquets de feuilles de phrynium. Le village de Muôn est loin de la nationale, et les feuilles qu'on y ramasse ne sont pas destinées à la vente. Mais ceux qui vivent près de la route gagnent des milles et des cents à chaque Têt en en vendant. Je me rappelle avoir vu, quand j'étais en plaine, des trains entiers couverts de feuilles d'un vert pimpant converger vers Hanoi.

Dung le Maigrichon a cueilli pour nous un grand panier de feuilles. Il en a aussi réservé un petit panier pour le vieux Rôc. Il a appris à confectionner des gâteaux ronds en forme de bûches, les banh tet, comme ceux des montagnards, et des gâteaux carrés, les banh chung, comme ceux des gens des plaines. Grand-père Môc lui propose d'en confectionner chez nous le 27 du dernier mois de l'année lunaire, et chez le vieux Rôc le 28. Notre mission à nous, les filles, c'est d'abord d'aller laver les feuilles de phrynium au ruisseau, de bien les nettoyer, en les gardant intactes, sans les casser ou les écraser. Plus elles sont propres, plus on peut conserver longtemps le gâteau qu'on y enveloppera. Ensuite, il nous faut préparer le riz gluant, le piler pour les gâteaux de pâte de riz. Pour la charcuterie, il y a le monsieur barbu. Il est quasiment le boucher du village. Quand quelqu'un veut tuer un cochon, c'est lui qui officie. En cette saison, il ne chôme pas. Il ne peut tuer son propre cochon que le 29, tellement il est sollicité. Et puis, c'est vraiment pour dire que c'est son cochon, car son panier est déjà plein de viande, chaque famille lui en ayant offert un quartier en guise de remerciement. Le tout fait bien l'équivalent d'une bête d'un bon quintal.

En montagne ce n'est pas comme en ville. Le jour du Têt est comme un autre jour de l'année. Pas de lampions, pas de guirlandes sur les vitrines des magasins, pas de panneaux publicitaires, pas de foule. Parfois, quelques pétards rappellent les jeux des enfants de la ville. En revanche, devant chaque case se dresse un mât en haut duquel sont suspendus des petits gongs en argent et en cuivre qui tintent gaiement sous le vent, ainsi que des figurines d'animaux en papier. Un cercle peint en blanc entoure le pied de chaque mât. Toutes les cases arborent un drapeau, même si ce n'est pas la fête nationale. En dehors de cela, il n'y a pas grand-chose de visible dans les rues. Toute l'activité du jour du Têt se passe autour du feu, dans la cuisine : on écrase la viande pour les pâtés, on confectionne les différents gâteaux, on fait frire le riz soufflé, on y mélange le miel, on fait griller les bonbons de riz, on fabrique des confitures... Les poêles, les casseroles, les marmites dégagent une bonne odeur. Les villageois de Muôn font un riz soufflé extraordinaire, beaucoup plus sophistiqué que celui cuisiné en plaine. Dans un premier temps, on cuit le riz gluant à la vapeur. Ensuite, on l'étale sur les braises pour le faire sécher. Les grains prennent alors une belle transparence. Enfin, on les torréfie dans une large poêle à frire en fonte posée sur les braises, jusqu'à ce qu'ils gonflent au maximum. L'opération terminée, on mélange le riz ainsi soufflé avec du caramel et on le réserve dans des moules. Cela donne des gâteaux de riz soufflé délicieux, souples sous la dent et non pas craquants comme ceux qu'on fabrique en plaine. Pour les bonbons de riz et les confitures, le village s'en remet entièrement au vieux Môc. Ces deux spécialités viennent de la plaine. C'est lui qui les a introduites à Muôn. Il fabrique des bonbons de riz parfumés au gingembre, à la réglisse, délicatement sucrés, fermes au toucher mais moelleux en bouche. Saupoudrés de farine, rangés dans une boîte, ils se conservent des mois. Ses bonbons sont bien supérieurs à tous ceux qu'on peut acheter sur les marchés du Têt en plaine.

Organiser la fête du Têt est un travail éreintant. Loan et moi ne cessons de courir à droite, à gauche. Des centaines de tâches surviennent à chaque instant, rien qu'à la cuisine. Mais ce sont aussi les moments les plus joyeux de l'année. Quand tout est enfin terminé, le vieux Môc dispose les plats sur l'autel des ancêtres et nous envoie prendre une douche chaude afin d'accueillir la nouvelle année. Il fait sa toilette, se change puis allume les bâtonnets d'encens avant de faire sa prière devant l'autel.

Dans la lumière blafarde des bougies et des lumignons, nous découvrons un vieillard, un vieillard bien différent du vieux Môc que nous connaissons. Son visage devenu grave rend l'atmosphère solennelle. On dirait que des ombres sont arrivées dans la pièce où nous sommes, des gens inconnus de nous, revenus d'un autre monde pour bavarder avec le vieux Môc.

Je me souviens que mon grand-père m'avait dit quand j'étais toute petite : « Il est possible d'aller à la rencontre des esprits des morts. On peut même entendre ce qu'ils disent si on a la chance de poser la tête sur un oreiller de plumes de corbeaux. Mais pas de ces corbeaux qu'on chasse en forêt. Ce sont des plumes ayant appartenu à des vieux corbeaux retrouvés morts dans une grotte, un précipice, ou un champ. »

Je voudrais tant posséder cet oreiller magique en cet instant même. Avec lui, je pourrais certainement voir la femme du vieux Môc et ses deux filles si belles. Je les entendrais se plaindre, dire que depuis leur décès sous la botte de l'ennemi elles n'ont cessé de penser au village, de penser à lui. Que la terre est si froide, qu'elles voudraient tant qu'il ne les oublie jamais, qu'il prie pour les ramener à la vie.

Ma rêverie est brutalement interrompue par une série de pétards.

Grand-père Môc a fini de prier :

— Allons les enfants, honorons ce dernier dîner de l'année. Pour la nouvelle année, je vous souhaite beaucoup de santé, une santé de fer. Que vous soyez toujours heureux, beaux comme un habit neuf.

Nous commençons à manger, très embarrassés, car c'est la première fois que nous recevons des vœux aussi solennels.

Je lève mon verre de vin, en notre nom à tous les trois :

— Nous vous souhaitons un magnifique printemps, aussi resplendissant que la fleur de prunier dans la montagne, aussi limpide que le ruisseau qui coule dans le jardin des goyaviers. Que vos bras, vos jambes soient plus solides que la roche de montagne et plus souples que les racines des arbres. Nous vous aimons beaucoup. Vous êtes notre grand-père.

Je rougis comme une tomate. Jamais je ne me serais crue capable d'exprimer mes sentiments d'une façon si directe, d'une traite. Je ne suis encore qu'une enfant.

Visiblement ému par mes paroles, monsieur Môc se tait un long moment.

— Je connais ton cœur. Je connais vos sentiments à tous les trois. Vous grandirez, vous deviendrez des adultes inébranlables comme la montagne. Vous ne serez pas de ces herbes folles au bord des routes, qui penchent à l'est quand le vent souffle à l'est et à l'ouest quand il souffle à l'ouest... Levons donc nos verres pour la nouvelle année.

Une série d'explosions de pétards éclate à cet instant, se relayant d'une case à l'autre dans le village. Monsieur Môc vide son verre, va allumer la bande de pétards suspendue devant notre case. Immédiatement, d'autres répondent en une suite joyeuse.

Dung le Maigrichon est très fier :

— Vous entendez ? Ce sont les nôtres qui font le plus de bruit.

— Tu es un bon artificier. Tu seras un homme bien, tu sais ?

Monsieur Môc le félicite.

Dung est aux anges. Il a fabriqué les meilleurs pétards, alors que ce sont les enfants du village qui lui ont appris.

Il est non seulement habile, mais il a également de grandes qualités morales. Après manger, il descend le long de l'échelle chercher une torche dont il garnit l'extrémité avec de la sève d'aiélé.

— Nous avons fini de dîner. Je vais rendre visite au vieux Rôc pour qu'il ne se sente pas trop seul.

Le vieux Môc hoche la tête, satisfait :

— Tu as eu la même idée que moi. Tu es digne d'être mon petit-fils.

Il accompagne Dung devant la case, allume de ses mains la torche et la lui remet. La nuit est noire. Seule brille la lueur de la torche. Nous suivons des yeux cette flamme tremblotante jusqu'à ce qu'elle s'évanouisse dans les ténèbres.

Les gâteaux de riz sont enfin cuits. Le vieux Môc nous dit d'aller nous coucher. Il n'a pas encore sommeil et se propose de veiller la cuisson d'un lot de gâteaux au miel. Je lui demande pourquoi en refaire, alors que nous avons déjà une grande quantité de gâteaux de riz, de bonbons de riz, de confitures de fruits. Il rit :

— On en aura certainement besoin, ma fille.

Il s'assoit à côté de la marmite bouillonnante. Nous partons rejoindre nos couvertures. La nuit est avancée, il fait froid. Loan sombre dans ses rêves, sitôt couchée. Quant à moi, je n'arrive pas à m'endormir, la question concernant le retour du neveu du vieux Môc ne cesse de me tracasser. Dans la journée, je me retiens de la lui poser, de crainte qu'il pense que je suis pressée de le quitter. Mais la nuit, mon impatience remonte à la surface. De plus, avec le Têt, mon désir de repartir grandit. Je pense de plus en plus fort à mon père. Bien sûr, ma mère occupe également mes pensées, mais elle est en ville et n'éprouve sûrement pas le même sentiment de solitude et d'isolement que mon père. Ce que j'ai vécu ici m'a fait entrevoir la vie des soldats de la garnison frontalière.

Au milieu des forêts, des montagnes, des villages... Mais la vie y est sûrement moins gaie et animée qu'ici. Les montagnes là-bas sont très escarpées et dangereuses. Et il n'y a pas d'eau. Le soldat de Nuong Le, le neveu de monsieur Môc, ne lui a-t-il pas écrit qu'il leur fallait aller chercher l'eau dans le fond des ravins pour la monter jusqu'au poste ? Qu'ils étaient obligés de se partager les bidons pour se laver et se brosser les dents ? Il n'y a sûrement pas une cuisine au foyer chaleureux, envahie de poêles à frire et de marmites exhalant des odeurs délicieuses de gâteaux de riz soufflé, de bonbons et de fruits confits. Le mieux que puisse faire le cantinier de la garnison le jour du Têt est certainement d'attribuer deux gâteaux à chaque soldat, alors que je me régale de fruits, de viande sautée aux champignons, de pousses de bambou, de pâtés, de brochettes de viande... La fête du Têt ici, au village de Muôn, n'est pas très différente de celles que j'ai passées au village natal de ma mère. Je me souviens qu'en ce temps-là je repoussais mon père quand il rentrait en permission pour la fin de l'année, sous prétexte que ses vêtements sentaient mauvais, que ses doigts étaient jaunis par la cigarette... Je lui disais qu'il sentait trop la forêt.

Comment ai-je pu être si puérile, si insensible ?

Les regrets me taraudent le cœur, je ne peux retenir une larme. J'enfouis mon visage dans l'oreiller, mais le sommeil ne vient pas. Les pétards continuent d'éclater dans tout le village. Les montagnes en renvoient inlassablement l'écho. Dans la cuisine, les braises y vont aussi de leur tapage nocturne. Le vieux Môc est toujours assis, pareil à une statue.

Je pense subitement à père Thê, mon professeur bien-aimé. Puis me viennent à l'esprit les fioles biscornues de la salle de travaux pratiques, les microscopes avec lesquels nous observions les bactéries ou les pattes des mouches. Plusieurs fois, père Thê m'avait confié la tâche de diriger les travaux du groupe de chimie. Les liquides verts faisant virer au violet le papier de tournesol, le sel qui cristallise au fond des tubes à essais, la fumée âcre qui s'en échappe... Je me remémore la rangée de flamboyants sur la route menant à l'école, les visages de mes amis sautant de joie pendant le spectacle de magie. Les mains de ma mère qui tricotait. Et son plat de consolation favori, un entremets au caramel, quand j'étais malade :

— Mange, ma chérie. Ta grand-mère ne mangeait que des entremets au caramel avec du riz gluant à la pâte de haricots. Elle a vécu jusqu'à quatre-vingt-douze ans...

Ma ville bien-aimée. Ses rues, ses jardins familiers, les bancs de l'école, les touffes d'herbe. Le bassin envahi de mousse à côté des anciens remparts. L'étendard flottant sur le mât devant le marché... Les souvenirs. Les souvenirs s'entassent, s'entremêlent, se bousculent. Je me sens oppressée, j'essuie mes larmes et comprime les sanglots qui naissent dans mon cœur.

Le vieux Môc m'a sans aucun doute entendue. Il se lève, soupire, saisit un bâtonnet d'encens pour l'allumer.

Le lendemain matin, quand je me lève, tout le monde est déjà réuni autour du plateau du déjeuner. Dung vient juste d'arriver de chez le vieux Rôc. Il me raconte qu'ils ont passé la nuit à bavarder. Je me dis qu'il a beau être maigrichon, c'est un garçon solide.

Je me mets à table après avoir fait ma toilette. Loan ouvre les gâteaux de miel qu'elle vient d'enlever de la marmite. Ils sont tout chauds. Grand-père Môc nous dit :

— Laissez-les un peu refroidir, c'est meilleur.

Nous ne pouvons attendre tellement nous en avons envie. Ils sont succulents, même chauds. Les gâteaux au miel ressemblent aux gâteaux de pâte de riz de la plaine. La farce est faite de pâte de haricots mélangée avec du sucre, de la noix de coco, du sésame ou du lard. Elle est enveloppée d'une pâte de riz gluant. On les appelle gâteaux au miel parce que la pâte de riz gluant est elle-même mélangée avec du miel. Il faut bien les faire bouillir dans l'eau et à la fin, les saupoudrer de riz grillé concassé pour leur donner du croquant. Une fois séchés et suspendus dans un endroit bien ventilé, ils se conservent longtemps. À la montagne, grâce au froid, le sucre ne fermente pas. Au contraire, les gâteaux ont même tendance à s'assouplir et à devenir légèrement plus sucrés. Comme la compote de haricots rouges qui est toujours plus sucrée froide.

Après le repas, nous faisons le tour du village avec monsieur Môc pour souhaiter la nouvelle année. Dans chaque case, on nous sert les mêmes gâteaux, les mêmes friandises. Comme il a fallu en goûter à chaque visite, nous rentrons à la case complètement repus le soir. Dung tombe sur son lit :

— Ce soir, je ne peux plus rien avaler. Ne dînons plus !

— Si ! On doit quand même cuisiner quelques plats. Il faut faire une offrande pour le premier de l'an.

Je n'écoute pas. Je n'ai qu'une pensée, le retour du neveu de monsieur Môc. À chaque fois que quelqu'un arrive, mon cœur fait un bond. Mais ce ne sont que des visiteurs du village venant présenter leurs vœux.

Le lendemain, j'entends des pas. Un bruit inhabituel. Persuadée que c'est le soldat, je me précipite. Malheureusement, c'est l'individu crasseux qui était venu au moment de notre arrivée supplier monsieur Môc de lui procurer de la gélatine de cheval albinos. On est en pleine fête du Têt, mais il porte encore sa vieille veste ouatée, sa grande écharpe sale autour du cou, et ses orteils sortent toujours de ses chaussures trouées. Il paraît miséreux au milieu des villageois dont les habits bleus, blancs ou couleur de fleur de pêcher sont tout neufs, et dont la mine est réjouie par le vin et le bétel. Il entre :

— Pour la nouvelle année, je vous souhaite une prospérité deux à trois fois plus grande que l'année dernière.

Monsieur Môc se lève :

— Merci, c'est trop ! Entrez, je vous prie, trinquons au nouvel an.

Il nous demande de descendre les plats de l'autel.

— Pour cette année qui commence, je vous souhaite une belle santé. Que la chance entre dans votre maison, que les malheurs la quittent.

Le visiteur joint ses mains pour une prière devant l'autel des ancêtres.

— Merci infiniment de votre bonté... Vous m'avez tant aidé, je serai votre débiteur ma vie durant.

Choisir l'occasion du Têt pour venir en visite est très habile de sa part. Pendant la fête, on oublie ses haines et ses rancœurs pour que l'année nouvelle ne soit pas polluée. Même si c'est votre pire ennemi qui vient vous rendre visite pour prier devant l'autel des ancêtres et vous souhaiter la bonne année, vous devez le considérer comme un invité et le traiter avec chaleur et bienveillance. Ainsi, grand-père Môc le retient-il deux jours entiers. Le quatre du mois, le jour de son départ, le visiteur se voit offrir ses trois cents grammes de gélatine de cheval albinos en guise de cadeau d'adieu. Tout en rangeant dans sa poche de poitrine la liasse de billets qu'il avait sortie pour payer, il se confond en courbettes de remerciement envers son bienfaiteur. Toute son attitude respire la veulerie.

C'est seulement au soir du quatrième jour que le neveu de monsieur Môc arrive en permission. Je saute de joie :

— Bienvenu grand frère, je t'attendais depuis si longtemps. Je croyais que tu viendrais avant le Têt !

Sans même attendre que grand-père Môc fasse les présentations, je lui prends la main et l'entraîne dans la case. Le jeune soldat, à peine étonné, me remet une lettre :

— Tu as une lettre de ton père. Elle est en partie mouillée : le pont était démoli, j'ai dû traverser la rivière de Nuong Le à la nage.

Le vieux Môc ne s'en mêle qu'à ce moment-là :

— Je te présente Bê, dont je t'ai parlé dans ma lettre. Bê, je te présente Khiêt qui est bô-dôi à la garnison de Nuong Le. Bê t'attendait avant le Têt. Elle est très impatiente de retrouver son père... Ta lettre est arrivée depuis longtemps, pourquoi as-tu tant tardé ?

Khiêt pose son sac à dos sur le plancher :

— Aux dernières inondations, plusieurs ponts ont cédé. Les services départementaux n'ont pas pu les remettre en état à temps. J'ai dû traverser à la nage. Et tous les cars étaient bondés. J'ai attendu trois jours à la gare avant de trouver une place.

— Bon, va te laver et te reposer un peu. On mangera et on discutera plus tard.

Khiêt secoue la tête :

— Ma permission ne dure que jusqu'au 8 de ce mois, mon oncle. Je te demande l'autorisation d'aller voir mes parents, je suis trop impatient...

— Et où se trouve la maison de tes parents ? lui demandé-je.

— Au village de Khuôn, distant d'ici de deux montagnes.

Grand-père Môc approuve :

— D'accord, vas-y. Prends des gâteaux pour la route. Le 8, tu repasseras ici prendre Bê avec toi. N'oublie pas !

— Non, je n'oublierai pas. Le capitaine de Khâu Phai a beaucoup insisté pour que je ramène Bê...

Le vieux Môc fourre dans le sac du jeune soldat des banh chung, des banh tet et des gâteaux de miel.

— Merci, mon oncle, j'ai une faim de loup, dit-il spontanément.

Il nous salue, descend l'échelle et s'en va en mordant avec appétit dans un gâteau. Nous suivons sa silhouette qui s'éloigne. Dung me félicite :

— Tu es contente ? Tu vas bientôt revoir ton père !

Oui, je suis heureuse. Mais en même temps que ce bonheur, les pensées pour ceux qui restent m'envahissent. Loan viendra avec moi, bien sûr. Mais Dung ? Quand est-ce que son oncle le réclamera pour le restaurant du village de Noi ? Que sera alors sa vie dans ce coin perdu, jonché de bouses de vaches et de crottins de chevaux, aux côtés de son oncle et de sa tante qui a l'air si indifférente ? Et le vieux Môc ? Quand tout le monde sera parti, jusqu'à quand sa tristesse va-t-elle durer ? Il y aura des journées de pluies torrentielles, des nuits glaciales où le vent hurlera autour des échelles. Il sera seul alors, au coin du feu, au milieu de cette case immense. Quand il sera malade, qui le soignera, qui lui fera du bouillon ? Qui ira déterrer le taro pour les cochons quand la truie et ses petits en réclameront bruyamment dans leur enclos ? Qui lâchera les vaches le matin pour qu'elles partent vers leurs pâturages ? Qui vérifiera le cadenas quand, le soir, elles rentreront repues pour ruminer dans leur étable ? Et qui versera l'eau chaude dans la bassine pour qu'il puisse se laver, qui réparera la gouttière quand un renard ou une belette l'aura cassée en chassant la nuit ?

Grand-père Môc retourne dans la cuisine, Devinant sans doute mes pensées, il me dit :

— Tu partiras. Ne te fais pas de soucis pour moi. J'ai toujours vécu ainsi, je m'y suis habitué...

Je ne dis rien : oui, c'est sûr, il a l'habitude. Mais il prend de l'âge. Il aura de moins en moins de force, d'énergie. Dès lors, la solitude sera plus redoutable que lorsqu'il était solide et résistant...

Loan sait ce que je pense. Elle se tait, elle est triste. Je me retourne vers Dung le Maigrichon :

— Et toi, quand est-ce que tu repars à Noi ? Ou tu as peut-être décidé de revenir directement au bourg ?

Dung lève les yeux vers moi. Son visage est grave, austère comme celui d'un vieillard.

— Pars sans crainte. Ne te tracasse pas pour moi. Ni pour grand-père Môc. Je ne retourne pas à Noi et je ne retournerai pas vivre avec chef Cân. De toute manière, il préfère les bracelets d'or à moi.

Il s'arrête de parler, avale sa salive.

— Je vais rester ici. Avec deux personnes tristes, on fait une famille gaie.

À ses mots, le vieux Môc se retourne, étonné, pour le regarder. Ses yeux de vétéran se troublent, on voit qu'il est ému. Bouleversée, j'attrape les mains de Dung :

— Tu es vraiment quelqu'un de bien. Si tu restes ici, je partirai l'âme sereine.

Dung éclate de rire :

— La biche choisit le coin de forêt où poussent les feuilles les plus appétissantes. L'homme préfère les maisons les plus douillettes...

Il est devenu un vrai montagnard en s'exprimant ainsi.

Sortant de la cuisine, le vieux Môc serre Dung dans ses bras. Nous sommes émus et heureux.

Je m'adresse à Dung :

— Tu es presque un villageois de Muôn. Mais nous te chéririons toujours comme le petit Dung pleurnichard du bourg de Rêu, notre ville natale.

— Nous ne devons pas nous oublier. Je

retournerai là-bas quand j'aurai assez d'argent pour ériger une belle tombe à ma mère. Et vous, vous devez revenir ici. Je vous ferai griller de la viande d'une biche que j'aurai moi-même chassée.

Nous entrecroisons nos doigts en guise de promesse. Une belle minute de notre vie.

Durant les jours d'attente, je lis et relis la courte lettre à moitié effacée de mon père. Il a reçu une lettre de ma mère qui lui a raconté ce qui s'était passé à Rêu. Il ne me reproche rien, mais de me savoir seule sur la route jusqu'à la garnison de Khâu Phai l'avait inquiété. Quand Khiêt est venu lui parler de moi, il a pleuré de bonheur. Ses soldats également. À cause de tout ce temps sans nouvelles, tout le monde avait cru que nous avions été kidnappées ou victimes d'un accident de la route. Mon père avait écrit partout, demandant à tous les postes de police de nous rechercher... Heureusement, tout est bien qui finit bien. Je m'imagine la garnison juchée sur le sommet de cette montagne abrupte du nom de Khâu Phai, là où mon père est en train de compter les heures, les minutes avant de me retrouver.

Le 8, nous nous réveillons à quatre heures. Grâce au réveil orné d'une image de Blanche Neige et les sept nains sur une charrette, acheté par le vieux Môc à l'époque de l'occupation française, nous nous extirpons courageusement des douillettes couvertures. Ce vieux réveil, malgré son aspect décati et sa dorure écaillée, a vaillamment sonné pour vaincre notre sommeil. Dung prépare un petit déjeuner de soupe aux pousses de bambou et de pieds de porc. Grand-père Môc nous dit :

— Mangez du riz pour avoir des forces. Sur la route, vous n'aurez plus que des gâteaux.

Loan et moi rangeons nos affaires, endossons nos vestes ouatées. Chacune de nous possède trois ensembles, sans compter le costume à fleurs que grand-père Môc nous a offert. Notre vieux sac est rempli à ras bord. Il nous dit :

— Utilisez le sac pour mettre les gâteaux que vous consommerez en route. Mettez les vêtements dans un panier.

Il ouvre son armoire, sort un grand panier rond en osier, ancien mais à l'air solide. Les lanières d'osier sont patinées, d'un jaune sombre. Il y a un couvercle et même une anse. Il nous dit d'y ranger nos vêtements. Puis il nous donne une liasse de billets :

— Voici cinq cents dôngs pour la route. Ne vous en servez qu'en cas de difficultés ou d'imprévus au cours du voyage.

— Nous n'avons pas besoin d'une telle somme ! Il y a Khiêt avec nous !

Le vieux Môc secoue la tête :

— Tu dois m'écouter. La dernière fois, vous n'avez pas eu de chance. Il ne faut pas tenter le diable deux fois, d'accord ?

Il range d'autorité les billets dans la poche intérieure de ma veste, les sécurise avec une épingle à nourrice, comme une grand-mère. Je n'ose pas le remercier car toute parole à un moment pareil devient insignifiante. Je fais exactement ce qu'il recommande. Nous finissons de nous préparer puis nous passons à table.

Il fait très froid, nous déjeunons à côté du feu. À peine avons-nous fini que les lueurs d'une lampe de poche balaient le devant de la case :

— Mon oncle ! Es-tu réveillé ? Bê, es-tu prête ?

Khiêt appelle en montant l'échelle. Je vais lui ouvrir. Il entre, enlève son chapeau. De la buée sort de sa bouche quand il parle.

— Alors ? Vous avez déjeuné ?

— Oui ! Tu es parti à minuit ? demande monsieur Môc.

— J'ai dîné puis je suis resté boire un verre avec mes parents jusqu'à minuit. Au premier chant du coq, j'ai mangé de nouveau et je suis parti, sans dormir.

Son visage rond et rose est la preuve qu'il est en pleine forme. Il s'adresse à nous :

— Avez-vous préparé vos affaires ? Tout est prêt ? N'emportez pas à manger, j'ai pris beaucoup de gâteaux.

— Tu n'as qu'à donner tes gâteaux à tes camarades de garnison. Je me suis déjà occupé des filles, dit le vieux Môc.

Je dis à Khiêt :

— Nous serons deux, mon amie Loan et moi.

Il éclate de rire :

— Et si jamais on tombe nez à nez avec un tigre, comment ferai-je pour vous porter toutes les deux dans notre fuite ?

Le vieux Môc le reprend en riant :

— Bê est très courageuse. Mais tu fais peur à Loan. Arrête de l'inquiéter avec tes plaisanteries.

Les deux portes s'ouvrent en grand. L'air glacial envahit la case. Je frissonne, mais le bonheur de partir me donne la force de regarder la nuit profonde en face. Khiêt demande :

— Avez-vous peur de marcher dans le noir ?

Je secoue la tête, accroche le panier de vêtements à mon épaule, et me tourne vers grand-père Môc :

— C'est le moment de partir... Je vous dis adieu. Un jour...

Je voulais dire qu'un jour, je reviendrai séjourner chez lui au village de Muôn, dans cette vallée que j'ai appris à chérir. Mais je ne peux pas terminer ma phrase. Mes larmes jaillissent, elles roulent sur mes joues et déposent leur goût salé sur mes lèvres.

Loan aussi a les yeux rougis :

— Adieu.

Le vieux Môc se penche vers nous :

— Partez maintenant ! Plus tard, quand vous pourrez, revenez me voir à Muôn... Je ne vous accompagne pas. Les pas sont légers à l'aller mais trop lourds au retour. Vous me comprenez n'est-ce pas ? Bonne chance, mes enfants.

Il retourne dans sa cuisine. Je vois sa silhouette se fondre dans le halo des flammes. Le vent de la vallée s'engouffre dans la case, faisant claquer les portes brutalement. Khiêt nous dit :

— Dites adieu à votre ami.

— Non, répond Dung. Je vous accompagne jusqu'à la première montagne.

Khiêt vérifie une dernière fois le contact de sa lampe de poche et dit à haute voix :

— Je pars mon oncle, au revoir.

Une voix faible lui répond :

— Que vos pas soient assurés. Bonne route.

Dung ferme la porte. Nous suivons Khiêt pour descendre l'échelle et entrons dans la nuit d'encre. Grâce à la lampe de Khiêt, nous devinons où nous devons mettre les pieds pour traverser le village. Loan est collée à Khiêt. Je la suis, Dung le Maigrichon ferme la marche. Nous avançons en file indienne. Parfois, nous sentons qu'un serpent se glisse entre nos pas. Malgré tous les antidotes de grand-père Môc, nous tressaillons de frayeur. Khiêt nous rassure :

— Les serpents qui rampent sont moins dangereux que ceux qui sont dans les arbres. N'ayez pas peur. J'ai ce qu'il faut pour soigner une morsure.

Il plaisante :

— Si vous êtes mordues, je pourrai vous porter sur mon dos. Mais si moi, je suis mordu, il va vous falloir me suspendre à un bâton et me transporter comme un gros gibier que vous auriez chassé...

Nous rions. Khiêt est nung. Il est le neveu de la femme du vieux Môc, mais il a grandi dans la plaine. Il est plus malicieux que bien des soldats d'origine kinh. Durant notre voyage, il ne cessera de plaisanter, nous faisant oublier notre fatigue.

Le jour est presque levé quand nous arrivons de l'autre côté de la montagne. On distingue la silhouette des buissons d'épineux sur les bas-côtés. Les grands arbres étalent leurs branches comme des géants dressés dans l'espace cotonneux. La brume quasi dissipée, on distingue désormais les lueurs des lampes dans les cases.

Je me tourne vers Dung le Maigrichon :

— Rentre à la maison maintenant. On est déjà loin.

Khiêt ajoute :

— En groupe, c'est amusant. Tout seul, ce sera moins drôle. Et tu as douze kilomètres à faire en sens inverse.

— D'accord.

Dung acquiesce mais continue à marcher avec nous. Il ne se résout à rebrousser chemin qu'au moment où une pâle lumière éclaire l'horizon à l'est et où le vert des arbres apparaît dans la clarté naissante.

— Je vous souhaite une bonne route. N'oubliez pas de m'écrire.

Nous nous embrassons. En ville, jamais nous n'aurions osé le faire, de peur des quolibets. Mais ici, Loan et moi le serrons très fort dans nos bras. Nous restons ainsi un long moment.

— On y va.

— D'accord. Allons-y.

Nous reprenons la route en pressant le pas, mais, après quelques mètres, nous ne pouvons nous empêcher de regarder en arrière, pour voir Dung qui, lui aussi, s'est retourné. Nous agitons encore une fois la main en signe d'adieu, incapables de nous détacher les uns des autres. Quand sa silhouette n'est plus qu'un grain de maïs en bas du col, nous le voyons encore regarder vers nous. Il ne doit plus distinguer que le vert de la forêt au sommet. Puis nous le perdons définitivement de vue et dévalons l'autre versant. Devant nous, un torrent se faufile entre les pierres du sentier.

Adieu mon ami. Sans ces jours passés à Muôn, jamais nous n'aurions pu devenir aussi proches et avoir tant d'affection l'un pour l'autre... Je ne t'oublierai jamais, quel que soit l'endroit où je serai dans l'avenir. Je te promets de revenir un jour au village.

Je me dis cela dans mon cœur. Je ne sais pas pourquoi mais je suis convaincue que j'irai encore très loin. J'irai jusqu'au bout de mes aspirations.

Allons, en route. Je me secoue.

Rajustant le panier sur mon dos, j'allonge le pas derrière Khiêt. L'aube s'est vraiment levée.

L'aube en montagne, au début du printemps, n'a pas cet éclat souvent décrit dans la littérature. C'est une aurore agréable, d'un blanc satiné comme du lait concentré, on a le sentiment de voir un troupeau de moutons paissant dans des pâturages oniriques et traversant le ciel, qui nous baigne d'une lumière argentée, emplissant nos cœurs de sentiments de pureté et de clarté.

Il n'y a pas grand-chose de notable sur la route du village de Muôn jusqu'à la ville de Lang. Rien qui vaille d'être rapporté. Pas de surprise, pas de catastrophe, pas d'angoisse ni de peur. Entièrement confiantes en notre guide Khiêt, nous avançons. Quand nous avons un creux, nous nous arrêtons et déballons nos provisions Le vieux Môc a rangé dans le sac des gâteaux de riz, des gâteaux de miel et des bonbons. Il y a même de la mortadelle et une poule entière cuite au sel. Enfin, et ce n'est pas un mets courant, des galettes de pâte de riz séchées. Je le fais remarquer à Khiêt qui me dit :

— Tout ce que fait oncle Môc est sensé. Les galettes de pâte de riz séchées se conservent très longtemps, on les mangera en dernier.

Nous arrivons à la ville de Lang dans la soirée. La gare routière grouille de monde, les voyageurs attendent comme nous le départ pour Cao Bang. Nous apprenons qu'il faut patienter trois jours pour avoir une place dans un car. Et nous attendrons effectivement trois bons jours. Les passagers font rapidement connaissance et bavardent toute la journée. La nuit, comme il n'y a pas assez de lits dans les auberges pour loger tout le monde, nous nous regroupons avec des bô-dôi et des géologues au pied d'une colline à proximité de la ville. Dans la grotte où nous nous sommes réfugiés, nous allumons un feu pour nous réchauffer. Puis nous nous mettons dos contre dos pour dormir. Un groupe dort, tandis que l'autre monte la garde, à tour de rôle. Notre Khiêt se montre très astucieux. Il ramasse des feuilles sèches dont il fait un matelas qu'il recouvre d'une toile en plastique. C'est notre lit à nous, les filles. Il utilise la toile de son hamac en guise de couverture. Quand nous dormons, il veille, garde le feu allumé et chasse les moustiques qui s'introduisent dans la grotte, attirés par l'odeur des corps. Depuis l'épisode avec Cao, Loan et moi avons grandi, nous ne sommes plus aussi terrifiées que cette fois-là.

Nous sommes allées au restaurant de Mui. Il y avait beaucoup de monde, et elle nous a reçues assez froidement. Nous aussi l'avons saluée sèchement. Durant les trois jours d'attente, j'ai pu acheter un sac de bonbons à la menthe, des abricots confits à la réglisse, des bonbons au kaki, du nougat. Tout ce dont raffole mon père. À chaque fois qu'il rentre en permission, ma mère lui achète ces friandises. Comme on m'a dit qu'il faisait très froid là-haut, je lui ai également trouvé une couverture et deux paires de gants en laine. Et puis nous deux, nous nous sommes équipées d'une écharpe à carreaux et de deux paires de chaussettes. J'ai aussi acheté des aiguilles à coudre, du fil, des boutons, surtout des gros boutons pour les chemises des bô-dôi gardes-frontière. Khiêt me félicite en me voyant faire tous ces préparatifs. Il nous dit que la présence d'une seule jeune fille comme Loan ou moi suffirait à rendre tous les soldats joyeux. Pour notre arrivée à toutes les deux, ils feront sûrement une grande fête.

Au troisième jour, nous trouvons enfin des billets et partons pour Cao Bang. Dans le car qui nous y emmène, nous faisons une rencontre, une rencontre inopinée.

Le car part avec quarante et un passagers. Ceux qui doivent attendre le suivant pestent et protestent, car le véhicule dispose de quarante-trois places.

— Ces deux places sont déjà achetées.

L'assistant du chauffeur donne cette explication avant de claquer la portière. Mais les voyageurs restés dehors crient de plus belle, tapant du poing sur la carrosserie. Craignant une émeute, il redescend, exhibe deux billets tamponnés « payé » :

— Les voyageurs dont le départ était prévu dans le car précédent sont prioritaires. On prendra ces deux voyageurs sur la route. Voyez vous-mêmes, ce sont leurs billets.

Tout le monde se tait enfin à la vue des billets. Le chauffeur le houspille :

— Allez, on part, plus d'histoires !

L'assistant saute dans le car, claque la portière pour de bon. Le car démarre devant la mine déconfite de ceux qui doivent encore attendre. Environ vingt kilomètres plus loin, nous arrivons à une rue bordée de quelques dizaines de maisons. Une gamine au teint très sombre, la tête ceinte d'un turban rouge, surgit soudain en criant et en faisant des moulinets avec les bras.

— Ici, chauffeur ! Ici !

Le car roule encore un peu, s'arrête devant un restaurant arborant une pancarte incongrue qui indique « Repas, pho, vin ». Deux femmes, la quarantaine, en sortent. Suivies de deux hommes portant de lourdes caisses de marchandises. La fille au turban rouge court derrière, chargée d'une brassée de baccaurées, de deux sacs et de deux gros rouleaux de stores en bambou. Les hommes arriment les caisses au fond du car puis descendent. Les deux femmes, propriétaires des marchandises, s'assoient à leurs places. La gamine au turban se juche sur les caisses malgré les récriminations des passagers installés à côté. Elle pèle les fruits de baccaurée, les mange puis jette les noyaux par la fenêtre sans aucune gêne. Je lui trouve un air connu mais n'arrive pas à la remettre. Ce n'est qu'au moment où elle se tourne vers moi que je reconnais Coc la Rouquine.

— Oh ! Grande sœur Bê !

Coc la Rouquine m'a reconnue aussi. Elle saute sur ses jambes, m'interpelle joyeusement. Puis, bousculant tout le monde, elle se fraie un chemin jusqu'à nos places.

— Même Loan la Grosse est là ! Elle me donne une tape vigoureuse sur l'épaule. Et tout le bourg qui croit que tu as été kidnappée pour être vendue en Chine, et la grosse aux Meo... Quelle surprise !

Elle rit aux éclats, ses sourcils épilés, tracés au crayon, disparaissent complètement dans l'expression hilare de son visage. Sans attendre ma réponse, elle me mitraille :

— Et vous voilà toutes les deux, assises devant moi ! Quelle histoire... Tiens Loan, tu n'as donc jamais de soucis ? Toujours ronde comme une caille dodue ! Chef Cân, après avoir perdu tout son or et son argent, a voulu expulser ta mère. Ils se sont affrontés pendant un bon moment sans résultat ni d'un côté ni de l'autre. Maintenant ta mère habite chez maîtresse Hanh, la mère de grande sœur Bê. Si j'avais été à sa place, j'aurais donné à chef Cân un coup de machette. Ta mère a bien maigri, elle n'est plus rose comme avant. Elle a ouvert une nouvelle échoppe pour vendre des beignets et des raviolis. Elle n'a plus la force de faire du commerce tous azimuts comme autrefois... Et tu ne lui écris jamais ?

Elle continue à pérorer comme un kaloula un jour de pluie, sans prêter aucunement attention à Loan qui, subitement devenue l'objet central de la curiosité des passagers, est aussi rouge qu'une fleur de riz. J'essaie de la calmer :

— Arrête de parler de choses tristes. Parle-moi de tes propres affaires. Comment es-tu arrivée jusqu'ici ?

— Moi ?

Pour toute réponse, Coc la Rouquine me fait un grand sourire. Sourcils tracés au crayon, pendentifs aux oreilles, elle fait jeune fille coquette. Alors qu'elle me dépasse d'une bonne tête, elle ne cesse de m'appeler « grande sœur », me plongeant dans un profond embarras.

— Je serais restée toute ma vie au marché avec mon père si ma tante ne m'avait pas extraite de cette impasse. Ma tante est là-bas... Elle me montre une des commerçantes à la peau foncée, un peu forte et portant une chaîne en or. Ma tante a dit à mon père : « Elle est grande, tu ne vas pas la garder toute sa vie au marché pour en faire la folle du village ? Laisse-la-moi. Il faut qu'elle apprenne le commerce pour en vivre au lieu de traîner comme une poule estropiée tournant autour du moulin... » C'est comme ça que je suis partie avec ma tante. Cela fait presque six mois déjà. J'ai amassé un petit capital. Quand ma tante me le permettra, j'intégrerai sans problème la corporation des marchandes.

Elle exhibe fièrement son visage couvert de

boutons. Elle est coquettement vêtue d'une veste à pans courts et d'un pantalon en satin.

— Tu es très bien habillée, tu n'économises donc pas pour ton capital ? lui demandé-je.

— Tout ce que je gagne va dans mes économies. C'est ma tante qui m'a offert ces habits. Elle est très généreuse avec moi.

Elle me parle avec confiance, spontanément. Cette fille laide et illettrée est attachante. Elle est simple et naturelle. Je lui pose des questions sur les gens de la ville. Elle continue de parler de sa voix tonitruante de kaloula, sans aucune pitié pour les oreilles des passagers voisins. Elle soupire enfin :

— C'est très étrange, grande sœur. Depuis tout ce temps, on n'a plus jamais entendu parler de Dung le Maigrichon. C'est le garçon le plus droit, le plus gentil de la famille de chef Cân qui a disparu. Il ne reste que ses frères, tous des voleurs et des escrocs.

Je lui raconte ma rencontre avec Dung le Maigrichon au village de Noi, et l'origine de sa disparition.

— Son oncle a très mal calculé. Il a cru que chef Cân allait payer la rançon pour récupérer son fils. Seulement, l'ignoble bonhomme préfère l'or à l'enfant. D'ailleurs, on se demande si pour lui une bouche de moins à nourrir n'est pas une belle aubaine.

Coc la Rouquine me fixe avec des yeux écarquillés, ses minces sourcils froncés :

— Je ne savais pas. Tout le bourg déteste ce

type abject. On croyait qu'il n'avait abusé que tante Luu. Ainsi donc, il a même abandonné son propre fils ! Qu'il aille vivre en enfer avec les démons. Sais-tu ce qu'il fait actuellement ?

Elle s'approche, chuchote à mon oreille :

— Il fait du trafic de « riz noir », autrement dit d'opium. Il est de mèche avec une connaissance de ma tante. C'est un salaud. Je vais voir si je peux lui jouer un sale tour pour venger Dung le Maigrichon et la mère de Loan...

Son visage se fige, ses traits se durcissent, lui donnant d'un coup dix ans de plus. Après avoir passé un autre col de montagne, les commerçantes et Coc la Rouquine débarquent leurs marchandises. Elles ne vont pas jusqu'au bout du trajet.

— Salut !

J'agite ma main vers Coc la Rouquine.

— Bonne route à toi, grande sœur Bê...

Sa voix retentit dans la montagne. Jusqu'au prochain virage, je distingue son turban rouge flottant au vent.

ULTIME PÉRIPÉTIE

Arrivés à Cao Bang, nous ne prenons qu'une demi-heure pour déjeuner. Nous repartons aussitôt. La route n'est pas pareille que celle entre Lang et Muôn. À environ vingt kilomètres de Cao Bang, nous traversons un village des tribus Tay. Puis après, nous nous enfonçons dans la forêt de montagne. Nous rencontrons très peu de monde, parfois en sens inverse un homme guidant un cheval chargé de marchandises.

Khiêt a sorti son pistolet de son étui et il le tient dans sa main. Il ne plaisante plus et ne raconte plus de blagues. Il ne dit pratiquement plus rien. Il semble se concentrer. Nous comprenons son attitude, pressons le pas, attentives à chaque bruit et à chacune de ses instructions.

La nuit, Khiêt attache le hamac entre les arbres pour nous deux. C'est un grand hamac, nous y tenons à deux, tête-bêche, ça nous réchauffe. Il nous recouvre avec la toile en plastique pour nous protéger de la rosée. Lui grimpe dans l'arbre et s'y attache avec une corde pour le cas où il tomberait. Les mains posées sur le ventre, pistolet serré, il s'adosse au tronc pour dormir. Plusieurs matins de suite, nous réveillant tôt, nous le surprenons dans cette position.

Les jours se suivent, nous avons de plus en plus les pieds en compote, malgré notre habitude des travaux dans les champs de manioc à Muôn.

Grand-père Môc est un homme d'expérience. Il avait prévu assez de nourriture pour toute l'expédition. Durant les trois premiers jours, nous avons consommé les banh chung, les gâteaux de riz carrés. Ensuite, nous avons continué avec les banh tet, les bûches de riz, puis les gâteaux de miel pendant deux jours. À partir du sixième jour, il ne nous restait que les galettes de pâte de riz séchées. Nous les avons fait tremper dans l'eau des sources de la forêt puis les avons grillées. Comme nous étions affamés, elles nous ont paru excellentes, très comparables aux banh chung ou aux banh tet. Le huitième jour nous avons entamé les bonbons de riz et les friandises destinées aux soldats. Et le neuvième jour, nous sommes enfin arrivés à Khâu Phai.

Comment vous décrire mon bonheur quand, debout au pied de la plus haute montagne de la région, Khiêt me désigne du doigt le sommet :

— Bê ! Ton père est là-bas, tout en haut de la montagne de Khâu Phai.

Nos pieds à Loan et à moi sont en piteux état, les ampoules se sont transformées en plaies. Nous avons serré des dents, utilisées nos dernières forces pendant la matinée pour nous extraire enfin de la forêt. Khiêt a été obligé de nous porter sur son dos alternativement, surtout pour traverser les cours d'eau ou pour grimper une côte.

Mais quand il nous annonce Khâu Phai, toute douleur disparaît comme par magie :

— Allons-y, viens avec nous, grand frère ! dis-je, pressée.

Le jeune soldat me regarde avec un sourire :

— Tu n'as donc plus mal aux pieds ?

Je ne réponds pas, j'avance avec détermination.

Khâu Phai est un sommet escarpé, périlleux. Le chemin y menant est glissant, jonché de cailloux. Des deux côtés du sentier, des rochers en pagaille pointent des angles acérés. Il suffit de tomber pour être transpercé, broyé immédiatement. Au milieu des rochers, parfois, se dresse un arbre. Non pas une plante accueillante, couverte de fleurs, mais un épineux sec et dur, au tronc hérissé d'épines agressives.

Mon Dieu, pourquoi mon père vit-il dans un endroit aussi effroyable ? Pourquoi pas plutôt dans la vallée où l'herbe est si verte et les rizières en terrasse si belles...

C'est ce que je pense en mon for intérieur, mais je me tais. Ce n'est que bien plus tard, avant de rentrer à la maison, que je poserai la question à mon père qui me répondra :

— Les soldats qui surveillent les frontières de notre patrie doivent se positionner aux endroits d'où ils peuvent guetter l'ennemi. Peu importe la nature de l'endroit, que ce soit un antre de fauves ou un nid de serpents, c'est là qu'ils doivent être.

Des trois, c'est Loan la plus faible. Il faut sans cesse faire des pauses pour l'attendre. Dans certains passages, Khiêt la prend sur son dos. Je suis très reconnaissante envers Loan pour son dévouement. Si ce n'avait pas été moi, jamais elle n'aurait supporté autant d'incommodités, enduré tant de peine.

Nous arrivons au poste au bout d'une heure de marche. Comme je l'imaginais, un mât se dresse au milieu d'une courette aménagée entre les rochers. Un drapeau flotte à son sommet, pareil à un aigle. Des nuages d'un blanc pur glissent dans le ciel, alors que d'autres, plus petits, se forment devant nos bouches, dus à notre essoufflement. Nous restons là, debout, à reprendre notre respiration et à contempler le paysage.

Un grand bô-dôi court vers nous :

— Ah ! Khiêt, tu nous amènes la fille du capitaine ? Je vous ai vus quand vous êtes sortis de la forêt en bas.

Il porte une paire de jumelles sur sa poitrine. Il a dû nous suivre depuis longtemps. Khiêt répond :

— Où est le capitaine ? As-tu quelque chose

à manger ? À boire ? Nous avons une faim de loup !

Le colosse indique :

— Le capitaine est parti en personne avec toute la garnison pour coincer des contrebandiers. L'ordre est arrivé la semaine dernière. Les postes de Nuong Le et de Khâu Phat ont été enrôlés aussi. Il n'y a plus que moi, Tin et Siu pour garder le poste. Même ceux chargés de la logistique font partie de l'expédition.

Khiêt semble surpris :

— Les trois postes-frontières ensemble ? C'est une grande opération alors ? C'est exceptionnel... Et moi qui suis là, j'enrage !

Le grand soldat de Khâu Phai nous considère avec curiosité :

— Ce sont toutes les deux les filles du capitaine ?

Khiêt s'énerve :

— Tu es vraiment stupide ! Voilà Bê, la fille du capitaine. Et voilà Loan, son amie. Nous sommes des visiteurs et tu ne nous offres rien ? Tu ne nous sers ni à boire ni à manger ?

Le colosse balbutie, confus :

— J'oubliais, j'appelle tout de suite Tin et Siu.

— Vous êtes trois. Toi tu montes la garde et qu'est-ce qu'ils font, eux ?

— Ils dorment. On se relaie pour faire le guet.

— Laisse-les dormir, Lênh. Trouve-nous en revanche quelque chose à manger.

Khiêt s'adresse à nous :

— Venez les filles... Notre demeure n'est pas aussi vaste que celle que vous avez connue à Muôn.

Il nous précède, comme s'il était le propriétaire des lieux. Le colosse Lênh nous suit. Complètement frigorifiées depuis la discussion entre les deux hommes, nous nous dépêchons de traverser la courette. Elle est étroite, et le sol est parcouru de larges fissures. Si on n'y prête pas garde, on s'y coince facilement un pied. Au bout de la cour trônent deux bacs en pierre, remplis de terre. Deux lierres y prennent racine, qui grimpent jusqu'au toit, mais leurs feuilles, de la taille d'oreilles de buffle, sont jaunies par le froid. Entre les deux bacs, il y a un parterre en forme d'étoile entouré de dalles de pierre. On y a planté des chrysanthèmes et des célosies. C'est là l'unique trace de la civilisation que l'homme a introduite sur ce sommet hérissé de pierres tranchantes et d'épines acérées.

« Ainsi, mon père habite ici depuis des années... »

Je pénètre dans un bâtiment au toit épais en chaume de latanier et aux murs de planches. À l'extérieur, les soldats ont recouvert les planches de grandes palmes de latanier puis plaqué solidement des claies en bambou d'un jaune brillant. De dehors, on dirait une coquette maison de poupée en bois. Dedans, il fait chaud et c'est propre. Les feuilles de latanier glissées entre le bois et le bambou jouent le rôle d'isolant, gardant la température à l'intérieur de l'habitation où les soldats ont construit des cloisons en contreplaqué pour séparer les pièces. La première pièce sert de bureau et de salle d'accueil. La seconde est la cuisine agrémentée d'un foyer. Au-dessus du foyer, quelques entonnoirs en tôle sont reliés à des tuyaux pour évacuer la fumée.

Lênh s'adresse à nous dans un kinh débutant, parlant très lentement :

— Asseyez-vous ici les filles. Si vous avez soif, il y a de l'eau dans cette bouilloire. Je vais préparer à manger.

Nous trouvons à côté du feu des tabourets en osier, fabriqués à la façon des Meo. Ils sont confortables. Khiêt nous sert à boire. Le thé est excellent, très clair, à la fois parfumé et amer, le parfum prédomine un bon moment dans la bouche. Lênh nous apporte une grande assiette de tranches d'une bûche de riz gluant.

— Mangez ! dit-il d'un ton rude.

Il entreprend de couper une deuxième bûche qu'il entoure d'une ficelle. Un bout de la ficelle entre les dents, il tire de la main droite sur l'autre bout, tout en maintenant la bûche de la main gauche. Les tranches tombent dans l'assiette, comme coupées à la machine.

Lênh pose la deuxième assiette sur la table basse devant nous. Khiêt lui demande :

— Il n'y a que ça à manger chez vous au Têt ?

— Mais non !

Il repart dans la pièce à côté et revient avec un morceau de porc bouilli depuis des lustres, complètement sec.

— Tenez. Il y a du sel là-bas. On a aussi une fameuse salaison de crevettes au piment.

Il désigne deux potiches fermées par des feuilles de bananier séchées. Les vases sont magnifiques. Je ne sais pas comment ils ont pu échouer ici. Ils semblent anciens, comme ceux du Jiangxi en Chine, et sont ornés de figures représentant huit fées jouant de la flûte et de la cithare, volant sur le dos d'un héron, marchant dans les nuages avec un long voile rouge. Quand j'étais enfant, mon grand-père m'avait montré un vase pareil à celui-ci, mais plus petit, de la taille d'une bouteille d'eau, dans lequel on mettait une branche de merisier le jour du Têt. Les deux vases du poste de Khâu Phai font presque notre taille, c'est-à-dire un mètre trente. Les soldats s'en servent pour conserver le sel et la salaison de crevettes au piment. Peut-être sont-ce là les denrées les plus précieuses dans la région.

Lênh sert la salaison dans un petit bol. Nous dégustons la bûche de riz gluant avec du porc et des crevettes. Comparé aux gâteaux sophistiqués, aux pieds de porc mijotés aux pousses de bambou et au bœuf sauté aux champignons parfumés de monsieur Môc, ce que nous mangeons aujourd'hui est plutôt frugal. Mais nous trouvons cela délicieux.

Lênh nous explique :

— Notre unité venait à peine de tuer le cochon que l'ordre de partir en opération est tombé. On a tout juste le temps de le bouillir. Les soldats ont emporté presque toute la viande. Nous qui sommes restés, nous avons descendu les tripes au village pour les faire préparer et faire la fête avec les villageois. Ils nous ont donné quelques choux et quelques courges qu'on a gardés dans la cuisine. Ce soir, on les fera sauter pour le dîner.

Khiêt répond :

— Je repars avant ce soir pour Nuong Le. Tu feras la cuisine pour les filles.

Je lui dis :

— Grand frère, chez toi ils doivent aussi être tous partis en opération. Reste donc ici avec nous.

Khiêt me caresse les cheveux :

— Non, je dois rentrer. On aura sûrement l'occasion de se revoir.

Je lui donne la moitié des friandises restantes pour sa garnison. Nous attendrons le réveil de Tin et Siu pour festoyer de notre côté. Lênh lui offre trois bûches de riz gluant.

— Sois prudent sur la route.

— Ne t'inquiète pas pour moi. Je te confie Bê et Loan. Il faut que tout se passe bien jusqu'au retour du capitaine.

Ils se serrent la main. Nous l'accompagnons jusqu'au bout de la cour.

— Rentrons ! dit Lênh.

Sa manière de parler est rudimentaire, on

dirait qu'il donne des ordres. Nous traînons, restons à regarder Khiêt s'éloigner, jusqu'à ce qu'un gros nuage, épais comme une couverture de brume, nous encercle.

— J'ai dit rentrons !

Lênh nous prend par la main pour rentrer dans le baraquement.

Les jours suivants sont d'un ennui sidéral. Les soldats se relaient jour et nuit pour dormir et monter la garde. Les trois bô-dôi, originaires des tribus Nung et Meo, sont loin d'être de grands bavards. Contrairement à Khiêt, ils ne nous parlent pas, ne nous demandent jamais si ça va, si nous avons besoin de quelque chose. C'est toujours moi qui essaie d'engager la conversation. J'ai remarqué que Lênh, malgré sa diction lente, un peu énervante, était le plus charmant des trois.

De temps à autre, un coup de feu nous parvient. Les soldats n'y prêtent même plus attention, ils continuent de se réchauffer au coin du foyer après leur tour de ronde dans la montagne ou leur patrouille de liaison avec la milice du village. D'après eux, les coups de feu sont fréquents dans la région. Ce sont souvent des bandits qui chassent. Ces derniers se cachent dans la forêt et n'ont pas d'autres moyens pour subsister. À chaque patrouille, les soldats les repèrent aux tirs qu'ils entendent. Six ou sept fois sur dix, ils tombent sur des bandits affamés ou des feux précipitamment éteints et encore chauds.

Le matin du quatrième jour, un groupe d'hommes armés apparaît subitement, courant vers le poste et appelant à tue-tête. Leurs cris sont pressants. Lênh les observe à la jumelle puis va réveiller Tin et Siu.

Après avoir garni leurs sacs de provisions, s'être munis de leurs armes, les trois soldats sortent, prêts à toute éventualité. Ils se parlent en dialecte nung, dont je ne comprends pas un traître mot. Loan, plus douée pour les langues, a saisi quelques bribe « La milice du village, vite, il faut y aller... »

Inquiète, je tire Lênh par la manche :

— Grand frère ! Que se passe-t-il ?

— La milice vient nous prévenir de quelque chose. Il y a peut-être des bandits qui s'approchent de la montagne.

Les hommes convergeant vers le poste continuent de gravir la pente. Vêtus d'uniformes bleus ou couleur de feuilles mortes, ils sont coiffés de bérets ou du chapeau ouaté des gardes-frontière. Les appels se mélangent aux halètements de fatigue. Ils approchent. Lênh se penche :

— Qu'est-ce qui se passe ?

Les hommes répondent tout en poursuivant leur montée :

— Danger, danger...

Trois jeunes gens et un homme d'une quarantaine d'années arrivent au poste. Lênh s'enquiert :

— Alors ? Ce sont les bandits ?

L'homme plus âgé secoue la tête :

— Non ! Nous sommes rentrés de notre patrouille. Il n'y a pas de bandits. Mais deux habitants du village sont déjà morts. Et ça va continuer... C'est terrible.

Lênh le fixe de ses yeux à moitié endormis :

— Qu'est-ce qu'il y a alors ?

Un des trois jeunes prend la parole :

— Nous revenions de notre patrouille, qui a duré deux jours. En arrivant au village, nous avons constaté que toutes les familles étaient malades. Deux vieilles personnes étaient mortes. D'autres sont à l'agonie. Les villageois sont partis chercher le sorcier Triêu de l'autre côté de la montagne. Il est en train de faire une oblation aux dieux.

À bout de souffle, ils halètent bruyamment, enlevant leurs chapeaux pour essuyer la sueur sur leur front. Le plus âgé semble désespéré :

— Cette fois, nous devrons sans doute brûler tout le village.

Lênh s'emporte :

— Ne dites pas ça !

Il se tourne vers ses camarades :

— Vous deux, vous restez ici pour garder le poste. Je descends au village.

Les miliciens rebroussent chemin. Lênh attache son bidon d'eau, met son chapeau de garde-frontière. Je l'attrape par le bras :

— Laisse-moi venir avec toi !

— Non ! Dans le village, il y a des morts. Tu ne peux pas descendre.

Têtue, j'insiste :

— Ils n'ont pas été tués par les bandits ! Ils sont morts de maladie... J'ai été infirmière dans mon école. Je pars avec toi.

C'est un mensonge, bien sûr. Je n'ai jamais été infirmière à l'école, mais comme j'étais très amie avec tante Dung, l'infirmière du bourg, je connais quelques rudiments de soins. Mais Lênh ne fléchit pas :

— Non, impossible. J'ai ordre du capitaine de te protéger.

— Protéger, ce n'est pas enfermer dans le poste. Si tu descends au village, moi aussi.

Lênh ne me répond pas. Il s'en va.

Je dis dans son dos, d'une voix tranchante :

— Je te suivrai de toute manière. Si je me perds, ce sera de ta faute.

Il s'arrête net, me fixe l'air très embarrassé. Je m'empare de mon écharpe de laine à carreaux, me l'enroule comme un turban autour de la tête et dis à Tin et Siu :

— Grands frères, quand Loan sera réveillée, dites-lui de ne pas m'attendre pour manger. Je pars avec grand frère Lênh.

Comme Lênh est adjudant et Tin et Siu, soldats de première classe, il a suffi que j'en impose à Lênh pour que tout aille bien. Les deux soldats acquiescent gentiment puis me regardent courir après Lênh.

Les miliciens nous ont devancés. Nous apercevons par moments leurs silhouettes. Lênh est grand, je dois courir alors qu'il marche normalement. Heureusement qu'il y prend garde et m'attend. Ce colosse si balourd sait se montrer très attentionné et délicat. J'ai beaucoup d'affection pour lui. Lui aussi, il m'apprécie. Il s'est confié à moi à plusieurs reprises. Il m'a raconté l'histoire de sa fiancée qui doit être hospitalisée à Hanoi pour être opérée d'un goitre et celle de son neveu qui avait six orteils. La mère de l'enfant avait voulu couper l'orteil de trop en le ligaturant avec une cordelette. Le pauvre gamin s'était trouvé très mal, il était devenu violet, puis il était mort... Bref, Lênh est devenu un ami, quelqu'un de confiance. Marcher avec lui est très rassurant.

Nous arrivons au village de Khum à midi. Il n'y a pas de soleil, seul un nuage blanc réfléchit assez de lumière pour éclairer le paysage. Le village de Khum est niché au pied de la montagne, contrairement à Muôn qui s'étend au milieu d'une vallée. Les habitations y sont petites, dans un sale état. Les excréments des buffles et des hommes tapissent le sol d'une boue infâme. À Muôn, les villageois avaient construit des latrines à part. Ici, les humains se soulagent directement dans les enclos des cochons.

Avec la brume et le crachin, le sol colle aux pieds. Les matières fécales débordent dans les ruelles. La puanteur envahit l'atmosphère, il n'y a aucun moyen de la dissiper. Je dis à Lênh :

— Ces gens sont malades de saleté. Comment peut-on rester en bonne santé au milieu de tous ces excréments de vaches, de cochons et d'humains ? Déjà à Muôn, qui est un village où les cases sont sur de hauts pilotis, où il y a de l'espace, où le vent de la vallée circule, nous avons dû militer avec le vieux Môc pour qu'on construise aux bêtes des enclos séparés et qu'on dégage le dessous des cases. Alors ici, à Khum, où tout est étroit, où il n'y a pas un souffle d'air... comment ne pas être malade ?

— Oui, tu as raison. Le capitaine nous l'a déjà dit et il a tenté de convaincre les villageois. Mais jusque-là ça n'a pas marché. Pourtant, signe qu'ils apprécient beaucoup les bô-dôi, ils ont fini par bâtir une classe pour les enfants. Ils vivent ainsi depuis toujours. Quand il y a beaucoup de morts, ils déménagent le village plus loin. Ils prétendent que le terrain est hanté.

Nous entrons dans l'habitation du chef du village. Sa mère est malade. La vieille dame est couchée dans une pièce dont l'entrée est totalement obturée par un voile. Le chef du village nous dit d'une voix abattue :

— Nous allons sans doute être encore obligés de changer de lieu. Le ciel ne nous est pas favorable, il nous chasse tout le temps. Je viens de construire cette case qui n'a pas encore eu le temps de réchauffer la terre. Nous n'avons pas encore enlevé des champs les cailloux et les racines, pas récolté une seule moisson, que nous devons de nouveau tout déménager pour chercher un autre endroit. Le destin du village de Khum est misérable. Il a toujours été misérable, de génération en génération...

Ses yeux sont rouges, fatigués, comme si toute sa vitalité s'en allait. Lênh lui dit :

— Je vais voir la malade.

Le chef du village secoue la tête :

— Non, n'y allez pas. Vous allez être contaminé. Vous êtes jeune, sans femme, sans enfants.

Lênh ne l'écoute pas, lève le voile et entre dans la chambre. L'odeur de renfermé conjuguée à celle des excréments sur le plancher me donne envie de vomir. J'entre pourtant à sa suite. J'ai peur de rester dehors avec des étrangers.

La vieille femme est fiévreuse. Sans même toucher son front, je sens la chaleur brûlante de son corps. Elle est inconsciente.

Lênh regarde son visage violet, soupire puis sort. Il va s'asseoir au coin du feu, tend ses mains au-dessus de la flamme :

— De quand date l'apparition de la maladie ?

— D'il y a deux jours. J'étais parti avec ma femme dans son village natal. Pendant notre absence, ma mère est allée festoyer chez la petite May. Ce jour-là, on avait abattu un buffle pour se partager la viande au moment de la fête.

S'arrêtant un instant, il continue :

— Le sorcier Triêu est en train de faire une oblation aux dieux dans le village. Il nous a dit que si ça ne marchait pas, il faudrait quitter les lieux.

Lênh prend l'air courroucé :

— Pendant des mois, ce maudit sorcier a nourri des bandits. On lui a déjà donné un avertissement. S'il récidive, on l'arrête, c'est sûr.

Le chef du village fixe toujours le feu de ses yeux tristes :

— Tout le village est en émoi. Je ne sais plus quoi faire. De plus, ma femme va bientôt accoucher.

— Pourquoi n'avez-vous pas envoyé quelqu'un à la sous-préfecture chercher des infirmiers ? Et au lieu de prendre des médicaments, vous pensez déménager ? Dans votre état ?

— C'est que les villageois croient dans les offrandes aux dieux. Et puis je suis très affaibli, je ne suis pas capable de me déplacer. Il reste bien quelques miliciens solides, mais ils doivent assurer la défense du village. On ne peut quand même pas demander ça aux femmes et aux enfants.

Je tire Lênh par le bras :

— C'est loin grand frère, l'hôpital de la sous-préfecture ?

— À pied, deux jours. À cheval, c'est plus rapide.

— Emprunte donc un cheval, on y va tous les deux.

Lênh réfléchit une seconde puis demande au chef du village :

— Elle a raison. Prêtez-nous un cheval, nous y allons.

Le chef du village est stupéfait :

— Vous y allez pendant la période du Têt ?

— Et alors ? Têt ou pas, nous pourchassons les bandits. Nous n'avons pas le temps de rester au coin du feu pour manger des gâteaux. Guérir des gens, c'est comme chasser les bandits, ça n'attend pas. Trouvez-nous deux chevaux.

Le chef, l'air ébahi, se tourne vers moi :

— La petite peut y aller elle aussi ?

— Bien sûr qu'elle peut. Amenez vite les chevaux. Si on peut sauver quelques personnes...

Nous abandonnant, le chef du village descend l'échelle de sa case en silence. Une demi-heure plus tard, il revient :

— Les chevaux sont là. J'ai demandé aux villageois de vous préparer des provisions ainsi que du paddy pour les chevaux.

Il nous tend un paquet de banh tet. Ils sont plus petits que ceux de Muôn. Son geste me touche profondément, j'ai une pensée pour ces pauvres gens submergés par leur malheur.

— Allons-y ! dit Lênh.

Nous descendons l'échelle de la case. Les chevaux sont harnachés, un sac de paddy autour du cou. Les selles sont confectionnées avec des sacs de jute. Nous prenons la direction nord-ouest, profitant des étendues plates pour galoper. Dans les passages escarpés, nous descendons à terre pour guider les chevaux. Lênh me dit quand nous sommes dans la vallée :

— Couche-toi ! Ne lâche pas la bride.

Puis il donne aux chevaux le signal du galop. Le vent siffle à mes oreilles. Si jamais mon cheval trébuche, c'en est fait de moi. Heureusement les deux bêtes sont vaillantes et tout se passe bien. En fin d'après-midi, Lênh me donne à manger puis nous arrivons à un ruisseau. Nous sautons à terre pour nous laver et guidons les chevaux pour traverser à gué. L'eau froide nous saisit. Nous atteignons l'autre rive.

Un cri d'oiseau nous surprend soudain, provenant des buissons :

— Hou hou !

C'est un cri impressionnant, on dirait un cri humain. Surprise, je me redresse. Lênh s'arrête net, le visage pâle, l'air désemparé. Le croyant souffrant, je lui demande :

— Qu'est-ce que tu as ?

Il ne répond pas. L'oiseau recommence.

On dirait le hurlement d'un homme tapi dans les buissons d'en face, un cri de terreur. Lênh est toujours immobile, pâle comme la mort. L'oiseau pousse un troisième cri. Il est assourdissant, comme si quelqu'un nous martelait la tête.

Les chevaux au repos broutent l'herbe au bord du ruisseau. Lênh ne dit toujours rien. Son visage est figé, violet comme celui d'un malade. Je l'attrape par le bras, me rends compte qu'il a la chair de poule.

— Tu es malade ? Je te masse avec un peu de baume d'eucalyptus ? J'en ai avec moi...

Je lui tape dans le dos. Comme s'il se réveillait brutalement, il balbutie :

— Non, non, je n'ai rien... Allons-y.

Il bondit sur son cheval, le lance au galop malgré la configuration du terrain. J'ai beaucoup de mal à le suivre. Après nous être éloignés du ruisseau de quelques kilomètres, Lênh s'arrête, saute à terre et regarde derrière nous comme vers un cauchemar abominable :

— Pourquoi cours-tu comme si tu fuyais des fantômes ? lui demandé-je en riant. Heureusement qu'on ne s'est pas cassé le cou.

— Tu ne peux pas savoir...

Il observe avec effroi le chemin qu'on vient de parcourir.

— Qu'est-ce qu'il y a de si terrible ?

Il secoue la tête :

— Je ne peux pas t'en parler encore. Quand nous serons en haut de cette montagne...

Il détache le sac de paddy pour donner à manger aux chevaux, puis nous montons la côte à pied, tenant les bêtes par les rênes. Il nous faut presque une heure pour arriver en haut. Malgré mon insistance, mes supplications pour obtenir des explications, il reste muet. Parvenus au sommet, il pousse un gros soupir de soulagement.

— Bon, maintenant je peux parler. Quand nous étions au bord du ruisseau, tu as entendu ?

— Oui, bien sûr, un cri d'oiseau.

— Oui, exact. Mais ce n'est pas le cri d'un

oiseau ordinaire. C'est un hibou. On dit qu'il appelle les morts. Quand il crie, il annonce la mort. L'année dernière, le chef de village m'a dit : « Il y a sept ans, le village de Khum était à une journée de route de Khâu Phai. Le village vivait dans la tranquillité, quand un jour, un hibou est venu crier trois fois, dans la soirée. Les gens ont commencé à mourir à partir de ce jour-là. Les deux tiers du village sont passés de vie à trépas. C'est après cette catastrophe que nous nous sommes rapprochés de Khâu Phai. »

Je demande :

— J'ai entendu dire que cet oiseau était aussi appelé oiseau de maladie. Il a pour habitude de manger les restes de viande entre les dents des tigres. Quand il est là, c'est que le tigre n'est pas loin, qu'il ne tardera pas à tuer bétail et humains. C'est bien ça ?

Lênh secoue la tête, très sûr de lui :

— Non, non, ce n'est pas ça. J'ai entendu parler de cet oiseau dès mes cinq ans. C'était mon grand-père qui en avait parlé à mon père. Dans mon village natal, les gens ont très peur du hibou. On peut ne jamais l'entendre dans une vie. Mais si on le rencontre, c'est qu'une calamité va s'abattre.

Il s'arrête, avale sa salive.

— Les vieux ont peur mais ils n'en parlent jamais. Mon grand-père disait que cet oiseau ne volait jamais sous le soleil. Il est toujours dans des feuillages sombres en forêt, dissimulé aux yeux des marcheurs. On ne le connaît que mort. Son corps tombe au pied de son arbre, son squelette ressemble étrangement à celui d'un homme : un crâne, des bras, des jambes.

— Tu as déjà vu un squelette de hibou ?

— Non, mais les vieux disent la vérité. Leurs paroles sont sacrées.

Sa voix est très respectueuse, pleine de déférence. La superstition est donc bien ancrée dans la tête de ce soldat montagnard. Quelle espèce d'oiseau est-ce pour pouvoir tuer rien qu'en poussant son cri ? C'est peut-être une bombe explosive ou bactériologique invisible, qui ferait que les hommes ne pourraient y résister ?

Je garde pour moi mes considérations. La nuit est tombée. Lênh brandit sa lampe de poche.

— On peut remonter en selle en bas de la pente. Ces chevaux sont robustes. Presque autant que ceux de notre garnison de Khâu Phai. C'est moi qui les élève et les dresse. Le capitaine m'en a toujours fait compliment, dit-il avec fierté.

Un rugissement de tigre résonne au loin. Le vieux Môc m'a enseigné que ce rugissement est celui d'un mâle à la recherche d'une femelle. Je frissonne :

— Un tigre. Tu as peur ?

Il ricane :

— Peur ? Tu parles ! On a des fusils, des lampes... Si on le croise en plein jour, il suffit de lui lancer une baguette de bambou pour qu'il fiche le camp.

— C'est vrai ? Je m'étonne.

— Il n'y a rien là de renversant. Si un tigre a une fois goûté à la chair humaine, il voudra y revenir. Celui-là est devenu un démon. Mais tous les autres ont peur quand ils rencontrent l'homme. Ils croient que nous sommes des prédateurs susceptibles de leur faire du mal.

Il a un rire franc :

— On leur lance une baguette de bambou et ils s'enfuient immédiatement. Les tigres n'aiment pas le bambou. Taillé en baguette, le bambou est effilé, tranchant. Dès qu'il se coupe, le tigre lèche sa blessure avec sa langue râpeuse. Plus il la lèche plus la plaie s'élargit et il finit par perdre du sang. Il arrive que les tigres meurent, non pas victimes d'une balle, mais d'une coupure infligée par un éclat de bambou.

Il fait nuit noire. Nous sommes arrivés au bas de la pente. Lênh m'aide à remonter en selle puis enfourche son cheval. Il passe en premier, éclairant la route avec sa lampe. Sa grande silhouette se détache devant moi dans la nuit. C'est étrange. Cet homme, qu'un cri d'oiseau terrifie, chevauche dans la nuit, où les bandits et les fauves peuvent attaquer n'importe quand, avec la même sérénité que s'il se promenait dans les champs. Et moi, toute ma bravoure ne m'empêche pas d'être toujours aussi effrayée par la nuit en forêt. J'ai le sentiment qu'à n'importe quel moment je peux être agressée par un tigre, un ours, un boa ou une ombre mystérieuse. Surtout dans les coins obscurs où par intermittence des éclairs brillant comme des milliers d'yeux semblent s'ouvrir et se refermer pour se moquer de moi. En réalité, c'est l'éclat du phosphore dégagé par les troncs d'arbres pourris, en décomposition. Mais une frayeur incontrôlable me fait froid dans le dos.

J'appelle Lênh :

— Laisse-moi aller devant, s'il te plaît.

— Il vaut mieux que j'éclaire la route et que je repère s'il y a des traces de la présence de bandits.

J'insiste :

— Je veux aller devant. Je n'aime pas être derrière.

— Pourquoi n'aimes-tu pas ? Il s'étonne. De toute façon, on ne peut pas marcher côte à côte. En montagne, c'est plus aisé d'avancer l'un derrière l'autre. De front, les chevaux se gênent.

Je n'ai plus d'argument, mais je sens la nuit devenir plus menaçante dans mon dos. Je crie :

— Lênh ! Je ne veux plus avancer !

Il se retourne, déconcerté :

— Qu'est-ce qu'il y a ?

Il me porte sur sa monture et m'installe derrière son dos, puis il attache les rênes de mon cheval à sa selle. Assise derrière lui, le tenant par la taille, je me retourne de temps à autre pour vérifier si nous n'avons pas à nos trousses un bandit ou un fauve. Ma frayeur s'estompe. Les chevaux marchent régulièrement.

Les sabots des chevaux résonnent sur la route comme le tic-tac d'une horloge ou le roulement d'un train sur les rails, ils me font l'effet d'une berceuse. Débarrassée de mon angoisse, je laisse le sommeil m'envahir. Mes paupières deviennent lourdes. Seul le bruit d'un renard fonçant dans les buissons me tire parfois de ma torpeur. Mais la nuit règne sur la montagne et la forêt. Il n'y a plus d'autres lueurs que celles des feux follets. Même le brame du cerf au bord d'un ruisseau et le rugissement du tigre dans une vallée ne parviennent plus à soulever le poids de mes paupières. Je m'assoupis. Les sabots des chevaux continuent leur bruit régulier.

Quand je me réveille, nous sommes arrivés aux portes de la bourgade, qui est moins belle que Muôn, mais bien plus vaste.

Des maisons construites en brique bordent la rue principale. Nous arrivons devant l'hôpital de la sous-préfecture avant l'ouverture du service. Le gardien ronfle encore sous sa couverture dans l'appentis tout neuf au toit de tuiles rouges.

— Eh ! vous deux ! Ce n'est pas encore l'heure des visites. Et puis attachez vos chevaux de l'autre côté, sinon ils vont laisser du crottin devant l'entrée de l'hôpital.

Après avoir ouvert un œil pour nous apostropher, il le referme aussitôt, s'enfouissant sous sa couverture.

— Nous ne sommes pas là pour une visite.

Nous devons voir le docteur. S'il vous plaît, pouvez-vous nous ouvrir ?

Le gardien se relève, les yeux rougis de sommeil :

— Quel docteur ? Il y en a deux, ici.

Lênh ne sait quoi dire. Je réponds :

— Le docteur qui dirige cet hôpital. Dites-lui que nous sommes envoyés par la garnison du poste frontière de Khâu Phai.

Le vieux garde nous fixe un moment puis, poussant un soupir, s'extirpe de sa couverture, comme un ver de son cocon. Jetant sur ses épaules une veste ouatée, sur sa tête un vieux chapeau de feutre, il enfile des sabots grossiers et se dirige vers les bâtiments administratifs. Pendant ce temps nous attachons nos chevaux tout en sautillant sur place pour nous réchauffer. Dix minutes plus tard, un homme vêtu d'une blouse blanche vient à notre rencontre.

— Bonjour jeune fille, serais-tu originaire de la plaine ?

— Oui, monsieur.

— De quelle province ?

— Je suis de Bac Ninh, monsieur.

— Ah ! L'ancienne capitale du Nord. Moi, je suis originaire de Ninh Binh. Tu connais ?

— Non, monsieur.

— En tout cas, nous sommes tous les deux de la plaine. Ici, en montagne, c'est rare de rencontrer des compatriotes...

Le directeur s'aperçoit de la présence de

Lênh, le garde-frontière à l'allure imposante est resté debout silencieusement derrière moi.

— Bonjour, camarade. Veuillez entrer.

Nous entrons et lui exposons la situation au village de Khum. Le directeur, qui nous a dit s'appeler Tinh, nous écoute.

— Ce sont les services sanitaires qui devraient s'occuper de cette affaire. Mais ils n'ont pas assez de ressources. Les villages sont loin, surtout ceux des tribus Meo qui sont dans les hautes montagnes, il faut pratiquement un mois pour s'y rendre. Des épidémies mortelles y sévissent chaque année. Dans certaines régions, les villageois sacrifient jusqu'à des centaines de cochons et de bœufs pour faire des offrandes aux dieux... Il y a même des appendicites qui ont motivé jusqu'à quatre autels sacrificiels. Et quand les malades arrivent enfin à l'hôpital, ils sont déjà condamnés.

— Alors, vous venez avec nous au village de Khum ? lui demandé-je.

Il hésite :

— Je ne peux pas quitter l'hôpital, les opérations chirurgicales et certaines pathologies dangereuses nécessitent des décisions rapides. D'un autre côté, ce n'est pas raisonnable d'envoyer un infirmier. Une erreur de diagnostic peut s'avérer mortelle et ruiner la réputation de notre administration. Vis-à-vis des montagnards, c'est quelque chose de difficilement rattrapable.

— Vous ne pouvez pas laisser l'hôpital à

votre adjoint ? Le voyage aller-retour à Khum ne vous prendra que trois ou quatre jours.

Le directeur esquisse un large sourire, arborant des dents jaunies par les cigarettes :

— Sais-tu depuis combien de temps je n'ai pas pris de vacances ? Depuis exactement cinq ans et trois mois. Mon dernier fils de cinq ans ne m'a encore jamais vu et je n'ai même jamais eu l'occasion de le prendre dans mes bras. Je n'ai vu que les photos que sa mère m'a envoyées.

Il continue :

— Ici, il n'y a pratiquement pas de vrais docteurs, même si c'est comme ça que les gens appellent tout le personnel soignant. Dans cet établissement, il n'y a que deux médecins, moi-même et Hiên. Hiên est généraliste et moi, je suis responsable de tout, Deux des six infirmiers sont kinh, les quatre autres sont des montagnards en cours de formation. La situation n'est pas facile...

Il soupire. Lênh prend la parole :

— Camarade, moi aussi j'ai dû quitter mon poste de garde-frontière pour venir ici. J'ai délégué à d'autres collègues le soin de continuer la traque des bandits et des contrebandiers. Faites un effort, s'il vous plaît, sinon les gens de Khum vont continuer de mourir et ils déménageront leur village. Le sorcier Triêu est en train de faire des oblations aux dieux là-bas. Il a dit que si les offrandes ne donnaient rien, il allait falloir déplacer le village... Tout ça n'est pas bon.

Comme je commence à le connaître, je devine à ses yeux inquiets qu'il ne pense pas aux deux morts de Khum, mais plutôt aux cris effrayants du hibou au bord du ruisseau. J'insiste auprès du médecin :

— C'est très important, s'il vous plaît...

— D'accord, attendez-moi.

Monsieur Tinh nous quitte, sans doute pour aller voir son collègue, le médecin Hiên, et lui transmettre les consignes. Il revient, chargé d'un sac rempli de boîtes de médicaments et d'instruments médicaux.

— Allons-y. Il faut nous dépêcher.

À peine arrivé à l'entrée de l'hôpital, il est rattrapé par une jeune infirmière très mignonne, à la peau claire, qui lui tend un sac de provisions :

— Oncle Tinh, n'oubliez pas les provisions pour la route !

Le médecin se retourne :

— Surveillez bien le cas de méningite d'hier soir.

— Oui, monsieur.

Nous sortons de l'hôpital. Le médecin monte le grand cheval noir de Lênh. Nous deux montons mon cheval alezan. Comme il a marché sans cavalier toute la nuit, il est en pleine forme. En chemin, nous nous arrêtons pour manger un pho dans un restaurant de la ville. Il est plus insipide que celui du village de Noi, mais nous avons si faim que nous avalons tout sans nous poser de questions. J'achète une dizaine de gâteaux de miel et des beignets aux marchandes du coin. Je donne de l'argent à Lênh pour le paddy des chevaux, puis nous partons.

Pas de pause, sauf pour les repas. Après avoir épuisé les provisions du médecin, nous mangeons mes gâteaux. Le médecin nous presse, impatient, car les malades l'attendent à Khum et à l'hôpital.

Malgré sa maigreur, il ne dort pas, il reste sans cesse éveillé. Lênh non plus ne dort pas. Il n'y a que moi, rassurée d'être derrière lui, qui dors calmement toute la nuit en selle.

Nous arrivons enfin, après un jour et une nuit, à Khum. Un autre décès a eu lieu. La case du mort arbore du papier de deuil devant la porte Des pleurs, des cris, les hurlements du sorcier Triêu, les tambours et les gongs font un vacarme épouvantable. Nous allons d'abord chez le chef du village. Le docteur Tinh ne dit rien, il fait juste un signe de tête avant d'entrer dans la chambre de la malade. Il connaît sûrement bien la région et ses coutumes, puisque la puanteur ambiante semble lui être indifférente. Après avoir examiné la vieille femme et posé quelques questions au chef, il dit :

— Fièvre charbonneuse. Elle a dû consommer de la viande d'un buffle ou d'un bœuf mort de la maladie du charbon, dit-il en dialecte nung au chef du village.

Ce dernier le regarde avec des yeux ronds d'étonnement :

— Oui, vous avez raison. Elle a mangé du buffle chez May, ma sœur.

Le docteur Tinh répond :

— Tous ceux qui ont mangé de cette viande sont contaminés.

— Peut-on les guérir ? Le chef s'inquiète.

— Il faut leur administrer des médicaments et les vacciner. Si ce n'est pas trop tard, ils ont une chance.

Le chef saute de joie et dévale l'échelle en criant :

— Je vais les avertir. C'est donc ce maudit buffle et non le ciel qui a créé ce malheur.

Il revient au bout d'un moment, haletant :

— Suivez-moi s'il vous plaît, docteur. Beaucoup de ceux qui ont mangé de ce buffle sont malades.

Le médecin fait une piqûre à la vieille malade et confie des médicaments à la jeune épouse enceinte du chef du village, en lui indiquant la posologie.

Lênh me dit :

— Rentrons au poste.

— Je préfère rester ici pour voir le docteur Tinh faire ses piqûres.

Il rit :

— D'accord. J'y vais, j'ai du travail là-haut. Je reviendrai te chercher plus tard.

Il s'en va.

Avec le docteur Tinh et le chef du village,

nous entamons les visites et les vaccinations. Comme le docteur m'a confié la sacoche de soins et demandé de préparer les seringues et de stériliser les aiguilles, tout le monde croit que je suis une petite infirmière. Ils me regardent avec des yeux admiratifs et respectueux.

Il fait nuit noire quand nous terminons notre tournée. Avec sa torche, le chef du village nous guide vers les dernières cases. Ce sont celles des familles les plus aisées de la communauté. Chez elles, dès que quelqu'un se déclare souffrant, un autel est aussitôt dressé pour implorer la grâce des dieux. Les cases sont complètement enfumées par l'encens. Et le sorcier, en guise de remède magique, a apposé les cendres d'encens sur les fronts des malades. Peine perdue, personne n'a guéri avec cette méthode. Pourtant, après les cérémonies, les offrandes ont été emballées pour être portées chez le sorcier Triêu : chaque cérémonie a coûté douze coupons de soie rose, douze coupons de tissu blanc, un plateau entier de riz gluant et un beau poulet.

Le découragement est général.

— Ce mal est incurable ! Les dieux nous ont condamnés. Grandes offrandes, petites offrandes, rien n'y fait. Les esprits ont attaché les malades à leur lit et leur ont interdit d'ouvrir l'œil. Nous n'avons pas d'autre choix que de déménager le village, disent-ils au chef.

Ce dernier répond :

— Fais-toi vacciner, fais avaler ces comprimés aux malades et ils guériront. Tout le village l'a fait. C'est ton tour.

— Je veux bien. Mais je n'y crois pas. Et puis, il y a deux jours, quelqu'un a entendu le cri du hibou en revenant des champs.

Encore ce hibou ? Pourquoi provoque-t-il une telle terreur chez ces gens ?

Après avoir ausculté le patient, le docteur Tinh m'appelle auprès de lui :

— Toujours la fièvre charbonneuse. Prépare le vaccin.

Nous nous complétons bien : je stérilise l'aiguille avec un coton hydrophile imbibé d'alcool à brûler, le docteur Tinh casse l'ampoule du vaccin et fait la piqûre. Je pense que je pourrais devenir un jour un bon médecin. Sauf peut-être pour les opérations chirurgicales, car à chaque fois que je vois du sang, j'ai tendance à tourner de l'œil.

Nous venons de vacciner le dernier malade. En descendant l'échelle de sa case, je souffle :

— Ouf, c'est terminé !

Le chef du village, qui comprend le kinh, nous dit :

— Non, il reste encore une case, au pied de la montagne. Un garçon de douze ans y est malade. Sa famille est si pauvre qu'elle a dû se démener toute l'après-midi pour emprunter l'argent et le paddy des offrandes. Le sorcier Triêu est actuellement là-bas en train de faire ses incantations.

— On y va docteur ? demandé-je.

La nuit est maintenant d'un noir d'encre. Le vent glacial nous transperce jusqu'aux os. La torche que tient le chef est sur le point de s'éteindre. Tinh répond sans une hésitation.

— Allons-y. Un peu de courage, petite fille.

Je le suis en silence. Je comprends, à l'instant, qu'un vrai médecin se doit d'être généreux et responsable. Ce sont là les qualités essentielles des personnes exerçant ce noble métier. Aucune autre profession n'a d'exigence morale aussi élevée.

Le chef du village nous dit :

— Pouvez-vous m'attendre une minute ? Il faut que je change de torche. Il fait nuit noire et ce n'est pas à côté.

Nous abandonnant aussitôt, il s'engage dans un sentier en direction de la case la plus proche. Le médecin m'entoure les épaules de son bras :

— Tu as froid ? C'est que tu n'es pas encore habituée au rude climat d'ici. Quand tu le seras, tu te porteras bien mieux. Tu prendras du poids, de belles couleurs, tu verras. En général, la montagne sied bien aux filles. Pour les hommes, c'est le contraire. On perd facilement trois ou quatre kilos en restant ici.

— Pourquoi ne demandez-vous pas à être muté dans la plaine ? C'est bien triste de rester ici si longtemps...

Le médecin esquisse un sourire :

— Quand tu en parles, on dirait que c'est

aussi naturel que de manger un bon dessert. Si c'était si facile, je ne serais pas resté ici cinq années de suite sans vacances. Qui m'aurait remplacé alors ? Je ne vais quand même pas laisser mes malades sans médecin ?

— Mon père, c'est pareil. À chacune de ses permissions, ma mère lui demande la même chose. Il répond toujours qu'il attend que le commandement lui envoie un remplaçant. Ça fait maintenant quinze ans qu'il est à Khâu Phai.

Le docteur Tinh me donne une petite tape dans le dos :

— Ceux qui veulent descendre sont nombreux et ceux prêts à monter se comptent sur les doigts d'une main. Et puis la quantité de travail ici ne cesse d'augmenter, on n'y arrive plus. Mais si on veut être en paix avec sa conscience, il faut continuer à assumer sa charge.

Le chef du village nous rejoint, muni d'une nouvelle torche :

— Nous pouvons y aller !

Il sent l'alcool à plein nez. Il en a sûrement profité pour boire un verre.

Il fait un froid de canard. La brume, épaisse, rampe sur le sol, entoure le pied des montagnes. Comme des somnambules, nous marchons à tâtons dans le brouillard. J'ai l'impression que nous glissons dans la brume sur une pente mouillée et vertigineuse, mais ce n'est que le bas de mon pantalon qui s'imbibe de la rosée des buissons. Nous mettons presque une heure pour arriver.

Le sorcier Triêu est en pleine incantation quand nous gravissons l'échelle de la cabane. En entrant, j'aperçois l'autel chargé des coupons de soie rose et blanche, du plateau de riz gluant et du poulet. Deux rangées de bougies à la graisse de bœuf enfument la pièce d'une fumée âcre, pendant que leurs mèches se consument. Des formules magiques d'incantation sont gribouillées sur des papiers collés au pied des lumignons.

À notre arrivée, le sorcier s'arrête. Après avoir écouté le chef du village, il se tourne, vexé, vers le chef de famille :

— Puisque le docteur est venu pour faire les piqûres, moi, j'arrête. Si plus tard les esprits reviennent, ce ne sera plus la peine de m'appeler.

L'homme, âgé d'une trentaine d'années, est émacié et famélique. Sa peau est jaunie par le paludisme. Sa femme est également vêtue misérablement. Le couple se prosterne immédiatement devant le sorcier.

Le chef du village tonne :

— Vous avez fait affaire avec quatre familles. Vous n'avez guéri personne. Il faut laisser le docteur vacciner le malade.

Puis il se tourne vers le couple :

— Les quatre autres cases ont été vaccinées.

Il cite le nom des familles :

— Les offrandes étaient encore dans leur

enveloppe, sur les autels. Ce que je dis est la vérité.

Le couple se tourne alors précipitamment vers le médecin pour le supplier de vacciner leur fils unique. Le sorcier, voyant la tournure prise par les événements, enlève avec humeur ses habits de cérémonie pour s'en aller. La femme le retient par la manche :

— S'il vous plaît. Nous avons tout fait pour nous procurer ces offrandes. Ayez pitié de nous...

La situation est rocambolesque. Tout d'un coup le fils malade crie comme une bête égorgée. Nous nous précipitons dans sa chambre, suivis de sa mère. Sur le lit recouvert d'une peau de vache, un gamin décharné avec une grosse tête et des grands yeux écarquillés hurle des paroles incohérentes en dialecte nung. Son souffle est chaud et fétide. Le médecin se tourne vers moi :

— Il en est au stade trois. Il faut se dépêcher.

Nous nous préparons sans délai à lui faire son vaccin dans une pièce tout aussi enfumée par les bougies à la graisse de bœuf. De l'autre côté, le sorcier est encore en train de discuter avec le chef du village. Après sa piqûre, le médecin me dit :

— Attends-moi dehors. Je vais veiller ce garçon un moment. Il est dans une phase critique.

Je sors et m'adresse au chef du village :

— Ça y est. Il est vacciné. Mais oncle Tinh

doit rester un peu avec lui. Il est très gravement malade.

Le chef du village s'adresse au père :

— Il a mangé du buffle chez son oncle, n'est-ce pas ?

— En effet, je n'ai plus d'argent, je n'ai pas pu lui acheter à manger.

— Si vous en aviez mangé tous les deux aussi, vous auriez été également malades. Toute la famille de ton frère est malade. Heureusement que j'ai envoyé ma femme rendre visite à sa mère.

Le sorcier Triêu est resté silencieux depuis tout à l'heure. Voyant que plus personne ne s'intéresse à lui, il se lève :

— Je m'en vais.

Jetant son sac sur l'épaule, il esquisse un sourire venimeux, exhibant des canines pointues :

— Si les esprits reviennent, surtout ne reprochez rien au sorcier Triêu, compris ?

Le chef de famille se lève, pâle comme la mort :

— S'il vous plaît, ayez pitié de nous, testez pour nous protéger. Si les esprits reviennent, nous mourrons tous les deux !

Le sorcier se fige. Il semble hésiter entre s'en aller et rester pour récupérer les offrandes. Prenant l'air fâché, il tourne le dos à l'autel. Le chef du village se veut conciliant :

— Allez ! Les offrandes sont déjà là. S'il vous plaît, faites donc les incantations. Plus on est de guérisseurs, plus il a de chance de s'en sortir.

Le sorcier revient fièrement sur ses pas, enlève son sac, revêt sa tunique de cérémonie et s'assoit devant l'autel. Puis, tout en balbutiant quelque chose d'incompréhensible avec trois bâtonnets d'encens dans les mains, il fait des gestes dans tous les sens, crie, saute en l'air et retombe sur les fesses. Cette séquence se répète ainsi inlassablement. Je regarde sa tête cramoisie avec détestation. Il a donc fait ce même numéro de cirque dans cinq familles. Dès ce soir, elles vont devoir livrer chez lui, de l'autre côté de la montagne, toutes leurs offrandes, même si ce sont les médicaments fournis par l'État qui ont guéri les malades. Soixante coupons de soie rose, soixante coupons de soie blanche, cinq plateaux de riz et cinq poulets. Une vraie fortune pour les pauvres gens de Khum.

Cette situation me rappelle une leçon apprise : « Là où règne l'ignorance, règne aussi la misère. »

Cette leçon, que j'avais oubliée avec tant d'autres, revient en cet instant à mon esprit avec une acuité et une force surprenantes.

Je regarde attentivement le sorcier. Il gesticule dans tous les sens, entièrement plongé dans ses incantations. Je fixe le plancher en bambou à l'endroit exact où il saute en l'air puis retombe sur son derrière. Une idée me passe par la tête. Je descends l'échelle...

Des lueurs me parviennent des lampes, des bougies d'en haut. Je tâtonne dans l'enclos des bêtes juste en dessous du plancher de la case. C'est une famille pauvre. Elle ne possède que trois vaches et quelques cochons. Sentant ma présence, ils se regroupent dans un coin. J'avise un bout de bambou pointu et dur que j'enlève du treillage sur lequel poussent les haricots grimpants et les aubergines. Je retiens ma respiration et rentre dans l'étable. Je vois le plancher avec les rais de lumières bien tracés au-dessus de ma tête. Au moment précis où le sorcier saute en l'air, j'engage le bout de bambou entre les planches, à l'endroit exact où ses fesses vont atterrir.

Un long hurlement retentit.

Je jette le bambou, m'enfuis à bride abattue. Je ne sais pas pourquoi mais ma mémoire, d'habitude si paresseuse et souvent défaillante, m'indique à cet instant, et avec une netteté extraordinaire, tous les chemins que nous avons pris lors de notre tournée médicale. Les mains tendues devant moi, je me fie à cette carte mentale pour courir. Les branches humides des baccaurées, les feuilles des pamplemoussiers au bord du chemin fouettent mon visage. Jambes à mon cou, je fonce. Les bruits des pas qui me pourchassent diminuent peu à peu. Le sorcier n'est pas arrivé à m'attraper. Il a dû renoncer et rebrousser chemin.

Je ralentis ma course, puis marche normalement, essoufflée, respirant à pleins poumons. Je touche mes joues brûlantes.

Devant moi, j'aperçois les rayons d'une

lampe de poche. Une patrouille de la milice ? Non, la voix familière de Lênh retentit dans la nuit :

— Holà ! Tu es toute seule ? Où est oncle Tinh ?

— Grand frère Lênh !

Je saute dans ses bras avec une joie incommensurable.

— Tu as faim ? me demande Lênh.

— Non, non... J'étais poursuivie par le sorcier Triêu.

Je réponds en haletant, puis lui raconte par le menu les événements. Il marmonne tout en m'écoutant :

— Ce n'est pas bon, ce n'est pas bon...

J'en arrive ainsi au moment où les fesses de Triêu tombent sur la pointe de bambou. Lênh laisse éclater un petit rire de gorge mal réprimé :

— Ah ! le maudit sorcier... C'est bien fait pour lui.

Il me caresse les cheveux, s'étonne :

— Où est ton écharpe en laine ?

Je me rends compte, en vérifiant autour de mon cou, que je l'ai perdue pendant la fuite. Lênh me dit :

— Bon, je te raccompagne jusqu'à la case du chef du village. Je vais ensuite régler quelques affaires, retrouver ton écharpe puis nous rentrerons au poste.

Je le suis gentiment. La jeune épouse du chef me sert du riz gluant tout chaud avec de la purée de sel et de piment. Un long moment après, Lênh revient avec oncle Tinh et le chef du village.

Oncle Tinh s'adresse à moi en riant :

— Tu m'as fait perdre une compresse et toute une ampoule hémostatique. Tu mérites une punition.

Le chef sourit en me regardant. Lênh ne dit rien, pose son fusil sur le mur et revient se chauffer devant le feu. Oncle Tinh me raconte la suite de l'histoire :

— Quand les fesses du sorcier sont tombées sur la pointe de bambou, il a hurlé de douleur et il a dévalé l'échelle de la case pour courir à ta poursuite. Personne n'y a compris quoi que ce soit sur le moment. Il est revenu bredouille quelques instants plus tard, les fesses en sang. Se voyant blessé, il a commencé à brailler. J'ai dû nettoyer la plaie, lui injecter une ampoule de vitamine K et panser sa blessure. Furieux, il a d'abord exigé de refaire toute la cérémonie avec de nouvelles offrandes. C'est à ce moment que Lênh est arrivé. Face au bô-dôi, il a pris peur, il a rapidement terminé la cérémonie en cours puis il est parti, prenant lui-même les offrandes, sans exiger que la famille les lui porte comme d'habitude.

— Ça lui servira de leçon ! dis-je.

— Ce n'est pas bien de prendre de telles initiatives sans nous consulter, moi ou grand frère Lênh, dit oncle Tinh.

Il désigne le chef du village :

— Notre ami le chef du village est un homme de progrès, mais bien des villageois sont encore très superstitieux. Ils croient encore beaucoup dans les pouvoirs du sorcier. Si tu fais ça, ils vont penser que tu ne respectes pas leurs croyances.

Je proteste :

— Mais il n'a guéri personne ! Il n'a fait que les berner pour recueillir les offrandes.

Oncle Tinh hoche la tête :

— Oui, nous le savons, mais nous devons nous taire pour le moment. Dans la vie, la précipitation est mère de l'échec.

Le chef du village revient de la pièce d'à côté avec une cruche de vin et un quartier de viande de chevreuil séchée.

— Cher docteur, cher bô-dôi, trinquons à notre réussite. J'étais si inquiet depuis quelques jours. S'il nous avait fallu déménager le village, cela aurait été une véritable catastrophe.

Sa jeune épouse ajoute :

— Le sorcier menaçait tout le village depuis quatre jours : « Si vous ne quittez pas ces lieux, d'autres hommes mourront, Tous les buffles, les cochons, les volailles fuiront dans la forêt. »

Le chef du village verse le vin :

— Les villageois craignent ce sorcier. Avant, nous deux aussi nous avions peur. C'est un homme méchant. D'autant plus qu'il entretient une horde de vers de moustaches de tigre chez lui. Quand il n'aime pas quelqu'un, gare !

— Des vers de moustaches de tigre ?

Je m'étonne. Lênh me donne une petite tape sur l'épaule :

— Laisse-le s'occuper des grillades, tout va brûler sinon !

Le chef a coupé des tranches dans le quartier de gibier avec une lame aiguisée. Il plonge ensuite la viande dans un grand bol contenant une sauce ocre, on dirait un mélange de miel et de piment écrasé. Les tranches sont ensuite déposées avec soin sur les braises.

Lênh m'explique :

— Les anciens disent qu'il faut toujours brûler les moustaches d'un tigre qu'on a abattu avant de l'équarrir. Il ne faut surtout pas que quelqu'un puisse couper ces moustaches. Car si on plante des moustaches de tigre dans une jeune pousse de bambou, en exactement trois mois et neuf jours, elle se transformera en ver. Ce ver est carnivore, comme un tigre, il faut le nourrir de viande fraîche. Au bout d'un an, il devient gros comme un doigt et il a la longueur d'une grande baguette pour servir le riz. Ses excréments sont un poison fulgurant. Il suffit de jeter un grain de ce poison dans une jarre d'eau pour exterminer une famille entière. Tout le monde a peur de ce type de vers. Ceux qui les élèvent sont des criminels.

Je me rappelle tout de suite ce qui s'est passé au village de Muôn avec le vieux tigre estropié qui avait été abattu. De retour de la grotte du Singe Blanc, le vieux Môc avait demandé immédiatement à madame Kin :

— Ont-ils brûlé les moustaches de la bête ?

— Oui. Ils ont d'abord brûlé les moustaches avant de le découper, avait-elle répondu.

Quelles histoires étranges et irréelles. Ce sont là des légendes pleines de superstition !

En revanche l'odeur de viande grillée mélangée à celle du vin est une vraie réalité. Les grillades dorées, qu'embaume l'arôme de miel et de piment fort, dégagent une odeur appétissante dans toute la pièce. La femme du chef de village pose un bol de sel :

— Mon mari aime manger très salé !

Le chef du village hoche la tête, très satisfait de l'attention de sa jeune épouse.

— J'ai beaucoup de gratitude envers le docteur et le bô-dôi. Buvons ensemble !

Il me verse aussi un verre de vin :

— Toi aussi, jeune fille ! Bois pour me faire plaisir... J'aimerais avoir un enfant avec des yeux aussi noirs que les tiens.

Il dodeline de la tête en parlant, puis finit son verre dont il n'avait encore bu que la moitié. Le docteur Tinh et Lênh boivent aussi. Je trempe mes lèvres dans le vin et profite d'un moment d'inattention de tous pour vider mon verre dans celui de Lênh. Le feu éclaire nos visages de sa lumière rouge.

RETROUVAILLES AVEC MON PÈRE
UNE LETTRE DE MA MÈRE

CETTE MÊME NUIT, après le festin, Lênh dit :

— Merci beaucoup, docteur. J'ai demandé qu'on vous raccompagne chez vous. Voulez-vous partir maintenant ou attendre demain ?

Le docteur Tinh répond :

— Je préfère partir tout de suite. À l'hôpital, il y a quelques cas assez lourds. Et puis j'ai l'habitude de voyager de nuit.

Lênh se lève et se dirige vers la terrasse devant la case. Mettant ses mains en conque autour de sa bouche, il pousse un long hululement en direction du sommet de Khâu Phai. Son appel résonne, amplifié par la nuit silencieuse. Après avoir recommencé trois fois, il revient vers moi :

— On rentre au poste tout de suite ? Tu as peur ?

Je me lève :

— Allons-y ! Je n'ai peur de rien !

Ça fait rire le docteur Tinh.

— Ma jeune compatriote est vraiment courageuse !

Je lui remets la sacoche contenant les médicaments, qui a bien diminué de volume. Nous nous disons adieu. Le docteur Tinh me dit de passer le voir quand je repartirai chez moi, ensuite il salue tout le monde et descend l'échelle de la case.

Nous le raccompagnons. Le chef allume une torche. En bas de l'échelle, les deux chevaux, l'un noir, l'autre alezan, piaffent dans le froid. Le chef leur donne un peu de paddy. Quelques instants après, un hululement nous parvient du côté de la montagne puis une lueur de torche vacillante s'approche. Le soldat de première classe Siu apparaît, fusil-mitrailleur en bandoulière, revolver à la ceinture. Il tient dans la main une grande torche.

— Présent, mon adjudant.

Il se met au garde-à-vous, fait le salut réglementaire à Lênh. Ce dernier lui rend son salut :

— Camarade, as-tu les instructions ?

— Oui, mon adjudant. À vos ordres !

Il se tourne vers nous :

— Où est le camarade docteur ? J'ai ordre de l'escorter.

— C'est moi... Je suis là. Allons-y.

Le docteur Tinh semble un peu embarrassé face à l'attitude solennelle des deux gardes-frontière. Se chargeant de sa sacoche, il monte sur son cheval et nous salue de la main une dernière fois :

— Au retour, n'oublie pas de passer me voir, ma jeune compatriote !

— Oui, docteur, je n'oublierai pas.

L'écho de nos voix dans la montagne me fait penser à quelque imitateur taquin répétant tout ce qu'on dit. Siu saute sur le cheval alezan et le lance au galop. La lueur de sa torche brille dans la nuit puis disparaît comme un rayon de soleil dans le brouillard.

— Je demande à Lênh :

— Et si sa torche s'éteignait en cours de route ?

— Il y a la lampe de poche. La torche économise la batterie tant qu'elle brûle.

Il se tourne vers le chef du village :

— Allez donc dormir. Nous partons.

Le chef acquiesce et remonte dans sa case.

Lênh sort de sa poche mon écharpe en laine :

— Sais-tu où tu l'avais perdue ? Au pied de l'échelle de la case où le sorcier faisait sa cérémonie. Je l'ai ramassée en montant.

J'entoure avec plaisir mon écharpe autour de mon cou. Il faut avoir vécu en montagne pour apprécier à leur juste valeur une écharpe en laine, une veste ouatée, une paire de chaussettes ou une paire de gants. Grâce à ces vêtements, le froid de la nature est repoussé au loin. Ces objets fabriqués de nos mains donnent confiance en la civilisation. Je me souviens très clairement de l'enseignement de mon professeur d'histoire et soudain je me sens concernée par la condition des hommes primitifs qui ne disposaient ni de vêtements ni de connaissances...

Lênh tape sur mon épaule, me faisant tressaillir :

— Tu es bien silencieuse ! D'habitude, tu es très enjouée et bavarde...

— J'ai hâte de rentrer au poste.

Mais diverses réflexions continuent de me traverser l'esprit, tels des éclairs dans une nuit de tempête, fulgurantes, fugitives et intenses.

À peine arrivée au poste, Loan se jette dans mes bras. Tout en m'étreignant, elle me pose mille questions. J'entre dans le baraquement. Surprise, il y a là une quarantaine de soldats en train de se reposer. Le feu est puissant comme un feu de camp, éclairant des visages brûlés par le soleil, émaciés et fatigués. Ils se tournent tous vers moi :

— Ah ! C'est Bê, la fille du capitaine !

— Elle est mignonne, dis donc... Il nous en parle tout le temps.

Deux hommes d'âge mûr viennent vers moi, me prennent par la main chaleureusement :

— Viens ici te réchauffer ! Il fait très froid dehors, n'est-ce pas ?

Je regarde autour de moi. Une angoisse parcourt tout mon corps comme une décharge électrique. Je regarde encore une fois alentour. Je ne vois pas le visage de mon père. Je demande à Lênh :

— Mon père ? Où est mon père, grand frère Lênh ?

Le colosse s'approche du feu, me fait asseoir :

— Assieds-toi d'abord pour te réchauffer.

Je retire ma main de la sienne :

— Non. Je reste debout. Dis-moi immédiatement où est mon père !

Il me regarde puis répond doucement :

— Ton père est blessé. Il n'est pas encore rentré.

Un froid glacial m'envahit. J'ai envie de pleurer, mais je me retiens :

— Où est-il alors ?

Un des deux soldats d'âge mûr me répond :

— Ton père est encore au bloc opératoire du régiment. Ne t'inquiète pas. Il va revenir bientôt.

— Non. Je ne veux pas attendre ici. Je veux me rendre auprès de lui...

À bout de forces, je ne peux plus me retenir et fonds en larmes.

— Papa, papa...

J'éclate en pleurs en appelant son nom. Mon cœur est subitement submergé par toute l'angoisse, les refoulements, les malheurs et le chagrin liés à l'absence de mon père. Toutes les choses que je voulais lui confier se transforment en un long sanglot hoquetant et irrépressible.

Les soldats me laissent pleurer pendant un long moment et quand, exténuée, je m'écroule enfin, ils me prennent dans leurs bras pour me coucher à côté de Loan. Ils me bordent avec deux couvertures recouvertes d'une toile de parachute pour conserver la chaleur. Nous dormons toutes les deux à poings fermés jusqu'à dix heures du matin.

Au réveil, je dis à Loan :

— Je dois aller au bloc opératoire du régiment pour être auprès de mon père. Reste ici à t'amuser.

Elle se fâche :

— Non ! Tu n'es pas loyale avec moi. Tu es déjà allée au village de Khum en me laissant toute seule ici. Cette fois-ci, je ne suis plus d'accord.

— Mais la route est difficile. Il paraît qu'on peut croiser des tigres, sinon des bandits.

— Rien du tout ! Et je me fiche de rencontrer qui que ce soit. Tu pars, je pars avec toi. Où que tu ailles.

— Bon d'accord, nous partirons ensemble. Aujourd'hui même, après déjeuner.

Toute l'escouade est déjà au travail. Les deux militaires d'âge mûr sont les lieutenants, les adjoints de mon père. Tout en nous servant à manger, ils bavardent avec nous. L'un d'eux n'a pas pris de congé depuis deux ans, l'autre, comme mon père, depuis plus de trois ans. Leurs familles et leurs enfants leur manquent énormément. Ils nous prennent dans leurs bras et nous couvrent un peu gauchement de leur affection. Je leur dis :

— J'ai beaucoup changé, je sais aimer mon père maintenant. Avant, quand il rentrait en permission et me caressait les cheveux, je m'enfuyais toujours pour aller jouer dans la rue. Je n'aimais pas son odeur de tabac et de forêt…

Les lieutenants éclatent de rire. L'un d'eux nous dit :

— Les hommes ont préparé les chevaux ainsi que les provisions. J'ai confié à Lênh et à un soldat kinh, meilleur tireur du bataillon, la mission de vous escorter. Vous êtes d'accord ?

— Merci beaucoup.

Les deux lieutenants nous conduisent dehors. Dans la cour, Lênh et un bô-dôi de petite taille à l'air débrouillard, nous attendent déjà avec trois chevaux.

— En route, dit notre ami Lênh.

Avec le soldat, il nous précède à pied, guidant les chevaux pour descendre la pente. Nous saluons les officiers avant de les suivre. Loan porte le sac de vêtements, prétextant que je suis fatiguée.

La station médicale du régiment est implantée en pleine forêt vierge. Des grandes tentes de toile sont alignées les unes à côté des autres. Les lits des malades sont également en toile, avec des structures en aluminium pliables pour le transport. Les silhouettes des médecins et des infirmières militaires vêtus de blouses blanches, qui circulent entre les tentes sous le couvert des arbres, me ramènent à la guerre toute proche. Car c'est la guerre, en effet. Une guerre silencieuse, sans coups de canon tonitruants, sans explosions, sans cris d'attaque, sans des milliers d'hommes avançant au son de la trompette. Une guerre contre le banditisme qui se déroule au milieu de ces montagnes vertigineuses, dans ces forêts étouffantes. Le soldat se doit d'être plus aguerri, plus solitaire, plus résistant.

Je pense à mon père. Je ne l'en aime que plus et je suis si fière de lui.

Le soldat de garde du bloc nous mène à la tente où se trouve mon père. Comme il y a peu de malades, le personnel soignant connaît bien chacun d'entre eux.

— Capitaine Vu Dinh Tung, vous avez de la visite.

Mon père a l'air de somnoler, couché sur le côté. À l'annonce qui lui est faite, il se retourne.

— Papa !

Je tombe à genoux, entoure la tête de mon père de mes bras.

— Oh ! ma fille, Bê, ma petite fille !

Il ferme les yeux. Aux commissures des paupières, là où des rides s'ouvrent en éventail, deux larmes de bonheur naissent et coulent doucement. Je regarde avec stupéfaction les grosses larmes rouler sur ses tempes. Je ne l'avais encore jamais vu pleurer.

— Papa ! Tu as très mal ?

Ma voix s'éraille, on dirait la voix d'une étrangère. Ma réserve de larmes, que je croyais tarie depuis mes sanglots d'hier, se régénère spontanément et déborde de mes paupières encore gonflées. Mes larmes coulent sur les cheveux drus, imbibés d'odeurs de transpiration et de poussière de mon père. Il n'a sûrement pas pu se laver durant toute la campagne contre les bandits. Sa barbe, qui n'a pas été taillée, frotte comme du papier émeri contre mon visage. Je sens l'odeur âcre de la poudre sur ses vêtements, celle plus forte des produits antiseptiques et des pansements... Mais à cet instant, plus rien ne compte. Je me sens si proche de mon père, Il n'est plus ce soldat en permission, portant son sac sur le dos, sentant le tabac et la forêt, que ma mère m'obligeait à appeler « père » et en compagnie de qui, malgré les menaces et les exhortations de cette dernière, je n'avais jamais pu rester plus d'une demi-heure... Non, en ce moment, mon père est tout simplement mon père, il est une partie de mon être, l'objet de ma profonde affection, de mon respect et de ma grande fierté. Je le serre dans mes bras, le laissant m'embrasser sans retenue sur les joues, les cheveux. Il ne peut même pas me caresser de ses mains dures et desséchées. Blessées, elles sont entourées de pansements et reposent sur sa poitrine.

Les deux soldats nous disent au revoir avant de repartir. Loan et moi restons à la station médicale. Nous donnons un coup de main aux infirmières pour faire bouillir l'eau, changer les pansements, laver les malades et raccommoder les vêtements. Ce sont peut-être là les actions les plus utiles de notre enfance. En les accomplissant, nous apprenons la patience et la compassion. Le dévouement des infirmières me remplit d'étonnement. Certaines servent l'armée depuis douze ans. En dehors de courtes permissions, elles vivent à longueur d'année sous le feuillage des arbres pour soigner les malades et les blessés. Ces femmes possèdent indubitablement la douceur et la bienveillance des fées ou des mères.

Quand nous ne restons pas auprès de mon père ou que nous n'aidons pas les infirmières et les médecins, nous partons en forêt à la cueillette des champignons et des pousses de bambou. Un grand ruisseau profond coule à quelques pas de notre campement. Le cantinier de la station nous a montré comment y pêcher des poissons. Ainsi, tous les jours, nous rapportons des poissons, de la taille du petit doigt, que nous faisons frire. Une fois même, nous avons sorti de l'eau une perche d'un peu moins d'un kilo, à la belle robe ondoyante aux fleurs rouges et noires.

En aval, là où l'eau est moins profonde, on trouve des escargots. Parfois nous nous levons très tôt pour aller jusque-là en ramasser et préparer une soupe aux feuilles de lolot. Tout le monde en raffole. Mon père tout particulièrement bien sûr. C'est le printemps. Après la pluie, des milliers de champignons poussent sur les écorces en décomposition enfouies dans les grandes herbes. Toutes sortes de champignons, des rosés des prés, des agarics parfumés, des boules de neige des bois et aussi des mousserons. Les agarics parfumés sont les meilleurs. Les autres sont bons aussi, cuisinés avec de la salaison de crevettes ou de la viande en conserve. Du médecin directeur du camp au deuxième classe de garde, du colonel atteint de dysenterie chronique au jeune première classe Tong, qui a perdu un pied lors de la dernière opération contre les bandits, tous adorent notre soupe aux champignons. Quand il n'y en a pas pendant trois jours, ils nous interpellent :

— Alors, les princesses, quand allez-vous ramasser des champignons ?

Ou alors, à l'intention du cuisinier :

— Sans la soupe aux champignons des filles, le repas est bien fade. Il n'y a pas moyen de lui donner un peu de saveur ?

Évidemment, ce n'est pas uniquement pour cette raison qu'ils se sont attachés à nous. Mais ce sont là des petits souvenirs que nous partageons. Mon père ne dit jamais rien, mais à son regard, je sais qu'il est heureux. Sa santé s'améliore. Ses deux mains sont presque guéries. Les premiers jours après mon arrivée, je devais le raser, lui faire sa toilette et le peigner, laissant les tâches les plus lourdes aux infirmières. Mais nous avons partagé de beaux moments d'intimité quand je « chassais » les cheveux blancs sur sa tête. J'ai aussi fait sécher ses habits sur les gros rochers au bord du ruisseau, et une fois secs j'y ai brodé son prénom, Tung, et les deux feuilles vertes de son grade. Il m'a alors demandé :

— C'est maman qui t'a appris à broder ?

— Non, c'est à l'école. Au cours de travaux manuels réservé aux filles. Mais je n'étais pas très attirée par cette activité à ce moment-là. C'est au village de Muôn que je m'y suis vraiment mise.

— Ce village est plus joli que celui de Khum, n'est-ce pas ?

— Oui, papa. Beaucoup plus joli.

Puis au fur et à mesure je lui raconte mes aventures. Chaque jour, je lui raconte un épisode. Les infirmières me disent :

— Ne bavarde pas trop. Ton père doit se reposer.

Mais lui n'est pas d'accord, Il me demande de tout lui raconter, même les épisodes de l'école que ma mère lui a déjà écrits. J'ai l'impression que rien ne peut suffire à étancher sa soif d'histoires, aussi nombreuses soient-elles. Il est séparé de nous depuis si longtemps.

— L'histoire de Ly et de Dung le Maigrichon ne te concerne pas, pourquoi veux-tu que je te la raconte ?

— Mais toutes les histoires de la ville sont passionnantes. Continue !

Et il se remet à écouter. Ses yeux noirs et brillants sont suspendus à mes lèvres, il en émane une tendresse passionnée.

Les jours se suivent ainsi. Le jour même où la doctoresse nous annonce enfin qu'elle enlèvera définitivement les pansements la semaine prochaine, Lênh arrive de Khâu Phai avec une lettre.

— Les hommes pensent beaucoup à vous.

Il tire de sa sacoche des gâteaux de miel et un sachet de bonbons de riz.

— Ils ont un petit cadeau pour les filles.

Mon père rit et dit à Lênh :

— Je vous remercie beaucoup. Mais il ne faut surtout pas baisser la garde. Malgré la victoire de notre précédente campagne, des bandits de l'autre côté de la frontière viennent de s'infiltrer de nouveau. Vous avez reçu des informations ?

— Mon capitaine, nous avons bien été informés de la nouvelle situation.

— Transmettez aux camarades adjoints qu'il faut sans tarder régler le problème des permissions des soldats des tribus Meo et Lô Lô, avant d'engager une nouvelle campagne.

Lênh se met au garde-à-vous :

— À vos ordres, mon capitaine.

Mon père hoche la tête :

— Bien. Allez, rentrez maintenant. Nos chevaux sont-ils toujours les premiers du secteur ou ont-ils perdu leur classement ?

— Les chevaux du poste de Khâu Phai sont toujours classés premiers, mon capitaine !

Lênh répond clairement, très fier. Il fait le salut militaire puis s'en va. Loan et moi le raccompagnons jusqu'au grand ruisseau avant de revenir sur nos pas. Mon père a eu le temps de lire la lettre. Il me la tend :

— Tiens, tu peux lire.

À sa voix émue, je m'inquiète :

— Qu'est-ce qu'il y a papa ?

— Lis la lettre, me dit-il sans répondre.

Loan et moi nous regardons. J'ouvre la grande feuille pliée en huit, la pose sur la table. Nos deux têtes se penchent dessus.

Tung et Bê chéris,

J'ai reçu ta lettre, Bê, postée à la gare routière, quand tu partais pour Cao Bang. Depuis, je n'ai plus eu de nouvelles. Ton père m'a écrit que ton voyage avec ton amie Loan s'était bien passé, en compagnie du soldat Khiêt. J'ai été très émue en apprenant tes relations avec monsieur Môc et avec Khiêt. Ceux qui nous ont aidés, nous leur devons reconnaissance jusqu'à la mort.

Pour ma part, je vais bien. Tante Luu habite avec moi désormais. Elle a ouvert une échoppe pour vendre des beignets et des raviolis. Le magasin est très bien achalandé et elle a retrouvé santé et joie. Dis-le à Loan, qu'elle se rassure. Par ailleurs, j'ai une vraie surprise à t'annoncer nous concernant. Un mois environ après ton départ, j'ai été convoquée au bureau par quelqu'un du ministère qui était venu pour me voir. J'étais en classe mais c'était urgent. En arrivant, quelle ne fut ma surprise, car le visiteur était le vice-ministre. Pourtant notre famille ne connaît personne au ministère, n'a même jamais reçu un courrier ou une note administrative !

Il m'a demandé de lui raconter ton histoire. Après m'avoir écoutée, il m'a remerciée, puis il est reparti avec sa serviette à Hanoi. Le soir, les maîtres Thê et Bach sont venus me rendre visite. Ils m'ont raconté que le vice-ministre les avait également rencontrés, qu'il leur avait demandé des détails sur la vie de l'école, sur madame Vinh et sur ton exclusion. Tous les professeurs ont ensuite beaucoup commenté cette visite inattendue. D'autant que la semaine suivante, des inspecteurs du rectorat sont venus à l'école. Ils ont rouvert ton dossier d'exclusion ainsi que quelques autres et ont réuni le conseil des professeurs pour réexaminer vos cas. J'ai entendu dire que les débats avaient été très tendus, très durs entre ton professeur principal et la directrice. Le procès-verbal du conseil, revêtu du cachet du rectorat, a été ensuite envoyé au ministère, à l'attention du vice-ministre. Trois semaines plus tard, ton exclusion a été annulée. Ta note de comportement a été rétablie.

Bê, ma chérie, j'ai été tellement heureuse. J'ai pleuré de joie. J'ai entre mes mains l'arrêté de réintégration. Si tu rentrais maintenant, tu pourrais immédiatement reprendre tes cours...

J'aimerais que tu rentres. Mais je sais que tu es actuellement auprès de ton père et que vous vivez ensemble des moments précieux. Alors, je vais te dire de rester avec lui afin de rattraper tous ces jours, toutes ces années d'éloignement. Rentre quand même avant l'été afin de réviser tes cours et d'aborder la prochaine année scolaire sereinement. À partir d'aujourd'hui je ne serai plus malheureuse, je peux relever la tête. Je suis fière de ma fille. J'espère que ton père va bien. Il n'a pas eu de permission depuis bien longtemps. Si seulement il pouvait s'arranger pour revenir avec toi, ce serait un grand bonheur. Je m'arrête ici. Salue Loan et les soldats de la garnison de ma part.

Je vous aime beaucoup tous les deux !

Hanh

Je regarde tour à tour mon père, puis Loan. Nos yeux sont embués de larmes de bonheur et d'amour. Je serre mon amie dans mes bras. Je ne peux pas parler, tellement je suis heureuse, comme si j'étais ivre, j'éprouve la même impression de flottement que naguère, dans la nuit du Têt au village de Muôn, quand j'avais bu un peu d'alcool.

— Je rentrerai ! Je rentrerai victorieuse !

J'ai envie de crier. J'ai envie de hurler pour ébranler la vieille forêt, pour que mon cri de joie et d'espoir se répercute jusqu'aux rochers de la lointaine vallée.

POUR CONCLURE

QUAND AU MOIS DE MAI les flamboyants commencent à fleurir sur les trottoirs des villes, mon père, Loan et moi quittons le poste de Khâu Phai. C'est presque l'été, mais il fait toujours aussi froid, le matin, en montagne. L'atmosphère se réchauffe seulement quand le soleil est bien haut et que la brume est enfin dissipée. Les soldats du poste et un des lieutenants nous raccompagnent jusqu'au chemin qui mène au village de Khum.

— Adieu ! Adieu ! Nous nous reverrons un jour.

J'agite mon bras pour leur faire de grands signes, alors qu'ils sont déjà à mi-parcours de leur remontée vers le poste. Eux aussi nous font des signes d'adieu. L'écho de mes cris sur les parois montagneuses me transporte de joie. Je sautille de bonheur comme une enfant de cinq ans. Pourtant, j'ai bientôt l'âge d'une jeune fille !

Les bananiers sont vert éclatant, les rhododendrons sauvages, les ajoncs et les rosiers fleurissent partout, tissant un voile de soie festif. Les rossignols des montagnes s'élancent dans le ciel où ils planent en entonnant leur chant euphorique. Des essaims de grands papillons aux ailes resplendissantes sortent des failles rocheuses et volettent au ras du sol, tels de somptueux nuages. Parfois, un ruisseau limpide croise notre route, exposant à nos yeux émerveillés les petits galets ronds posés au fond de son lit.

Le chemin du retour est si beau !

Je n'oublierai jamais cette image lumineuse, fastueuse de la montagne, de la forêt, des ruisseaux, en phase avec la plénitude de notre âme.

« L'homme doit lutter et gagner. » Cette pensée résonne dans ma tête comme le bruit d'un cheval au galop dans le creux d'une vallée, au printemps. L'homme doit triompher de son malheur, de son infortune et de sa propre désespérance. Jamais il ne faut vouloir mettre de « point final », c'est valable pour une enfant de treize ans ou un vieillard de quatre-vingts. Je me souviens de l'allure du vieux gardien de canards, de sa chevelure toute blanche, de son sourire discret et malicieux. Oui, je me rappelle même son stylo plaqué or dans sa poche... Je me rappelle tout cela. Je le remercie du fond de mon cœur. Dans la période la plus noire de mon enfance, c'est lui qui m'a appris à devenir adulte.

Plus tard, j'ai appris qu'il avait été un enseignant renommé, l'ancien professeur du vice-ministre de l'Éducation qui a réparé l'injustice dont j'avais été victime. À la fin de mes études secondaires, je suis allée à Hanoi pour lui rendre visite. On m'a alors informée qu'il était parti à un congrès organisé par l'Institut académique soviétique à Moscou.

Et quand je suis revenue de Hongrie, quelques années plus tard, mon diplôme d'ingénieur des mines en poche, il était déjà décédé.

Je suis allée à sa rencontre dans le cimetière de Van Diên. Une tombe parmi d'autres, recouverte d'un gazon vert tendre. Une simple épitaphe avec son nom, ses dates de naissance et de mort. J'ai posé mon bouquet de roses blanches et me suis agenouillée. Dans mon cœur, il était la lumière transparente, la plus limpide source de montagne, le nuage blanc planant sur une aube rayonnante et douce. Mes larmes coulaient sur les pétales des roses. Je suis restée ainsi jusqu'au soir, puis il est venu, coiffé de son chapeau de feuilles, muni de son bâton, pour me dire :

— Rentre chez toi. Je dois ramener les canards et toi, en arrivant, allume ta lampe et ouvre ton livre.

Je suis retournée à mon bureau d'ingénieur. Là, pas de planches représentant des dinosaures, pas de squelettes en plâtre, mais des instruments d'analyse sophistiqués et d'innombrables échantillons de minerais dans des tiroirs...

Parmi ceux que j'avais croisés sur ma route cette année-là, je n'ai plus jamais revu le docteur Tinh, le soldat Khiêt, le soldat Lênh.

Mais j'ai retrouvé le gamin qui nous avait volé le sac dans le train. Il était dans un camp de rééducation. Mon cousin travaillait comme éducateur dans ce camp. Je lui ai rendu visite un jour et j'ai aperçu le garçon en train de piocher la terre pour planter du manioc. Bien évidemment il ne m'a pas reconnue. Comment un voleur pourrait-il reconnaître l'une de ses centaines de victimes ?

Je suis également retournée dans ma ville natale pour rendre visite à tout le monde. À Bôi d'abord. Elle est devenue vendeuse dans une pharmacie. Très gênée par notre ancienne histoire, elle m'a demandé pardon. J'ai ri :

— Ce n'étaient que des enfantillages, n'est-ce pas ?

Le visage grêlé de boutons, elle a beaucoup grossi et n'est plus la belle jeune fille d'antan. Je lui ai demandé des nouvelles de Ly.

— Il n'habite plus au bourg. II s'était porté volontaire pour être ouvrier minier mais on ne l'a pas accepté car il n'était pas assez vigoureux. Il a alors obtenu un contrat de travail dans l'usine de fabrication d'engrais de Bac

Giang. Aux dernières nouvelles, il a été titularisé et affecté dans l'équipe de sécurité.

Je suis allée faire un tour chez Ly. Ni son père ni sa terrible belle-mère n'étaient présents. Sur le chemin, j'ai rencontré Dao Ca. Il vendait des bonbons, agitait en permanence un hochet de bambou pour attirer les enfants :

— Bonbons, nougats, gâteaux de farine parfumés et délicieux...

Il avait l'air un peu hébété. Il a vieilli avant l'âge.

Xit est devenu un très bel homme. Il s'est marié jeune et à sa sortie de la faculté de médecine, il avait déjà un garçon de trois ans. Il a divorcé ensuite. Il a bien essayé de me faire la cour, mais je suis restée insensible à son charme. Je me souviendrai toujours de son rôle dans cette histoire de punition.

Je suis aussi allée à l'école. Pendant mes études à l'étranger, le père Thê bien-aimé avait changé de poste pour être affecté dans un institut central de formation. Maître Bach a remplacé l'ancienne directrice. Lors de notre promenade autour de la grande cour de récréation et du réservoir d'eau, longeant les couloirs et passant devant les bacs à fleurs en face des bureaux, j'ai subitement revu avec précision mon enfance studieuse. Mais tout m'a alors semblé si minuscule, lointain, étranger. Les œillets d'Espagne dorés, les fleurs écarlates des flamboyants dont nous retirions les étamines pour nous amuser et qui s'épanouissaient, frémissantes, au-dessus de nos têtes. C'étaient des fleurs du passé, un passé qui restait pourtant immuable dans mon cœur. Maître Bach m'a fait visiter mon ancienne classe et la grande salle de travaux pratiques. Le vieux surveillant au nez crochu qui gardait la salle était parti à la retraite. L'intendante était une jeune et grande femme aux cheveux courts, à l'allure élancée d'une basketteuse.

À la maison, c'était Loan qui s'occupait de tout, moi j'étais en permanence par monts et par vaux. Mon père a changé d'affectation. Il a quitté Khâu Phai pour une autre garnison dans l'ouest du pays. Ma mère continuait d'enseigner, tante Luu de vendre des raviolis et des beignets. Loan Graine-de-jacquier était maîtresse à l'école du bourg. Vivant sous le toit de deux mères, elle était très gâtée et ne cessait de s'arrondir.

Coc la Rouquine s'était mariée. Elle était mère de quatre enfants, elle avait arrêté de faire du trafic de marchandises pour ouvrir une échoppe de soupe au crabe. Elle était devenue énorme, elle devait peser plus de soixante-dix kilos. Plus personne ne l'appelait la Rouquine comme dans le temps de sa jeunesse. C'était désormais « la Grosse Bun ». Coiffée d'un chignon, ses deux bras bien en chair brassant la pâte, versant la soupe, recevant les billets des clients, elle a hurlé de joie en me voyant :

— Ah ! Grande sœur Bê ! Je croyais ne plus

jamais te revoir ! Tu es donc rentrée au pays ? Assieds-toi, assieds-toi ici...

Je me suis assise. La Rouquine de naguère a commencé immédiatement à parler comme une mitrailleuse :

— Tu sais quoi ? Après notre rencontre dans le car, j'ai fait un coup pendable à chef Cân. Je me suis renseignée sur sa filière de « riz noir ». Il était sur le point de conclure un gros coup quand j'ai averti la police. Il avait acheté un singe albinos qu'il avait mis en cage pour le ramener à Hanoi. Les barreaux étaient en bambou bourré d'opium. Au moment de son arrestation et de son interrogatoire, il a fait son cirque en protestant de son innocence. Mais quand enfin les policiers ont cassé les barreaux pour découvrir l'opium, il est devenu blanc comme un linge... Deux semaines plus tard, on a même découvert qu'il avait trempé dans un meurtre à Lao Cai pour une histoire de vol d'opium. Maintenant...

Coc la Rouquine a croisé les bras, comme si elle brandissait des menottes devant son visage :

— ... il est en vacances en prison.

Puis, réalisant qu'elle ne m'avait pas offert à boire :

— Bois un peu de thé ! Ou plutôt, je te sers une soupe au crabe. Avec tes voyages, tu dois en avoir assez de manger français ou chinois, mange donc ma soupe et dis-moi ce que tu en penses.

Elle a demandé à sa fille d'apporter la salade, la sauce, a servi les vermicelles et versé du bouillon de crabe dans un grand bol. C'était bon, mais ça manquait un peu de piquant. J'ai remercié « la Grosse Bun » et continué mon tour.

Cet été, avec Loan, nous sommes parties au village de Muôn rendre visite au vieux Môc. Il est toujours aussi affectueux, on dirait que les années n'ont en rien entamé nos sentiments respectifs. Je lui ai apporté en guise de cadeau un manteau et un chapeau en fourrure de Mongolie. Pour Dung, un fusil de chasse nouveau modèle à deux canons. Ce dernier est devenu un vrai montagnard. Il a accompli son vœu le plus cher, qui était d'ériger une belle tombe pour sa mère et il attend un jour faste du calendrier lunaire pour se marier. Sa fiancée, une jeune montagnarde de la tribu Nung, est étudiante en médecine à la ville de Lang. Il nous montre fièrement sa photo. Quand la jeune Nung aura son diplôme, qu'elle portera une sacoche avec une croix rouge sur fond blanc pour entrer dans le service de santé du village de Muôn, alors ils célébreront leur union.

Le vieux Rôc est mort. Les gens du village l'ont enterré à côté de sa maison, sur le lieu même de l'accident mortel de son fils. Il avait légué à Dung le Maigrichon son fusil avant de mourir.

Dung nous propose d'aller rendre visite à son oncle au village de Noi, mais nous refusons. Loan doit faire les préparatifs pour la prochaine rentrée scolaire et pour ma part, j'ai encore une quantité inimaginable de travail. En outre, avant de rentrer à Hanoi, je veux revoir l'île aux fleurs jaunes, la Verte et la petite famille de notre ami pêcheur. L'île n'est en fait qu'un petit monticule de terre de quatre ares de superficie tout au plus. Elle a bien sûr toujours été aussi petite mais sous nos yeux d'enfants c'était tout un monde secret et merveilleux. Même la rivière, la digue penchée et la mare aux nénuphars ont rétréci.

Je marche de nouveau sur le sentier bordant les rizières, menant au tertre du kapokier, là où j'avais rencontré le vieux gardien de canards. Là où la vie m'avait éclairée de sa puissante et éclatante lumière. Là où, pour la première fois, j'avais regardé l'horizon et discerné les différents chemins qui y mènent. Là où j'avais compris que vivre, c'est surmonter les malheurs, la souffrance et l'injustice pour atteindre l'objectif qu'on s'est fixé.

Oui. Je veux tout revoir. Le sentier, la digue, le tertre et cette rivière sacrée...

Je veux un moment de paix pour fermer les yeux et me souvenir des aventures de ma jeunesse, avant de m'engager sur une nouvelle route, la route de l'avenir.

Quang Ba, le 19 novembre 1983

TABLE DES MATIÈRES

Photocomposition *CMB* Graphic
44800 Saint-Herblain

Achevé d'imprimer par GGP Media GmbH, Pößneck
en Janvier 2008
pour le compte de France Loisirs,
Paris

N° d'éditeur: 50598
Dépôt légal: Février 2008
Imprimé en Allemagne